LA FLAMME
ET LA CENDRE

DOMINIQUE STRAUSS-KAHN

LA FLAMME
ET LA CENDRE

BERNARD GRASSET

PARIS

A mon père

Si, comme il est d'usage, les analyses et opinions émises dans cet ouvrage n'engagent que moi, nombreux sont ceux qui m'ont fait bénéficier de leurs commentaires tant sur le fond que sur la forme. Je veux ici les remercier sincèrement. Je pense tout particulièrement à Alain Bergounioux, Pascal Brice, Monique Canto-Sperber, Arnaud Chneiweiss, Anne-Laure During, Gilles Finchelstein, Philippe Grangeon, Bernard Guetta, Paul Hermelin, Fréderic Lavenir, Pierre Moscovici, Jean Pisani-Ferry, Annick Steta, Nicolas Théry, Marc Villemain, François Villeroy de Galhau. Et, bien sûr, à ma femme.

Introduction

« Messieurs, oui, nous avons aussi le culte du passé.

Ce n'est pas en vain que tous les foyers des générations humaines ont flambé, ont rayonné; mais c'est nous, parce que nous marchons, parce que nous luttons pour un idéal nouveau, c'est nous qui sommes les vrais héritiers du foyer des aïeux; nous en avons pris la flamme, vous n'en avez gardé que la cendre. »

Jean Jaurès, « Pour la laïque »,
discours prononcé à la Chambre en deux
fois, les 14 et 24 janvier 1910.
In *L'Esprit du socialisme.*
Six études et discours.

Deux années de turbulences.

J'ai démissionné du gouvernement de Lionel Jospin le 2 novembre 1999, confronté à un cruel dilemme : je savais que je n'étais pas coupable mais j'étais gravement mis en cause; j'étais passionné par ma mission mais j'étais obsédé par le risque de nuire à mon pays. J'ai considéré que dans une telle situation, quelles que soient les gloses juridiques, un responsable public, de quelque niveau que ce soit, ne dispose que d'une seule voie préservant à la fois sa dignité et l'intérêt national :

la démission. Je n'ai jamais, pas même l'espace d'un instant, regretté ce choix.

Aujourd'hui, la justice a reconnu qu'il n'y avait de fondement à aucune des accusations dont j'ai été l'objet.

Pourtant, la parenthèse a été douloureuse. Pour moi. Pour ceux qui me sont proches. Pour mes amis. Elle est refermée.

J'en ai tiré des leçons. J'ai médité sur mes faiblesses. J'ai découvert ce qui pouvait me renforcer. J'ai éprouvé le poids de l'isolement. J'ai mesuré le prix des amitiés. Je sors de l'épreuve plus averti et plus endurci.

* * *

J'en ai aussi tiré un livre. Je n'ai pas écrit un livre sur cette épreuve : je n'en ai pas le goût ni n'en vois l'intérêt – tout cela m'appartient et n'appartient qu'à moi. Mais j'ai écrit grâce à cette épreuve et c'est cette histoire – la toute petite histoire de cet ouvrage – que je veux relater pour commencer.

Depuis combien d'années ai-je un livre en projet ? Je ne sais. Je me répétais que cela était nécessaire. Mais il y avait toujours une bonne raison pour repousser l'échéance. Une mauvaise raison pour ne pas écrire. C'était trop tôt. C'était trop tard.

Puis est venu ce temps, un peu suspendu ; ce temps où j'ai eu du temps. J'ai voyagé aux quatre coins du monde, de conférences en universités. Je me suis nourri de beaucoup de rencontres et de beaucoup de lectures. J'ai intégré de nouveaux sujets à ma réflexion.

J'avais du temps, quelques idées et l'expérience de mes huit cent quatre-vingt-un jours passés à Bercy. Mais il fallait un déclic. Il est venu l'été dernier. A ce moment, j'ai su que mon horizon judiciaire était enfin borné. Cet été, j'ai compris qu'avant la fin de l'année 2001, les différents sujets sur lesquels j'avais été mis en cause seraient jugés et, quelle que soit l'issue, derrière moi.

Alors, je n'ai pas eu, comme précédemment, envie d'écrire ce livre parce qu'il m'aurait été nécessaire; tout d'un coup, ce livre m'est devenu nécessaire parce que j'en ai eu vraiment envie. Et je me suis mis à écrire. J'ai écrit dans des conditions et des lieux improbables : dans le bus en Inde, dans l'avion pour le Mexique, dans le train pour Londres, et, plus souvent que je ne l'aurais voulu, entre Sarcelles et Paris. J'ai écrit avec beaucoup de plaisir, énormément d'enthousiasme et un puissant sentiment de liberté. J'ai écrit et, bizarrement, ces voyages à travers le monde m'ont moins appris sur les autres que sur nous-mêmes; ils ne m'ont pas éloigné de la France et de l'Europe, mais, tout au contraire, m'en ont encore rapproché.

* * *

J'aime la France. J'aime l'Europe.
Une certaine vogue, une certaine mode diffusent à l'envi l'idée de notre retard accumulé, de notre déclin avancé, de notre mort annoncée. Il n'y aurait plus d'avenir pour notre vieux continent – que des souvenirs. Mauvaise fable que tout cela !

J'aime la France et je suis optimiste pour son avenir. Notre démographie, une des plus dynamiques d'Europe, notre économie, une des plus puissantes de la planète, notre culture, une des plus riches de l'Histoire, pavent la voie de son destin.
J'aime l'Europe et je suis optimiste pour son avenir. C'est en Europe que les deux principales ruptures qui ouvrent le XXIe siècle se sont produites : l'invention au CERN à Genève du protocole de l'Internet, et la chute du mur de Berlin entraînant l'heureux déferlement de la démocratie sur le continent.
C'est en Europe encore que se bâtit, peut-être pour la première fois de l'Histoire, une construction politique transcendant les Etats, non par la force des armes mais par le choix des hommes.

Mais pour que notre avenir soit digne de notre histoire, nous devons impérieusement prendre la mesure de la nouveauté radicale du monde qui se dessine sous nos yeux. Un monde pétri de changements qui, d'une manière ou d'une autre, nous posent une seule et même question : qu'en est-il du vieux socialisme dans ce nouveau monde ?

Tous ceux qui, comme moi, ont pour camp la gauche, pour ambition la justice sociale, pour drapeau le socialisme, se posent une unique question : sommes-nous toujours porteurs de cette « idée neuve » que Saint-Just, à l'aube de la Révolution, accolait au bonheur ?

Pour beaucoup, le socialisme a fait son temps ; il est trop lent, trop lourd, trop inerte pour l'ère nouvelle. D'autres, plus subtilement, ajouteront que le socialisme est en train de mourir de ses réussites ; qu'il s'était donné pour mission de rendre la vie moins dure ; qu'un système avancé de protection sociale nous protège maintenant, partout en Europe ; gloire lui soit rendue – l'avenir serait ailleurs.

Nous connaissons ces Cassandres : ce sont les mêmes qui glapissent depuis plus d'un siècle. Aucun de ceux qui nous ont précédés n'a laissé ces discours entraver sa quête du progrès social et de la démocratie ; sachons comme eux les dédaigner mais non les ignorer. De ces contempteurs, faisons notre aiguillon : sachons nous interroger sur ce que doit être le socialisme moderne et, également, sur ce qu'il ne doit pas être.

Le socialisme ne peut avoir pour seul objectif de résister. Cette tentation sourd des mouvements opposés à la mondialisation et transparaît chez nombre de responsables politiques. C'est la posture du refus et, souvent, du repli. C'est la voie du social-conservatisme – antinomie de la transformation de la société qui structure toute l'histoire de la gauche.

Le socialisme ne doit pas, à l'inverse, avoir pour unique ambition de s'adapter. Cette tentation-là existe également. Cette contenance, en exagérant les contraintes, ouvre la voie aux renoncements.

Ni résister, ni renoncer ; renouer pour rénover. Rénover le socialisme d'aujourd'hui en renouant avec le socialisme des origines.

Le socialisme naissant s'est attaché à répondre aux trois grandes questions du moment. La question sociale : elle poussait à se concentrer sur « les rapports de production » ; la question de la paix : elle imposait la mobilisation de « l'internationalisme prolétarien » ; la question démocratique : elle conduisait à approfondir la citoyenneté, à faire du socialisme « la démocratie jusqu'au bout ».

Jamais, peut-être, le socialisme n'a été plus créatif, plus fécond, plus imaginatif que durant cette période, entre ces deux buttes-témoins que constituèrent les révolutions de 1848 et de 1917.

Et si les débats d'alors conservent un intérêt aujourd'hui, c'est moins en raison des solutions proposées – qui sont évidemment datées – que des préoccupations manifestées – qui, elles, demeurent étonnamment modernes.

Oui, pour réduire les inégalités, nous ne devons pas seulement nous préoccuper de redistribution des revenus au travers d'un système de protection sociale qui a montré ses vertus, mais aussi ses limites. Nous devons intervenir sur le système productif lui-même, sur le creuset du système inégalitaire – c'est-à-dire, au bout du compte, sur l'entreprise et le partage entre salaires et profits.

Oui, pour réduire les inégalités, nous ne pouvons pas nous contenter de nous opposer aux dérives de la mondialisation : nous devons proposer une mondialisation de la politique, nous devons promouvoir un nouvel internationalisme, nous devons inventer de nouvelles régulations.

Oui, pour réduire les inégalités, nous devons veiller à ce qu'en France comme dans la jeune Europe, la démocratie, valeur ultime de notre société, s'affermisse dans le champ politique et s'établisse dans celui de l'entreprise.

Le socialisme. La mondialisation. L'Europe. L'exception française. Telles seront donc les quatre parties de ce livre. Elles tentent de retrouver le sens du progrès par la réforme – car l'immobilisme nous menace, et le mouvement nous protège.

Pour bâtir une société pacifiée et harmonieuse, nous devons concilier des demandes apparemment antithétiques de liberté et d'ordre, d'identité et d'unité. Sachons pour cela retrouver la mémoire et le sens de nos premiers combats, redonner sa grandeur et son enthousiasme au débat politique, faire le partage entre les archaïsmes et les invariants – pour reprendre la formule de Jaurès, rejeter la cendre et prendre la flamme.

Sur le socialisme

> « L'individualisme et le socialisme ne
> s'opposent pas comme étant d'essence
> contradictoire, mais s'unissent et se
> concilient. »

> Jean Jaurès,
> *Les Origines du socialisme allemand*
> (1891, trad. française 1927).

Tax'n spend. « Taxer et dépenser » : tels sont les
deux crimes, à tout le moins les deux vices, dont la
gauche se voit obstinément et inlassablement accusée.
Tenace, impérieuse, la caricature a la vie dure. C'est
un bien pauvre masque pourtant. Une bien mauvaise
ritournelle – mauvaise mais, vertu magique de la scan-
sion, envoûtante.

Cette caricature me hérisse pour deux raisons.
La première est qu'elle est fausse : en France, au
Royaume-Uni, en Allemagne ou ailleurs, la gauche
européenne a depuis bien longtemps fait la preuve de
son aptitude à se montrer rigoureuse dans les choix
de dépenses collectives, protectrice de l'intérêt des
contribuables, soucieuse de l'équilibre des finances
publiques. Alors si elle me hérisse tant, n'est-ce pas
aussi pour la part de vérité qu'elle pourrait contenir ?
Ce qui me gêne, disons-le nettement, c'est que la
social-démocratie ait si longtemps présenté d'elle-
même ce visage dépensier. Ce qui me gêne, ce n'est évidemment pas qu'elle ait utilisé la dépense publique

pour réduire les inégalités par le truchement de l'Etat-providence : ce qui me gêne c'est que, dans le domaine économique et social, la social-démocratie se soit identifiée à la redistribution et qu'elle s'y soit fondue. Le socialisme doit redistribuer. Il a trouvé dans la redistribution des revenus et des fortunes l'un des leviers à actionner dans sa lutte pour l'égalité et l'un des chemins à emprunter dans sa quête d'une société où la solidarité ne serait pas un vœu pieu et la cohésion sociale un songe enthousiasmant. Certes. Mais le socialisme ne peut se réduire à cela. Et à son origine, il ne s'y réduisait pas.

CHAPITRE 1

La révolution et la réforme

Toute l'histoire de la SFIO [1] sera celle d'une double lutte : entre la réforme et la révolution, entre le discours et la pratique [2].

Dès l'origine, les discours seront volontiers et durablement empreints de rhétorique révolutionnaire. Et il n'y a pas si longtemps, bien après le congrès d'Epinay [3], la mode était encore à la « rupture avec le capitalisme [4] ». La permanence de ce discours tient largement au renforcement paradoxal de l'idéologie marxiste à la suite de la scission du congrès de Tours, comme si, depuis, les socialistes avaient toujours eu peur de ne pas être assez à gauche [5]. Il est vrai que ce

---

1. Section Française de l'Internationale Ouvrière.
2. Dès la fin du siècle dernier, Edouard Bernstein s'en faisait l'écho dans *Die Voraussetzungen des Sozialismus und die Aufgaben der Sozial-demokratie*, Stuttgart, 1899. Edition française *Socialisme théorique et social-démocratie pratique*, trad. par A. Cohen, Paris, P.-V. Stock, 1900.
3. En 1971, à Epinay, était fondé le Parti socialiste qui prenait la suite de la vieille SFIO.
4. Voir sur l'analyse des nationalisations, chapitre 13.
5. Le 1er septembre 1946, dans ce remarquable discours intitulé « Vous avez peur » que Léon Blum prononce au XXXVIIIe congrès de la SFIO à Paris, il dit : « Je crois que, dans son ensemble, le Parti a peur. Il a peur des communistes. Il a peur du qu'en-dira-t-on communiste. [...] La polémique communiste, le dénigrement communiste agissent sur vous, vous gagnent à votre insu et vous désagrègent. »

n'est pas sur les questions économiques que s'est faite la rupture, mais sur les deux points développés par Léon Blum dans son adresse au congrès : le blanquisme bolchevique et le centralisme démocratique du parti. Rien n'y fera, les discours se devront pour longtemps d'être révolutionnaires.

Il n'en est pas vraiment de même des programmes politiques. Ceux-ci ne proposeront jamais de transformer de fond en comble le capitalisme. Jusqu'après la Première Guerre, l'essentiel tient dans une aspiration générale à un monde plus juste que Blum énonce si joliment en écrivant : « De quoi est né le socialisme ? De la révolte de tous ces sentiments blessés par la vie, méconnus par la société. Le socialisme est né de la conscience de l'égalité humaine [1]... » Le programme de 1919 fixe pour la première fois les grandes options programmatiques : nationalisations, réduction du temps de travail, développement des libertés. Le programme de 1924, adopté au moment du soutien apporté aux radicaux à l'occasion du Cartel des Gauches, est plus instructif encore : il ne s'agit pas d'une réorganisation globale visant à réformer le capitalisme de l'intérieur. Il s'agit principalement d'une énumération de réformes sociales (assurances sociales, extension des services publics, démocratisation de l'éducation, et aussi réforme militaire) alliées à quelques éléments permettant un peu de dirigisme économique (fiscalité et nationalisations). Mais ces nationalisations sont conçues comme des instruments permettant un meilleur contrôle de l'économie, non comme des jalons conduisant à une réforme du capitalisme. C'est ce que Léon Blum théorisera, dix ans plus tard, dans une série d'articles intitulée « Au-delà du réformisme [2] ». La thèse s'énonce simplement :

---

1. *Pour être socialiste*, Paris, Librairie du Parti socialiste et de l'Humanité, 1919, p. 1.
2. *Le Populaire*, 25 janvier 1934, 10, 11 et 12 juillet, 2 et 7 août 1935.

les nationalisations ne sont pas du socialisme tant que l'ensemble de la propriété n'est pas socialisé.

Chez certains socialistes, l'ambition d'organiser la production n'est pourtant pas absente. Mais il s'agit là d'idées révisionnistes. Ceux qui les défendent resteront très minoritaires. Ce sera le cas d'Henri de Man et du mouvement planiste dans les années 30, de Pierre Mendès France et de Georges Boris [1] qui parle de « formes intermédiaires susceptibles d'évoluer vers le socialisme qui sauvegardent la démocratie tout en transformant le système économique [2] », ou encore du groupe Révolution constructive réunissant de 1931 à 1938 Robert Marjolin, Claude Lévi-Strauss, et Georges Lefranc. C'est le cas, bien sûr, d'André Philip [3]. Mais, dès mai 1934, la SFIO a violemment condamné cette perspective réformiste : « Les études et les projets de plan n'amèneront pas le Parti à poursuivre cette chimère folle de réalisations partielles et progressives du socialisme par tranches au sein du capitalisme maintenu », tonne Paul Faure, secrétaire général de la SFIO, au congrès de Toulouse.

Par une alchimie curieuse, le discours marxiste ne teinte pas assez les programmes pour que ceux-ci veuillent véritablement modifier le mode de production capitaliste, mais il déteint suffisamment sur eux pour que toute réforme véritable soit repoussée au Grand Soir.

Après les discours sont arrivés les programmes ; après les programmes sont venues les pratiques.

---

1. Georges Boris aura été successivement le collaborateur de Léon Blum, de Charles de Gaulle et de Pierre Mendès France.
2. *La Lumière*, 26 août 1936.
3. André Philip est un homme atypique. Héritier de Saint-Simon et de Proudhon, cet agrégé d'économie politique en 1926, élu député du Front Populaire à Lyon, refuse les pleins pouvoirs à Pétain et rejoint de Gaulle à Londres. Ministre de l'Économie à la Libération, il plaide dès les années 50 pour les États Unis d'Europe. Il sera exclu de la SFIO en 58 en raison de son opposition à la politique algérienne de Guy Mollet et adhérera au PSU. Il consacrera alors ses talents d'économiste à la question des pays en développement.

En 36, les socialistes assument pour la première fois la réalité du pouvoir. Cela les oblige à sortir de la dénégation constante qui avait marqué les trente premières années de la SFIO. On ne peut plus simplement discourir en énonçant : « Nous ne voulons pas... », il faut agir en tentant de gérer cette « distinction capitale entre la conquête révolutionnaire du pouvoir et l'exercice du pouvoir dans les cadres de la société capitaliste encore existante [1] ». Et pendant plusieurs décennies, cette « distinction » restera présente dans les esprits entraînant un écartèlement grandissant des discours et des actes dont la politique de Guy Mollet représenta la forme extrême. Comment, dans ces conditions, ne pas comprendre Léon Blum quand il écrit : « [...] pendant quinze ans, avec mon ami Vincent Auriol, j'ai fait tout ce qui dépendait de moi pour éloigner le Parti de l'exercice du pouvoir en régime capitaliste [2] ».

Mais quand le pouvoir est là, il faut bien l'exercer, et nationalisations et redistribution constitueront jusqu'en 1982-1983 les deux piliers des programmes des socialistes français.

C'est sans doute en France que les nationalisations ont survécu le plus longtemps. L'économie mixte théorisée par Otto Bauer dès les lendemains de la Première Guerre mondiale [3] a été abandonnée assez tôt par les sociaux-démocrates scandinaves et dans les années 70 par les autrichiens et les britanniques. Quant au SPD allemand, il a su trouver dans la cogestion une base programmatique spécifique et n'a jamais été un fervent partisan de la nationalisation.

Depuis des années, la nationalisation au sens où l'entendaient les programmes socialistes d'antan n'est plus soutenue par grand monde. Aussi le champ d'action des socialistes risque-t-il de se réduire à un

---

1. Léon Blum, « Vous avez peur », discours cité.
2. *Ibid.*
3. Otto Bauer, *Der Weg zum Sozialismus*, Berlin, Freiheit, 1919. Edition française *La Marche au socialisme*, trad. par F. Caussy, Paris, Libr. du Parti socialiste et de l'Humanité, 1919.

domaine beaucoup plus restreint : ce sera la correction, *après-coup*, des inégalités nées du marché. Voilà
la genèse annoncée, programmée, du primat de la
redistribution.

Je soutiendrai dans ce chapitre que cette voie mène
désormais à une impasse. Et que pour sortir de ce cul-
de-sac, il nous faut revenir à ce qui fut au fondement
même de l'idée socialiste, autrement dit à sa volonté
première de peser sur le mode de production – et de le
rendre, de ce fait, moins inégalitaire. Pourquoi cela ?
Certainement pas dans un élan de nostalgie de je ne
sais quelle « pureté » d'un socialisme originel. Certainement pas non plus par indifférence à l'action
concrète, vérifiable, d'une politique de redistribution
bien comprise. Mais pour cette raison simple, et qui
tarde pourtant à être acceptée, que la redistribution est
près d'avoir atteint ses limites, en même temps que certains de ses objectifs.

Notre système de redistribution des revenus est en
effet à bout de souffle. C'est vrai techniquement, et
c'est vrai idéologiquement.

Techniquement, il a été souvent démontré que bien
peu de choses étaient, en définitive, redistribuées entre
les riches et les pauvres. Le seul véritable effet redistri-
butif ne vaut qu'entre les actifs et les inactifs – ce
qui n'est évidemment pas rien. Mais, là aussi, ce gigantesque transfert passe largement à côté de la question
des inégalités. Pour le dire d'un mot, dans chaque
couche sociale, les jeunes payent pour leurs anciens [1].
Peu ou prou, au cours de son existence, chaque génération retrouve à l'âge de la retraite (en pension et
remboursement de frais de santé) ce qu'elle a préalablement versé. Mais seules les couches déjà for-

---

1. Quitte, d'ailleurs, à ce que ces derniers rétrocèdent spontanément
une part croissante de leurs ressources à leurs enfants ou petits-enfants en
finançant leurs études ou en subvenant à leurs besoins lorsqu'ils sont au
chômage.

tunées tirent avantage du système, quand les plus modestes ne retrouvent même pas leur mise (en raison, principalement, d'inégalités dans l'espérance de vie). Idéologiquement ensuite, et même s'il fait aujourd'hui, *nolens volens*, l'objet d'un large consensus, l'Etat-providence n'est pas véritablement à son apogée : le fondement social-démocrate sur lequel se sont bâties les décennies de l'après-guerre ne jouit plus de la même puissance mobilisatrice.

Je vois à cela quatre raisons. La première intéresse principalement les partisans d'une égalité accrue et provient de la faiblesse même de la redistribution ainsi opérée : l'Etat-providence n'est pas aussi efficace qu'ils le souhaiteraient. La seconde renvoie à la motivation inverse, en se nourrissant de la vague libérale de contestation des mécanismes étatiques – ou considérés comme tels : ceux-là ne veulent plus de l'Etat-providence pour des raisons clairement et exclusivement politiques. La troisième est plus générale : elle a trait au fonctionnement, très bureaucratique et centralisé, de la mécanique des transferts sociaux qui, à l'instar de nombreux services publics et parfois injustement, n'apparaît pas aujourd'hui comme un modèle d'efficacité. La quatrième raison me semble être la plus déterminante. A mesure que l'Europe se fait, ou à tout le moins que les Européens circulent, l'information relative aux modes de rémunération qui prévalent chez nos voisins se répand rapidement. Or s'il est vrai que le coût total du travail – salaire direct plus salaire indirect – est à peu près identique en France, en Allemagne ou aux Pays-Bas, il n'en est pas moins vrai que les salaires directs sont dans ces pays beaucoup plus importants, quand les transferts le sont proportionnellement bien moins. Aussi la comparaison des salaires directement perçus se fait-elle à notre détriment, et les Français deviennent-ils demandeurs de salaires directs plus élevés, manifestant une sensibilité certaine, et croissante, aux arguments en faveur d'un rééquilibrage entre revenus primaires et revenus de transferts.

Il ne s'agit évidemment pas, on l'aura compris, de saper l'idée de redistribution. L'on peut en discuter la portée ; l'on peut même en discuter le principe ou la philosophie ; mais on ne peut décemment en contester certains des résultats les plus évidents – ne serait-ce qu'en termes de solidarité intergénérationnelle, de lien social, et pourquoi pas en termes de cohésion politique. Rien n'empêche non plus de tenter de rendre le système en place plus satisfaisant et moins dispendieux, même s'il faut admettre que la plupart des tentatives menées jusqu'à présent n'ont pas véritablement été couronnées de succès. Il est vrai qu'il y faut beaucoup de volonté, tant les corporatismes sont importants : les gouvernements successifs ne les ont jamais sous-estimés...

Toujours est-il qu'avec notre appareil de redistribution, même plus efficace, l'horizon social semble passablement assombri. Les transferts de revenus secondaires [1] entre individus représentent aujourd'hui près de 30 % du PIB – et bien plus encore si l'on inclut certains services publics, forme également légitime de redistribution puisque le contribuable les finance indépendamment de son utilisation personnelle. Foin de pureté idéologique ou de lamento socialiste, donc. S'il faut penser autrement, c'est pour répondre à une question simple : si le maximum de redistribution envisageable – autrement dit supportable par ceux qui la financent – est atteint ou en voie de l'être, le socialisme est-il accompli ? Serions-nous en présence d'une forme autre, mais non moins maligne, de fin de l'Histoire ? Le tollé fiscal dont on distingue de plus en plus nettement les accents de grogne dans la plupart des pays

---

1. Les revenus primaires sont ceux que l'on touche directement comme contrepartie de sa participation à la production (salaires, honoraires, bénéfices, etc.). Les revenus secondaires sont les revenus de redistribution (retraites, allocations diverses, remboursements de Sécurité sociale, etc.).

européens signifie-t-il l'aboutissement et le triomphe du socialisme – au motif qu'on ne saurait aller plus loin en matière de redistribution dans une société démocratique?

Comme la suite de ce livre le montrera, je ne crois pas à cette fin de l'Histoire. Mais l'inévitable corollaire de ces mouvements de tectonique est le partage des socialistes en deux écoles.

La première, celle des passéistes, se refuse à revenir sur ses pratiques anciennes et persiste à vouloir inventer de nouvelles usines à gaz, toutes censées contribuer à corriger, par la seule grâce de l'onction redistributive, des inégalités dont toutes les statistiques montrent qu'elles ne régressent malheureusement plus : œil pour œil, dent pour dent, le marché en fabrique une nouvelle dans l'instant même où le Sisyphe social-démocrate en détruit une. *Tax'n spend.*

La seconde catégorie de socialistes, ce sont les convertis. Prenant acte du refus de la société de poursuivre dans cette voie et voyant dans l'obstination des premiers le moyen le plus sûr de perdre les élections – ce qui n'est pas faux –, ils sont parvenus à trouver leur équilibre sur l'écume du jour en prônant une baisse des prélèvements obligatoires – assurément souhaitable, mais dont on ne saurait décemment user pour fonder l'alpha et l'oméga du socialisme. Comme ils se trouvent bien en peine de proposer le moindre dépassement de ce qui fut l'essence de la social-démocratie de l'après-guerre, leur socialisme se réduit comme peau de chagrin.

Je ne me veux ni des uns, ni des autres. Ni obstiné, ni liquidateur. Fi des Sisyphes – autant que des Terminators!

Pour sortir de ce dilemme et contribuer un tant soit peu à penser le socialisme du XXIe siècle, revisitons les raisons, les motifs et les combats qui furent à l'origine de cette idée politique que les forces sociales ont animée, façonnant ainsi une bonne part de l'histoire du siècle passé. Revenons sur les causes premières de l'éclosion de cette révolte contre l'injustice. Et elles se trouvent, ces causes, dans le fonctionnement du système productif lui-même. C'est lui qu'il faut tenter de corriger. Nous ne pouvons nous satisfaire de la survie artificielle d'un socialisme de la redistribution fondé sur la dépense publique. Il nous faut retrouver un socialisme favorable à la création comme à l'innovation et capable de lutter véritablement contre les inégalités. Et pour cela, reconsidérer le socialisme de la production.

CHAPITRE 2

D'où viennent les socialistes ?

L'on peine aujourd'hui à se remémorer les premiers pas du socialisme. Premiers pas hésitants. Incertains. Sulfureux parfois. Furieusement progressistes, et non moins prométhéens. Au beau milieu de ce XIXe siècle qui le verra éclore, le socialisme, fruit d'une révolte contre les conséquences du machinisme naissant, avait une ambition qui lui manque aujourd'hui.

La naissance du socialisme au XIXe siècle [1]

L'installation de la révolution industrielle, lente dans sa maturation mais évidemment soudaine aux yeux de ses contemporains, charrie son lot, son flot, de misères et d'inégalités nouvelles : c'est alors que le mot « socialisme » va naître. Selon Elie Halévy [2], il apparaît d'ailleurs à peu près en même temps en France et

---

1. La structure de cette section sur la naissance du socialisme au XIXe siècle, comme de nombreuses formules et références, doivent beaucoup à l'*Histoire du socialisme européen* d'Elie Halévy, publiée à titre posthume chez Gallimard en 1948 et qui reprend ses notes de cours des années 30. La pagination utilisée dans les renvois est celle de l'édition de 1974.
2. Elie Halévy, *op. cit.*, p. 21.

en Angleterre, entre 1830 et 1840. Un saint-simonien, Pierre Leroux, en 1833, désigne ainsi une doctrine qui soumet entièrement l'individu à la société. Et c'est de 1841 que date le célèbre pamphlet de Robert Owen *What is socialism?*, lequel considère que la multiplication des coopératives est susceptible d'établir une autre organisation économique, sociale, mais aussi morale, éventuellement en conflit avec l'Etat.

L'affrontement de deux conceptions qui ne sont pas absolument et définitivement antinomiques a alors donné lieu à de très vifs débats. La première est française ; c'est la plus théorique, et la plus radicale. La seconde, britannique, est immédiatement concrète et volontiers anti-étatique. Elie Halévy [1] définit ainsi ce socialisme français naissant : « Doctrine économique avant tout, le socialisme moderne affirme qu'il est possible de remplacer la libre initiative des individus par l'action concertée de la collectivité dans la production et la répartition des richesses. Le socialisme prétend résoudre le paradoxe du monde moderne : le paupérisme naît du machinisme. » Formulée au début des années 30, cette définition porte en germe les évolutions à venir du socialisme, mais la référence à la production y est déjà très présente. Quant au concept de répartition, il fait davantage référence à la formation des revenus dans le processus de production qu'a la redistribution, laquelle est encore largement une idée en devenir.

Les Français peuvent être tentés de rechercher dans la Révolution française les racines mêmes du socialisme. L'auteur de l'*Histoire du socialisme européen* nous invite à la prudence. Il note que le rapprochement n'est certainement pas sans fondement, et nous renvoie [2] à Babeuf, bien sûr, qui veut supprimer la propriété individuelle ; à Rousseau, évidemment,

---

1. Elie Halévy, *op. cit.*, p. 22.
2. Elie Halévy, *op. cit.*, p. 22 et suiv.

chantre d'un égalitarisme qui inspirera la Constitution de 1793 en reléguant le droit de propriété loin derrière le devoir d'égalité ; à Robespierre et à Saint-Just, indubitablement, aux manufactures et au contrôle de la production. Mais Babeuf, arrêté le 10 mai 1796, n'eut que bien peu de successeurs – d'ailleurs parfaitement ignorés ; la Constitution de 93 fut rapidement caduque ; et l'on sait ce qu'il advint après le 9 Thermidor. Restent le volontarisme, l'opiniâtreté farouche des hommes à vouloir maîtriser leur destin, l'entrée dans l'ère de la raison et, surtout, les débuts de l'internationalisme. Ils sont fils de la Révolution française, en effet, ces socialistes qui parleront, écriront, penseront pour l'humanité tout entière ; ils sont enfants des Lumières, oui, ceux qui s'inscriront d'emblée dans une double opposition fondatrice : à la république athénienne tout d'abord qui exclut tant de métèques ; à la république des marchands ensuite, celle qu'Adam Smith et ses épigones ne tarderont plus à célébrer. Et je n'évoque même pas ici l'héritage du libéralisme politique, le triomphe patient d'une citoyenneté active ou encore l'expansion progressive des droits de l'homme, héritage dont la gauche socialiste et démocratique européenne reste aujourd'hui encore le meilleur porte-étendard.

La filiation est néanmoins plus délicate qu'il n'y paraît. Comme on le sait, la Révolution de 1789 est une révolution bourgeoise et non une révolution ouvrière. Les questions agraires y ont une grande importance ; et comme tout le siècle elle s'épuise à faire revivre l'Antiquité. Le socialisme moderne est d'un autre temps.

C'est bien l'autre révolution, l'industrielle, qui pour l'essentiel engendrera le socialisme. Les deux grands courants de pensée qui ne tarderont plus à irriguer l'histoire, qui nourriront ses débats, ses réflexes et ses conflits, les deux grandes écoles sur lesquelles se dresseront l'arrière-scène et le théâtre des temps modernes,

vont se définir, dès l'origine, en regard de l'industrialisation naissante. D'un côté, les champions de l'ordre
naturel, les croyants définitifs d'un univers fantoma-
tique où la main invisible d'un maître imperceptible et
fuyant régule les embardées du monde. Halévy distingue les optimistes et les pessimistes. Les premiers,
qui sont les plus nombreux, sont doués d'un solide
bon sens et leur thèse tient en quelques mots justes
mais simples sur les vertus de l'échange : « Tout le
monde y gagne. » On y rangera Smith, Ricardo première manière, plus tard Bentham – qui évoquera « le
plus grand bonheur du plus grand nombre » dans son
Arithmétique des plaisirs – et bien entendu l'ineffable
Jean-Baptiste Say. D'autres, à l'inverse, minoritaires,
seront définitivement acquis au pessimisme le plus
sombre : c'est le cas du célèbre Malthus, mais aussi de
Sismondi.
   A l'autre extrémité du spectre, les premiers socialistes vont se battre, quelques décennies plus tard, pour
éviter que le progrès technique, au lieu d'améliorer le
sort de l'humanité, ne l'asservît un peu plus. Ces progressistes ne partent pas en croisade contre le progrès :
ils déclarent la guerre à ses conséquences non maîtri-
sées – ils refusent qu'un *processus* tienne lieu de *projet*.
Pour eux, il ne s'agit pas de traiter d'une question politique, il s'agit de résoudre un problème économique.
C'est ce qui explique, selon Halévy, que nombre de ces
premiers socialistes, Fourier, Saint-Simon, Owen, se
trouveront en délicatesse avec les principes exclusivement politiques de la Révolution française. C'est
l'organisation de l'économie, et au premier chef la production et la répartition des revenus qu'elle génère, qui
est en cause. C'est aux nouveaux problèmes qu'elle
pose que les socialistes devront d'abord s'attaquer et
répondre.
   Aussi la question économique (on disait alors la
question sociale) est-elle la première des trois grandes
questions du socialisme. Les autres ne sont pas de

petite importance : la question nationale sera celle de la paix, la question démocratique celle du suffrage universel. Mais pour ces socialistes des premiers temps, elles importent moins que la question économique – laquelle englobe et surplombe les deux autres. C'est ici que l'on comprend la différence principale, au XIXᵉ siècle, entre les socialistes et les républicains : elle réside dans l'importance accordée aux questions économiques et sociales.

Parler du XIXᵉ siècle comme d'un tout est évidemment réducteur. Au moins faudrait-il opposer les deux moitiés du siècle. Dans la première, qui court du Congrès de Vienne à la révolution romantique, se développe au Royaume-Uni un chartisme largement issu des réflexions d'Owen, tandis qu'en France Pierre Leroux, Proudhon, Louis Blanc compteront parmi les premiers socialistes. Il faudra attendre quinze années, après l'échec des journées révolutionnaires de 1848, pour que débute la deuxième étape, celle qui verra le marxisme dominer et régner presque sans partage sur tout ce que la pensée économique et sociale de gauche produira. Cette étape durera au-delà des premières heures, et des premières plaies, de la Grande Guerre jusqu'aux années 30.

Pour cette première moitié du XIXᵉ siècle, Saint-Simon est, avec Proudhon, une source irremplaçable. De son livre de 1814, rédigé avec Augustin Thierry, *De la réorganisation de la société européenne* [1] à la revue des frères Pereire explicitement baptisée *Le Producteur et l'Organisateur*, la doctrine prend forme. Elle confère à l'État un rôle important et cherche à le doter des moyens de maîtriser la production (on disait alors l'industrie), pour donner « à chacun selon sa capacité, à chacun selon ses œuvres ». La concentra-

---

1. Les auteurs développent dans ce livre une idée qui fera son chemin et que défendent aujourd'hui les fédéralistes. C'est celle d'un parlement « général » situé au-dessus des parlements nationaux (qui existeront dès que les autres pays auront suivi l'exemple du Royaume-Uni) afin de servir d'arbitre entre les nations.

tion industrielle est considérée comme chose souhaitable, pour peu qu'elle soit mise au service de tous, c'est-à-dire que ses bénéfices soient équitablement répartis. C'est à cette époque que naissent la plupart des idées dans lesquelles le socialisme puisera pendant deux cents ans. Halévy note ainsi que : « La période des premières années du XIXᵉ siècle à la révolution de 1848 est celle où le socialisme a été le plus fécond dans l'ordre des idées. Toutes celles qui aujourd'hui encore constituent l'essentiel de la doctrine datent de cette époque [1]. »

Deux économistes auront une grande influence sur cette doctrine : List et Rodbertus [2] – l'un, nationaliste, l'autre plus cosmopolite. Mais la question soulevée par chacun est la même : c'est celle de la formation du revenu et de sa répartition. Et si l'impôt est évoqué, c'est seulement pour répondre aux besoins de l'Etat, et non pas pour être redistribué – sauf, éventuellement, pour subventionner les coopératives.

Ainsi le centre de l'analyse porte-t-il bien sur le système productif. Chacun trace sa propre voie pour sortir du capitalisme brutal et créateur d'inégalités. Pour Saint-Simon, ce sera l'Etat, pour Louis Blanc le contrôle des forces populaires, pour Owen les coopératives [3]. Mais l'objectif est clair, et commun : c'est sur la façon dont sont rénumérés le travail et le capital qu'il faut intervenir. Ce qui est en cause, c'est le déséquilibre dans le rapport de force entre le salarié et son

---

1. Halévy, *op. cit.*, p. 99.
2. F. List invente dans le *Système national d'économie politique* de 1841 l'interventionnisme de l'Etat pour réguler la production dans le cadre national. Rodbertus, qu'Halévy après Wagner appelle le « Ricardo du socialisme », veut répartir le revenu de façon à ce que chacun obtienne ce dont il a besoin. Sur l'un et l'autre cf. Elie Halévy, *op. cit.*, p. 224 et suiv.
3. Lassalle invente, dans sa *Lettre ouverte* de 1863, l'aide de l'Etat à la création d'entreprise en demandant que l'Etat verse des subventions aux coopératives de production qui, bien entendu, n'ont pas de capital pour démarrer. Sur ce point, Halévy renvoie à l'ouvrage de 1896 de F. Oppenheimer : *Die Siedlungsgenossenschaft.*

employeur. Si le capitalisme, c'est le salariat, l'attaque vise bien le cœur du système.

Le « surplomb » marxiste

Saint-Simon est français, il cherche la justice ; Owen est anglais, sa pensée est utilitariste ; Marx est allemand, il écrit sur la liberté. Mais il veut aussi de l'action et c'est d'ailleurs sans doute à cela qu'il doit son rôle historique, autant qu'à la formidable synthèse qu'il opère entre l'évolutionnisme de Darwin, les contradictions économiques de Sismondi, et le progrès économique de List.

La puissance de cette synthèse est telle qu'elle tend à écarter tout ce qui n'est pas en parfaite cohérence avec la doctrine. Prenons l'exemple des coopératives qui est très révélateur des positions que prend Marx. Leur attrait est puissant en Angleterre, où elles se multiplient, notamment sous la forme de coopératives de consommation [1], inspirées des Webb. En France, le socialiste Buchez propose, dès 1831, l'organisation de coopératives de production permettant aux ouvriers de se répartir les profits qui, faute de quoi, reviendraient aux capitalistes. Même s'il finira, après 1861, par en recommander le principe dans les congrès de l'Internationale, Marx n'est guère partisan des coopératives. Les coopératives de production ne trouvent grâce à ses yeux que parce qu'elles prouvent que, même dans le capitalisme, l'entreprise peut se passer du capitaliste – ce pour quoi d'ailleurs il se déclarera favorable à la société par actions. Mais les coopératives de consommation ne lui plaisent guère parce qu'elles ne servent selon lui qu'à masquer la dure loi d'airain à laquelle sont soumis les salaires.

---

1. Dans les coopératives de consommation, les membres produisent et consomment eux-mêmes les biens produits. Ce sont les seules qui survivront pendant quelques décennies. Dans les coopératives de production, le produit est mis sur le marché.

Les choses sont finalement assez nettes. Pour Marx, le socialisme ne viendra ni de l'action de l'Etat (comme le voudraient les disciples de Saint-Simon, mais aussi Lassalle), ni de celle des coopérateurs : il viendra *naturellement* des contradictions inhérentes au système. Tout ce qui conduit le système capitaliste à s'éloigner de l'accumulation forcenée du capital et de son corollaire, la baisse tendancielle du taux de profit, retarde sa fin et doit donc être écarté. Posture radicale : contrairement à ce que cherchaient les premiers socialistes, il ne faut pas tenter de mieux faire fonctionner l'économie capitaliste, il faut s'en débarrasser, et totalement.

C'est d'ailleurs l'un des points saillants de la très pertinente critique de Bernstein, pour lequel il importe de revenir aux analyses des saint-simoniens et de Proudhon : « De là cette exclamation horrifiée de quelques marxistes à mon intention. Il ressuscite Proudhon ! Je leur ai répondu que ce n'est pas moi, mais bien la réalité des choses qui fait revivre l'auteur de *La Capacité politique de la classe ouvrière* [1]. » Cette opposition prend corps dès la rédaction du programme d'Erfurt, en 1891. Sa première partie, rédigée par ce grand défenseur de l'orthodoxie que fut Kautsky, en définit la doctrine. La seconde propose des réformes immédiates ; Bernstein en sera le rédacteur. Car Bernstein, c'est la réforme. Puisque l'objectif visé est de faire évoluer la société capitaliste, tout élément de socialisme qui pourra y être introduit sera bon à prendre. L'important, c'est le mouvement. Aussi Bernstein entreprend-il de critiquer systématiquement la pensée économique de Marx. L'attaque principale porte sur l'analyse de la concentration à laquelle pousse le capitalisme. Pour Marx, celle-ci doit permettre à l'industrie de jouer un rôle dominant dans le capitalisme. Bernstein, à l'inverse, annonce que la banque et dans une moindre mesure le commerce vont détenir

---

1. Edouard Bernstein, *op. cit.*

la plus grande part du pouvoir économique. Quant à l'agriculture, la concentration ne semble pas apparaître, du moins pas au rythme que Marx avait prédit. S'agissant de l'analyse des crises, les divergences sont patentes. Pour Marx, la concentration conduit à la surproduction; pour Bernstein, le monopole conduit plutôt à la sous-production ainsi que le montrera par la suite toute l'analyse moderne de cette forme de concurrence imparfaite. Autre élément enfin, peut-être moins important aujourd'hui mais pas dans le contexte de l'époque, Bernstein croit à la coopérative comme élément de défense contre le socialisme d'Etat.

C'est pourtant le marxisme qui l'emportera. Sa puissance messianique est telle qu'elle balaie tout sur son passage, et il surplombera la pensée de la gauche de longues décennies durant. Il y aura bien quelques écarts. Ainsi, quand Jules Guesde rédige le programme du congrès de Marseille en 1879, il propose l'instauration de ce qui deviendra le salaire minimum. Mais c'est évidemment en opposition avec ce que souhaite Marx. Evidemment, disais-je, puisque, dans la pensée de Marx, le salaire minimum est un frein à l'évolution naturelle du capitalisme, donc un élément modérateur à bannir afin de ne pas retarder l'avènement de la révolution anticapitaliste. C'est l'exemple même d'une action socialiste qui vise à modifier la répartition du revenu issu de la production. Et c'est une manière, aussi, d'influer sur le partage entre les salaires et les profits. Cette altération du capitalisme éloigne de la révolution : l'Internationale sera méfiante.

Le marxisme impose donc ses vues avec aisance. Sa domination sans partage sur le socialisme français (et, partant, l'éviction du saint-simonisme, du proudhonisme et de l'anarchisme) commence en réalité dès 1880, juste après le congrès de Marseille. Jusque-là, le pluralisme domine, en raison davantage des réalités sociales que de la place de la doctrine dans l'identité du mouvement socialiste [1]. Cela coïncide avec la montée en puissance du guesdisme qui figure l'orthodoxie marxiste. Cette domination tient, en partie, à ce que chacun veut avoir son brevet de marxisme. Même Jean Jaurès, qui est opposé à Jules Guesde, tient à se présenter comme incontestablement marxiste en dépit de ses remarquables analyses critiques sur le marxisme [2].

Et même si la première vague de critiques arrive, à la suite de Bernstein, dès le tournant du siècle sous la plume de Georges Sorel [3] et de Charles Andler [4], même si une deuxième vague est portée par Henri de Man et les socialistes libéraux, amis de Carlo Rosselli [5] et de son groupe d'antifascites italiens en exil à Paris, la critique réelle et approfondie du marxisme n'a jamais vraiment eu lieu au sein du socialisme français.

Aussi l'emprise marxiste sera-t-elle durable. Elle aura pour conséquence d'éloigner les socialistes de leur objectif initial : réorganiser la production, favoriser la création et l'innovation – à condition, bien entendu, que le progrès technique profite à tous. Lorsque les socialistes français se séparent, au congrès de Tours, des communistes qui rejoignent alors la IIIe Internationale, ils se séparent aussi d'un véritable confort de pensée. Et la vérité est qu'ils se retrouvent idéologiquement démunis, désemparés devant le fantastique pouvoir de séduction d'une pensée marxiste autour de laquelle la vision politique et économique du monde n'en finit pas de se structurer. La version léniniste de la

---

1. Cf. Pierre Joseph Proudhon, *De la capacité politique des classes ouvrières*, Paris, Dentu, 1865 (3e éd).
2. Jean Jaurès, « Question de méthode : le Manifeste communiste de Marx et Engels », *Les Cahiers de la quinzaine*, décembre 1901.
3. Georges Sorel, « L'éthique du socialisme », *Revue de Métaphysique et de Morale*, mai 1899.
4. Charles Andler, « Fragments d'une étude sur la décomposition du marxisme », *La Revue Socialiste*, novembre 1913-février 1914.
5. C'est à la fin des années 20 que Carlo Rosselli écrit *Le socialisme libéral* publié à Paris en 1930 (trad. par S. Priacel, Paris, Valois). Il sera assassiné le 7 juin 1937 par des membres de la Cagoule missionnés par Mussolini.

fin du capitalisme ne les séduit pas : ils la refusent avec netteté, et non sans courage. Et ils la combattront avant même que ses excès dramatiques ne soient connus. Mais, malgré cela, la transformation des conditions de production du capitalisme par une action menée en son sein même sera toujours suspecte. La suspicion pèse lourd, aujourd'hui encore, sur les esprits.

Que reste-t-il alors ? Dans les discours, la révolution. Dans les programmes, quelques nationalisations. Dans la pratique, une voie, une seule : laisser au capital l'essentiel de l'organisation de la production et de la répartition des revenus et intervenir en aval, une fois les revenus primaires distribués, pour tenter de corriger par l'impôt, et autant que faire se peut, les inégalités devenues insupportables. C'est ainsi qu'à mesure que l'appropriation collective des moyens de production est apparue moins tenable, le corpus idéologique s'est recentré sur la redistribution... pour finir, pratiquement, par s'y limiter – quand ce n'est pas par s'en contenter.

De là naîtra cette rumeur, cette parodie de jugement, cette caricature dont on pressent bien qu'elle comporte autant de justesse que de fausseté, qui fera des socialistes les ennemis absolus de l'entreprise. Aux yeux de leurs détracteurs, ceux-là ne seraient tout juste aptes qu'à incarner de beaux et bons bureaucrates, monomaniaques du formulaire administratif, consciencieux centralisateurs des canaux de la redistribution, et *in fine* incapables de favoriser de quelque manière que ce soit la création d'activités nouvelles, l'innovation et la prise de risque. Comme on est loin de l'idée socialiste ! De sa volonté de mettre le progrès au service et à la portée de tous. De son désir instinctif de s'attaquer aux racines des problèmes et de transformer la société. De sa confiance en l'homme et de cet optimisme si caractéristique des premiers socialistes.

C'est pourtant bien cette combinaison d'enthousiasme et de réalisme qu'il nous faut recouvrer. Le socialiste fait le choix, éthique, de mettre sa pensée, son action, parfois sa vie, au service de la lutte contre les inégalités et l'ensemble des formes de discrimination – qu'elles soient raciales, religieuses, sexuelles, ethniques... Il fait le choix, ou mieux : il *prend la décision* de lutter contre l'asservissement du faible par le fort. Sur chacun de ces points, il entre – ou est entré – en conflit avec le capitalisme. Mais l'histoire des idées et des mouvements politiques montre que les socialistes ont peu à peu réduit leur champ d'intervention, jusqu'à le rendre étriqué. S'ils veulent en sortir, s'ils veulent repousser les murs auxquels ils se cognent régulièrement la tête, alors ils devront accepter de reconsidérer sans dogmatisme ce qui fonde leur engagement – sans dogmatisme, ce qui ne signifie pas sans conviction.

CHAPITRE 3

Et la politique, alors?

La difficulté à laquelle nous nous heurtons ne concerne pas le seul socialisme français. Il me semble simplement plus atteint que d'autres – pour des raisons tenant à son histoire, aux modalités de son apparition dans le paysage (la déchirure du congrès de Tours) ou encore à ses traditions syndicales. Dans la grande majorité des autres pays européens, la gauche a su endosser l'économie de marché et tenter de la faire évoluer. Hilferding théorise le capitalisme démocratique, et l'Allemagne met en place des pratiques de cogestion dans l'entreprise – dont la seule évocation continue à hérisser à une partie de la gauche politique ou syndicale française. Quant au Labour, il est, dès les années 1930, définitivement dégagé d'une inspiration marxiste dont l'influence outre-Manche devint rapidement fort modeste. Et si les cas italien et espagnol ont pu être très semblables, des décennies durant, à la situation française, ils n'en sont plus là aujourd'hui.

Soit, grommelleront certains : mais si la société veut toujours plus et mieux redistribuer, si l'air du temps idéologique est au caritatisme laïque, pourquoi les socialistes se refuseraient-ils à incarner cette force politique, y compris au nom d'une ascendance assurément plus ambitieuse ? Le *hic*, c'est que ces mêmes socialistes pourraient bien, ce faisant, perdre le pouvoir, parce qu'ils n'auront pas été soutenus par la majorité des couches sociales au nom desquelles ils disent se battre – lesquelles, à tort ou à raison, considèrent que les mesures prises par la gauche ne les touchent pas suffisamment. Deux remarques s'imposent à ce stade de la réflexion.

Tout d'abord, je ne prétends nullement, loin s'en faut, que l'objectif premier qui motive et justifie le combat politique soit de conquérir ou de conserver le pouvoir. L'objectif est bel et bien de défendre des idées et de tenter d'y rallier ceux qui ne les partagent pas – ce qui, au fond, revient au même. Car ce qui passe avec les idées, c'est une morale[1]. Le socialisme est une morale pour l'action – ou il n'est rien. Il est moral parce qu'il témoigne d'un sentiment d'injustice devant les affaires d'un monde dont il perçoit aussi la possible perfectibilité. S'il s'exonère de ce sentiment, donc de cette morale, il se résout à n'être qu'un vulgaire mode d'organisation et de distribution du pouvoir comme des richesses. Le ciel est rempli d'idées. Mais combien demeurent inemployées ! Une idée ne vaut, au bout du compte, que si elle peut jouir d'une quelconque inscription dans le réel. Or, dans une démocratie, mettre en œuvre une idée, c'est gagner les élections. On ne saurait donc chercher à les gagner en renonçant tant soit peu à ce que l'on croit juste. A l'inverse, on ne saurait se désintéresser des élections et prétendre vouloir *dans le même temps* changer la société. Les élections démocratiques constituent, sauf preuve du contraire, la manière la plus sensée et la plus moderne de définir les orientations qu'une société peut ou doit prendre[2]. Des hommes sont morts pour que nous puissions,

---

1. Léon Blum écrit dans sa brochure de 1919 : « Le socialisme est une morale, presque une religion. » *Op. cit.*
2. Même si j'ai le sentiment que notre démocratie est perfectible. Cf. le chapitre 16 et la conclusion de ce livre.

aujourd'hui, choisir notre destin. D'où cette éthique – minimale mais concrète : l'abstention politique est une forme de renoncement à une partie de soi.

L'autre remarque renvoie à l'histoire électorale du socialisme. Il n'est pas nouveau qu'une part de son électorat dit « naturel » suive d'autres courants de pensée et apporte son concours à d'autres candidats. Si tous les ouvriers votaient à gauche, cette dernière aurait été majoritaire durant une bonne part du xxe siècle : il n'en fut rien. L'Eglise, le paternalisme, toutes les figures du conservatisme, n'eurent pas de mal à s'appuyer sur le manque de formation idéologique pour l'emporter sur le déterminisme économique, tant et si bien que les différents avatars des partis de travailleurs n'eurent que de fort rares occasions de rassembler une majorité d'entre eux.

Rien de bien neuf, donc, dans la désaffection d'une partie de cet électorat. Pourtant, la contradiction n'a peut-être jamais été aussi grande. Les mesures prises par la gauche concernent des couches sociales, regroupées dans le terme générique d'« exclus », qui ne votent pas pour elle, pour cette raison simple que, le plus souvent, elles ne votent pas du tout. Mais que l'on ne se méprenne pas : cela n'enlève rien à la pertinence des décisions et des mesures prises. Et c'est même l'honneur des gouvernements de gauche que de ne pas tomber dans la tentation de l'électoralisme à courte vue et de faire ce qu'ils croient juste – quand bien même ils ne seraient pas payés de retour. Le problème est en fait purement pratique. Si la gauche ne parvient pas à recueillir le vote des « exclus », autrement dit les suffrages de ceux-là mêmes qui tirent profit de sa politique sociale, cela ne signifie d'aucune manière qu'elle doive renoncer à cette politique. Mais, au risque de l'impuissance, elle se voit dans l'obligation de trouver à l'intérieur d'autres catégories sociales le soutien suffisant, non seulement à son élection ou à sa réélection, mais à sa politique. Tâche ô combien délicate, dans la mesure où ce sont précisément ces autres couches qui rechignent à financer les mesures sociales prises par ailleurs. Il importe donc de sortir de l'hypocrisie qui consiste à laisser entendre que les plus riches payent pour les plus pauvres : l'essentiel des recettes fiscales et des prélèvements sociaux sont acquittés par les couches moyennes – que l'on surprendrait beaucoup en les considérant comme privilégiées.

Nous voilà donc au cœur de notre sujet : la représentation politique des couches moyennes. Elles ne font pas partie de la dichotomie issue du marxisme. Elles ne sont ni prolétaires, ni capitalistes. Sous la pression idéologique et persistante du marxisme, les socialistes tarderont à accepter de s'y intéresser.

« Capitalistes » et « prolétaires »

Le critère marxiste fait passer la ligne de fracture entre ceux qui – détenteurs du capital – récupèrent la plus-value, et ceux qui – prolétaires – n'ont que leurs « chaînes à perdre ». Pour ma part, je considère que, depuis longtemps, cette définition des classes rend insuffisamment compte de la réalité politique d'une économie industrielle : chacun le sent bien en son for intérieur, à défaut parfois de l'admettre publiquement. Cette inadéquation découle notamment de la possession par les salariés – ou du moins par une partie d'entre eux – d'une fraction de plus en plus importante du capital, acquise grâce à leur épargne. A mesure que l'épargne des salariés s'est étendue, la distinction fonctionnelle entre les revenus du travail et les revenus du capital n'a plus recouvert avec autant de concordance la distinction personnelle entre les individus qui vivent des uns et ceux qui bénéficient des autres. Mon interprétation est qu'une autre distinction est possible. Elle aurait fourni, au XIXᵉ siècle, la même partition de la société que celle mise au jour par Marx, mais elle a le mérite de mieux résister à la situation que nous connaissons aujourd'hui.

Les « capitalistes » détiennent le capital, ce qui leur permet d'exploiter les « prolétaires » : telle est, pour Marx, la distinction centrale. Mais nous aurions tout aussi bien pu dire, à l'époque, que c'était la transmission d'un patrimoine de génération en génération qui marquait la coupure entre les deux parties antagonistes de la société. Les uns disposent du capital parce qu'ils le reçoivent de leurs pères, les autres n'ont rien d'autre à vendre que leur force de travail parce qu'ils doivent, à chaque génération, repartir de zéro; le salaire ne permet que la reconstitution de la force de travail, il exclut toute accumulation. La théorie de l'accumulation du capital, à la base de la dynamique marxiste, est parfaitement respectée par le modèle fondé sur la transmission héréditaire, qui fonctionne au XIXe siècle aussi bien que son grand frère marxiste assis sur la propriété des moyens de production.

Le paysage change au XXe siècle. A mesure que l'école de la République fait son œuvre, il devient envisageable de transmettre *quelque chose* à ses enfants, quelque chose qui, sans relever de la possession classique des moyens de production, n'en est pas moins un élément majeur de l'accumulation : le patrimoine culturel et éducatif, autrement qualifié de patrimoine humain. La logique de l'accumulation va s'en trouver notablement enrichie, et ses conséquences politiques profondément bouleversées.

Il devient en effet possible de doter ses enfants, d'éviter qu'ils ne repartent de zéro quand d'autres auraient des générations d'accumulation d'avance. Il devient possible de léguer cet autre bien, immatériel mais non moins décisif, qu'est la culture : il devient possible, en d'autres termes, à l'échelle de l'individu, de concevoir une stratégie d'accumulation. L'histoire

de la Troisième République regorge de ces contes édi-
fiants racontés aux enfants : à force d'efforts, de
labeur et d'abnégation, à force d'abstinence et de
pugnacité, le fils d'ouvrier deviendra peut-être instituteur – ce dernier n'ayant d'ailleurs de cesse que de faire
« agréger » son propre fils afin qu'il devienne professeur de lycée. La promotion sociale n'est plus le seul
fait de Gontran le chanceux ou de Rastignac l'intri-
gant : elle échappe à l'exception et peut devenir, sinon
la règle, du moins une voie praticable vers un autre
avenir.

À une extrémité de la hiérarchie sociale, l'on continuera bien entendu de transmettre à ses enfants un
patrimoine financier auquel pourra s'adjoindre un
patrimoine culturel conséquent – d'autant plus important que l'école républicaine ne permet pas de se battre
à armes égales : à enseignement identique, les enfants
plus favorisés bénéficient *de facto* de cours de perfec-
tionnement à la maison. À l'autre extrémité, les
enfants continueront à n'hériter de rien.

Entre ces deux extrêmes pourtant, une catégorie
sociale de plus en plus importante parviendra, non pas
à transmettre à ses enfants un patrimoine financier qui
leur permettrait d'échapper au salariat, mais à léguer
un bien culturel qui les arrachera à la catégorie inférieure : la « stratégie intergénérationnelle » de ce
groupe intermédiaire, l'ambition sur laquelle il fait
reposer tous les efforts et toutes les privations de sa vie
quotidienne, est en effet d'éviter à ses enfants de
retomber dans le groupe plus défavorisé dont ils sont
éventuellement issus [1]. C'est ce groupe intermédiaire
qui, aujourd'hui, met à mal l'analyse marxiste, si
simple, et surtout si pratique. La fracture sociale entre
deux groupes antagonistes existe bien ; elle se situe
entre le groupe le plus défavorisé, qui n'a rien à

---

1. Cf. sur ce point un très intéressant article de P. Bourdieu en 1971
« Avenir de classe et causalité du probable » dans la *Revue française de
sociologie*.

attendre ou n'attend plus rien de notre organisation sociale hormis un peu d'assistance et de réconfort [1], et les deux groupes supérieurs. Mais le corps central nouvellement apparu rend l'analyse traditionnelle quelque peu caduque. En effet, prolétaire au sens de Marx, cette catégorie sociale a pourtant intérêt au fonctionnement de la société telle qu'elle existe. Plus encore : elle a intérêt à sa reproduction, l'ensemble de sa stratégie reposant sur la transmission d'une position sociale ou sur l'accès à une position supérieure [2].

Ce corps central, *prolétaire mais héritier*, ne pouvait apparaître dans l'analyse marxiste. Très tôt pourtant la distinction binaire sur laquelle repose le marxisme a commencé d'être critiquée. Laissons parler un militant anonyme au congrès de Toulouse en 1908 : « Dans la société actuelle, nous voyons bien d'un côté les possédants et de l'autre ceux qui ne possèdent pas, mais nous trouvons, entre ces deux catégories, toute une série d'éléments plus ou moins possédants et plus ou moins dépourvus de propriété qui forment une série d'échelons intermédiaires entre ces deux fractions extrêmes. Par conséquent, votre fameux principe de la lutte des classes repose sur un fait erroné [3]. » Cette réserve remonte à Bernstein, suivi sur ce point par Jaurès : « La démocratie » apparaît comme « une masse prodigieusement confuse », où la bourgeoisie et le prolétariat « obligent les éléments intermédiaires et indécis à se classer au jour le jour [...] . Ainsi, nécessairement par la force des choses, toute grande action démocratique est une transaction, même si l'on peut constater, au point d'origine du mouvement, l'intransi-

---

1. Exagérera-t-on en estimant l'importance de ce groupe largement composé d'immigrés à près de 20 % de la société ?
2. Les études sur la mobilité sociale montrent que s'il existe des flux ascendants et descendants entre les deux groupes supérieurs, il n'y a pratiquement pas de communication entre la catégorie la plus défavorisée et les deux autres.
3. Compte rendu sténographique page 213, cité par Alain Bergounioux et Gérard Grunberg : *Le Long Remords du pouvoir. Le Parti socialiste français 1905-1992*, Fayard, 1992, p. 68.

geance des classes antagonistes [1]. » Cette thèse ne sera jamais vraiment discutée par le parti parce qu'elle heurte le quiétisme marxiste. Mais pourtant c'est lui, ce prolétaire héritier, que les évolutions de nos sociétés malmènent le plus. Cela ne signifie évidemment pas qu'il appartienne au groupe le plus malheureux – le nouveau *lumpen* souffrant évidemment bien plus que lui. Le problème est que ce corps central est aujourd'hui atteint dans son devenir même et que le regard qu'il portait jusqu'à présent sur la société est en train de s'altérer gravement.

Jugeons plutôt.

C'est ce groupe intermédiaire qui cultive le plus grand espoir de transmettre un métier à la génération qui suit ; or l'école ne lui semble plus en mesure d'assurer sa mission, et il n'est pas rare de voir ses enfants débuter leur vie adulte par une période plus ou moins longue de chômage.

C'est lui qui a obtenu la mise en place de systèmes de crédit qui lui permirent d'accumuler un certain patrimoine immobilier ; or, depuis vingt ans, les taux d'intérêt réels positifs ont rendu beaucoup plus difficile l'opération qui reposait sur un remboursement en monnaie de singe, alors même que les prix de l'immobilier rendent le recours à l'emprunt toujours aussi nécessaire.

C'est lui encore qui doute le plus fortement de la capacité des systèmes de retraite à lui assurer le revenu de substitution qu'il espère. Suite à un calcul intuitif et au demeurant fort raisonnable, il attend en retour de sa contribution à l'effort collectif et au développement de son pays un certain niveau de retraite fondé sur la comparaison entre ce dont bénéficient les inactifs et le salaire moyen. Or il pressent bien que le système en place se révèle de moins en moins apte à satisfaire cette aspiration – sans qu'on lui fournisse pour autant les instruments financiers lui permettant d'engager l'effort

---

1. Jean Jaurès, *L'Armée nouvelle*, Paris, Rouf, 1911.

d'épargne qu'il jugerait nécessaire pour compléter sa retraite.

C'est lui enfin qui avait fini par croire qu'il était possible, dans le capitalisme moderne, de devenir riche tout en étant salarié; or la dure réalité s'impose là encore : pour la majorité, et nonobstant les hausses réelles et régulières du pouvoir d'achat, les difficultés financières demeurent omniprésentes et, pour un grand nombre, le chômage n'en finit pas de rôder.

Il est clair pourtant, selon moi, que cette partie de la population, dont le sentiment profond est qu'elle mène une existence toujours plus dure et toujours plus complexe, est le socle même sur lequel repose notre démocratie. Du groupe le plus défavorisé, on ne peut malheureusement pas toujours attendre une participation sereine à une démocratie parlementaire. Non pas qu'il se désintéresse de l'Histoire, mais ses irruptions s'y manifestent parfois dans la violence – donnant corps au mot fameux de Victor Hugo, selon lequel « la misère chargée d'une idée est le plus redoutable des engins révolutionnaires ». Quant au groupe supérieur, il est satisfait de l'ordre établi et plus encore de celui qui se dessine. Peut-être à tort d'ailleurs, car ce nouvel ordre porte en lui des ferments importants, et en l'occurrence négligés, de déstabilisation. L'on ne saurait néanmoins attendre de lui qu'il prenne spontanément la tête d'une croisade allant contre ses intérêts immédiats.

Ce sont donc les membres du groupe intermédiaire, constitué en immense partie de salariés, avisés, informés et éduqués, qui forment l'armature de notre société. Ils en assurent la stabilité, en raison même des objectifs intergénérationnels qu'ils poursuivent. Ces objectifs reposent sur la transmission à leurs enfants d'un patrimoine culturel et éducatif d'une part, d'un patrimoine immobilier et parfois quelque peu financier d'autre part, qui sont les signes de leur attachement à l'« économie de marché ». Or ce sont les objectifs mêmes des membres de ce groupe intermédiaire qui sont atteints de plein fouet aujourd'hui. Dans le domaine de la formation et de la garantie professionnelle qu'elle est censée, entre autres choses, conférer, comme sur le plan de l'accumulation patrimoniale, les dernières décennies du siècle marquent une rupture. Qu'il s'agisse d'une prise de conscience dans le premier domaine et d'une réalité nouvelle dans le second ne change rien à l'affaire : le modèle qui fonde les aspirations et détermine largement les comportements du corps central est fortement remis en cause.

La France n'est plus – mais l'a-t-elle jamais été ? – un pays de masses laborieuses qui n'auraient plus rien à perdre, sinon l'impitoyable exploitation d'un capitalisme aveugle. Elle est devenue une société dans laquelle la plus grande partie de la population adhère aux principes de l'économie de marché et pense qu'elle peut assurer à ses enfants un avenir meilleur. Ce sont toujours les « générations montantes » pour lesquelles nous nous battons, mais la nouveauté vient de ce que la grande majorité de nos concitoyens pense que l'avenir de ces générations peut être correctement assuré dans le cadre des principes qui régissent notre économie. L'armée de « ceux qui n'ont rien à perdre » s'est réduite au seul groupe de ceux qui, déshérités, désenchantés et atteints des multiples syndromes de la désespérance, se bornent à constater que le système ne leur profite pas, et qu'en ce sens ils ne peuvent assurer à leurs enfants une quelconque progression dans la hiérarchie sociale. Les autres sont des exploités, au sens de Marx, mais des exploités qui trouvent des compensations. Du moins les trouvaient-ils pendant les trente années de l'après-guerre. Au cours de la décennie 80, le paysage a commencé à se transformer. Nombre de facteurs qui leur donnaient confiance ont eu tendance à s'affaiblir – voire à s'inverser.

Premier facteur, qui constituait le socle de l'effort en faveur de leurs enfants : le système éducatif. Il leur garantissait, peu ou prou, que leurs enfants ne retomberaient pas dans la catégorie des exclus, il était le produit de la République auquel ils s'identifiaient volontiers, il était la traduction la plus évidente de la lutte contre les privilèges de la richesse : il incarnait l'égalité. Les années 80 ont vu le système éducatif si abondamment vilipendé que les Français ont fini par entendre la critique, d'autant plus aisément que le développement du chômage donnait du crédit à la thèse selon laquelle « l'école, ça ne marche plus ». Que cette critique fût fondée ou non n'est pas le sujet ici – sans doute l'est-elle en partie ; ce qui compte, c'est que la transmission du patrimoine humain, principale caractéristique de cette large fraction de la population, n'a plus reçu les mêmes assurances que par le passé : c'est une première cause de déstabilisation.

Ensuite, le statut social de ce corps central s'est fondé sur un certain nombre de signes extérieurs qui ne relèvent pas tous de la société de consommation *stricto sensu*. La disposition d'un petit patrimoine (souvent immobilier) assurait une sécurité qui allait de pair avec une confiance solidement établie dans les mécanismes de prévoyance sociale. Les critiques réitérées à l'encontre du système de protection sociale, conjuguées à la difficulté grandissante d'une petite accumulation – en raison de la modification du processus inflationniste [1] – seront à l'origine d'une seconde déstabilisation.

Doit-on dès lors s'étonner de cette double fuite qui, tantôt pousse en direction d'une forme de *soft utopia* portant dans le meilleur des cas un nombre croissant d'électeurs vers les Verts, tantôt nourrit la tentation du radicalisme et de l'extrémisme populiste qui gonflera abondamment les rangs du Front National ? Ce n'est évidemment pas là le seul phénomène qui explique la

---

1. Il était évidemment plus facile de s'endetter pour devenir propriétaire quand l'inflation dévalorisait régulièrement les remboursements à effectuer et allégeait d'autant l'effort d'épargne.

croissance de ces deux mouvements – dont il est inutile de dire qu'ils sont non seulement très différents, mais parfaitement antinomiques. De même, leurs effectifs ne se recrutent évidemment pas dans le seul groupe intermédiaire – les premiers pas frontistes ayant d'ailleurs suffisamment inquiété la gauche, précisément parce qu'elle constatait que ce qu'elle prenait pour son électorat « naturel », la classe ouvrière, répondait parfois favorablement aux appels des tribuns d'extrême droite ; de la même manière, l'électorat vert est aujourd'hui un électorat volontiers qualifié de « bobo », en tout cas un électorat plutôt urbain très éloigné des populations ouvrières ou modestes. Il reste que, à ne pas y prendre suffisamment garde, la politique de la gauche pourrait saper les bases mêmes du contrat social sur lequel notre société post-social-démocrate est fondée. En ne faisant pas l'effort nécessaire de refonte du système éducatif (même si l'on n'a jamais tant fait qu'avec les réformes engagées par Claude Allègre) et en imaginant calmer tout le monde par le maintien – et souvent l'augmentation – du pouvoir d'achat des biens de consommation quand celui de se constituer un patrimoine est en train de s'amenuiser, cette politique de redistribution, non seulement ne répond pas à l'attente de la majorité de ceux qui l'ont choisie, mais encore conduit à la remise en cause, d'autant plus dangereuse qu'elle est latente, insidieuse et progressive, d'un équilibre social que l'on ne sait ni comment ni par quoi remplacer.

Et pourquoi tout cela ? Ce risque de déstabilisation de la structure sociale et politique, ces inégalités qui s'accentuent tendanciellement et que ne viennent pas compenser quelques années éventuellement moins infructueuses, cette marginalisation d'une fraction croissante de la population, découlent-elles d'une politique « réactionnaire » mûrement réfléchie et appliquée par un pouvoir élu à cette fin ? Il est évident que non. Mais il s'agit d'une soumission historique, tout aussi grave, qui nous a fait renoncer à nos objectifs politiques initiaux et a réduit nos ambitions à la seule correction, après coup, des dégâts du marché. N'y a-t-il véritablement d'autre sacre pour un pouvoir de gauche qui a vocation à transformer le réel que de limiter son ambition à *faire du social*? Chiens de garde de l'Etat-providence, les socialistes vont-ils se laisser enfermer dans ce rôle dont on peut redouter qu'il traduise une véritable et profonde démission de la raison?

CHAPITRE 4

Triomphe du libéralisme ?

Les mots sont trompeurs. Si « mal nommer les choses, c'est ajouter au malheur du monde », comme le disait Albert Camus, alors il en est un, de mot, qui, dans son dévoiement même, a obscurci notre compréhension du monde : celui de *libéralisme*. Il exprime aujourd'hui tout ce que la gauche rejette : une combinaison sauvage de laisser-faire, d'égoïsmes et de brutalité – mais pour être précis, il convient de rappeler que, aux États-Unis, le mot est plus conforme à son origine, le « libéral » étant précisément « de gauche ». Pourquoi les mots mêmes de « libéralisme économique » sont-ils devenus à ce point critiquables ? Pourquoi n'ont-ils pas conservé les belles couleurs, nobles et prometteuses, du libéralisme politique ?

De nos jours, tout, ou presque, les oppose. Pour ses laudateurs, le libéralisme politique est une idéologie de la libération ; pour ses détracteurs, le libéralisme économique serait une idéologie de la domination. Mondialisation aidant, le libéralisme économique est en expansion partout, quand le libéralisme politique souffre d'engourdissement et de stagnation : le nombre de dictatures ne régresse pas sensiblement, le rejet de l'autre ne recule pas, l'ordre moral connaît de beaux

retours – et pas seulement lors des campagnes présidentielles américaines.

C'est que si, dès l'origine, le libéralisme politique
s'est assis sur le refus de l'hypertrophie des pouvoirs, il
s'est dans le même temps dressé contre leur affaiblissement, compris comme une menace pesant sur l'ordre
social. Ce que le libéralisme politique vise avant toute
autre chose, c'est la liberté de l'homme – de tout
homme. Et il doit pour cela se doter des instruments de
lutte contre l'oppression des uns par les autres. C'est
l'inusable formule du père Lacordaire lançant en
chaire de Notre-Dame, en 1848, ce mot fameux :
« Sachent donc ceux qui l'ignorent, sachent les ennemis de Dieu et du genre humain, quelque nom qu'ils
prennent, qu'entre le fort et le faible, entre le riche et le
pauvre, entre le maître et le serviteur, c'est la liberté
qui opprime et la loi qui affranchit. » Cette loi qui
affranchit, ce sont les libéraux qui l'ont voulue, forgée,
votée, tant ils étaient convaincus que l'état de nature
n'était en rien celui du bon sauvage de la légende. Si
bien que la reconnaissance et l'acceptation de la diversité par le libéral [1] n'entraînent pas pour autant son
renoncement à l'encadrer.

Beaucoup d'économistes n'ont finalement retenu
que l'éloge de la liberté. Stuart Mill, qui fournit sans
doute la synthèse de la pensée des économistes classiques la plus achevée de ce milieu de XIXᵉ siècle, écrit :
« L'éducation qui enseignerait ou les institutions
sociales qui exigeraient des individus la libre disposition de leurs actes contre une somme quelconque
d'aisance ou d'abondance, c'est-à-dire renoncer à la
liberté en vue de l'égalité, dépouillerait ces individus
des caractères les plus élevés de la nature humaine. »
Quand Saint-Just lance son apostrophe fameuse « Pas
de liberté pour les ennemis de la liberté ! », c'est indubitablement à la liberté politique qu'il songe. Mais la

---

1. « Nous sommes tous les mêmes, ils sont tous différents », Rica
racontant son voyage à Usbek.

phrase touche aussi à la réalité économique, avec en écho cette belle formule de Carlo Rosselli, pour qui le socialisme, c'est quand « la liberté arrive dans la vie des gens les plus pauvres [1] ». De quelle liberté jouit celui qui n'a rien ? Est-il libre, celui qui dispose à peine de quoi survivre ? Est-il libre, celui qui souffre de ne pouvoir nourrir et éduquer ses enfants ? Est-il libre, celui qui n'espère plus ?

C'est ce libéralisme, réduit au laisser-faire économique, qui est rapidement devenu insoutenable. C'est celui-là que le socialisme a entrepris de combattre. Et c'est celui-là encore dont la Grande Crise, en imposant la resocialisation de l'économie, a signé l'acte de décès – comme le montre Karl Polanyi avec beaucoup d'à-propos [2]. Plus que la solidarité, c'est la réciprocité qui est mise en cause. L'échange crée un lien entre les hommes qui projette au-delà de ce seul échange : il crée un lien social – ce « phénomène social total » au sens où Marcel Mauss l'entend dans son *Essai sur le don*. Nous sommes loin du seul « échange de marchandises contre des marchandises » des économistes classiques. Or, ce que nie le libéralisme économique, c'est précisément ce lien social, ce ferment d'unité de la société que fabrique l'échange mais que la pensée libérale peine à prendre en compte. C'est le fait qu'il n'y a pas de césure entre l'économique et le social. Il lui

---

1. Carlo Rosselli, *op. cit.*, p. 86.
2. Louis Dumont décrit le libéralisme économique comme une innovation sans précédent : « L'innovation consistait essentiellement en un mode de pensée. Pour la première fois, on se représentait une sorte particulière de phénomènes sociaux, les phénomènes économiques comme séparés de la société et constituant à eux seuls un système distinct auquel tout le reste du social devait être soumis. On avait en ce sens désocialisé l'économie. Ce que la Grande Crise des années trente imposa au monde, c'est une resocialisation de l'économie. » Préface à l'édition de 1983, NRF, Gallimard, de *La Grande Transformation. Aux origines politiques et économiques de notre temps*, Karl Polanyi, 1944.
L'année même de la publication de *La Grande Transformation*, von Hayek publiera *The Road of Serfdom* qui servira de bible moderne au libéralisme économique. Déjà, l'individualisme originel s'accompagne d'accommodements que la réalité – et l'époque – imposent.

oppose une pratique comptable, désincarnée, faussement rationnelle et finalement abstraite – dont le refus
est légitime. Car, au bout du compte, accepter le libéralisme économique entendu en ce sens, c'est affaiblir
la société des hommes.

Las, en rejetant cette forme de libéralisme économique, nous nous sommes pris les pieds dans notre
propre piège, et nous avons, petit à petit, sinon
condamné, du moins entravé et contrarié l'initiative
économique. Nous avons perdu ce qui fait la dynamique de toute société. Nous avons tué le goût du
risque.

Le risque et la rente

Dès l'origine, l'analyse du comportement économique des individus renvoie à la théorie du risque. La
datera-t-on de Daniel Bernouilli, qui exposait pour la
première fois dans son *Specimen Theoriae Novae de
Mensura Sortis*, en 1738, l'idée que la valeur de
l'argent n'est pas la même selon que l'on dispose de
beaucoup ou selon que l'on dispose de peu? Le risque
de ruine, ainsi introduit, se retrouvera dans toute
l'analyse stratégique, des balbutiements de la théorie
des probabilités chez Pascal à la théorie des jeux chez
von Neumann.

Se développe conjointement l'un des concepts qui
régnera sur le XIXᵉ siècle : celui de rente. Le discours
de la rente, dont la version la plus populaire est sans
doute celle de Ricardo, sera repris par Marx, mais
c'est dans le livre de Boukharine[1] que l'on trouvera la
synthèse la plus affûtée entre ces deux pôles de l'analyse que sont le risque et la rente. Le rentier, que
Keynes voulait « euthanasier », n'a cessé de s'opposer

---

1. Nicolas Boukharine, *Critique du marginalisme. Économie politique
du rentier*, 1919.

aux forces qui permettent à la société de se développer
– au premier rang desquelles, donc, la prise de risque.

Nous sommes en fait confrontés à trois types de
risques. Les premiers, ce sont les *risques individuels
que nous assumons personnellement*. C'est parce que
chacun de nous accepte de prendre des risques de
cette nature que la société ne se reproduit pas simplement à l'identique, d'une période à l'autre. C'est le
risque d'entreprendre – et le goût éventuel qui le
détermine – quel que soit le domaine de l'entreprise :
amoureuse, sportive, ou bien sûr économique. Une
bonne part de la théorie des taux d'intérêt et des
choix de portefeuille repose sur ce type de risques. Les
seconds risques sont constitués des *risques individuels
que nous assurons collectivement*. Ce sont les risques
assurables que nous transférons à la collectivité. Les
applications de la théorie de l'assurance qui en
découlent sont considérables. Mais au-delà de l'assurance au sens commun du terme, bien d'autres situations relèvent d'une approche analogue. Ainsi,
qu'est-ce qu'une société anonyme, sinon une technique qui permet de partager et de limiter le risque [1] ?
Une troisième catégorie de risques existe enfin : ce
sont les *risques collectifs que l'on supporte collectivement*. C'est le cas du risque de guerre ou du risque
nucléaire.

Ce qui m'intéresse ici, c'est d'apprécier dans quelle
mesure la prise de risques individuels n'a pas été
excessivement entravée par les différents mécanismes
qui protègent la rente. La culture européenne, heureusement tendue vers le désir de cohésion sociale et

---

1. Ceci permet d'ailleurs de relativiser ce que l'on dit souvent sur
l'avoir fiscal et la double imposition. On peut très bien défendre l'idée que
la double imposition (celle de la société anonyme d'abord, celle des
actionnaires ensuite) est justifiée par le fait que la structure-écran permet
de limiter le risque. En rentrant dans une société de capitaux, l'investisseur
accepte une prime d'assurance qui correspond à la limitation de son risque
et à la somme qu'il a investie.

de mutualisation des risques, n'a-t-elle pas étouffé le goût du risque et survalorisé ceux qui vivent de la rente ? – que celle-ci prenne la forme de l'épargne placée en emprunts d'Etat ou celle de l'attitude frileuse des banquiers qui ne vous prêtent de l'argent que si vos garanties suffisent à les rassurer. Je réponds sans hésitation : nous devons revaloriser le rôle du créateur, de celui qui prend les risques, et distinguer sa rémunération de celle qui découle de la rente, de celle accumulée par ceux qui, comme le dit la formule un tantinet définitive mais non dénuée de bon sens, « s'enrichissent en dormant ». Joseph Schumpeter, peut-être le plus grand économiste de ce siècle, nous a montré pourquoi celui qui entreprend et prend des risques est en fait le moteur qui fournit sa dynamique à la société tout entière. C'est la voie qu'il a ouverte que nous n'avons pas su suffisamment exploiter et qu'il faut reprendre maintenant.

L'opposition communément scandée entre des Etats-Unis, dont la valeur centrale et dominante serait l'amour de la liberté, et une Europe qui serait vouée à celui de l'égalité, a comme mérite ultime d'illustrer ce que nous ressentons tous confusément. Or la question n'est pas de choisir entre la liberté et l'égalité, mais de savoir à quel équilibre nous aspirons. Comment redonner à notre société le goût et la possibilité du risque sans transformer chaque Français et chaque Européen en un joueur de poker ?

La réponse, nous la connaissons depuis longtemps. Elle tient en la mise en place de procédures de répartition du risque. Le libéralisme économique ne sera évidemment pas favorable à cette solution. Il expliquera volontiers que c'est précisément parce que nous avons mutualisé le risque, notamment en multipliant les procédures d'assurances sociales, que nous avons étouffé le goût du risque. Je n'en crois rien. Et l'on peut même défendre l'idée rigoureusement inverse, selon laquelle c'est lorsqu'on est mieux assuré que l'on est le plus

disposé à prendre des risques. Pour le dire d'une formule : nous ne sautons dans le vide que parce que
nous avons la certitude que notre parachute est bien
accroché. Je suis convaincu, en tout cas, qu'il en va
ainsi des Européens [1]. Dans ces conditions, après avoir
par exemple inventé l'assurance retraite qui couvre le
risque de se retrouver âgé et sans ressources, il nous
faut inventer de nouvelles formes de mutualisation
adaptées aux nouveaux risques à prendre.

Prenons un exemple. La mutation industrielle est un
risque auquel nous exposent, et la mondialisation, et
la transformation des modes de production. L'attitude
individualiste laissera chacun assumer seul le risque de
perdre son emploi dans un secteur en récession, et
plus encore celui de déménager pour aller en chercher
un autre. L'attitude que je préconise est de mutualiser
les risques liés à la mutation industrielle. Ainsi, l'un
des obstacles à la mobilité géographique, dont on
déplore fréquemment la faiblesse en France, ne vient-il
pas entre autres choses de la difficulté à se dégager de
l'emprunt immobilier que l'on a contracté pour acheter sa maison – le banquier faisant payer de considérables dédits – et aussi des droits de mutation qui
viennent grever chaque transaction ? La rente prend
ici le visage du banquier qui retient une clientèle captive et celui du fisc qui répugne à laisser échapper la
moindre assiette taxable. Le risque est dès lors trop
grand pour qu'il soit possible de se déplacer vers une
région où l'on pourrait trouver un emploi, et c'est la
société tout entière qui y perd. Mutualiser le risque,
c'est répartir sur tous les emprunteurs le coût du dédit
au lieu de le laisser assumer par le seul individu directement concerné. C'est aussi accepter des abattements
fiscaux lorsque la vente est liée à une contrainte pro

---

1. Lorsqu'il a reçu son prix Nobel d'économie, en 2001, Joseph Stiglitz
a pris la défense de la solidarité à l'européenne, en expliquant que la
sécurité offerte par la solidarité permettait aux individus de prendre des
risques.

fessionnelle. Si je prends cet exemple, qui peut sembler limité, c'est parce qu'une telle réforme a justement été mise en œuvre par le gouvernement de Lionel Jospin. On m'objectera que, dans ces conditions, la banque se rattrapera en augmentant à due concurrence le coût de tous les emprunts. Eh bien justement, cette augmentation minime supportée par chacun, c'est la prime d'assurance : c'est la mutualisation de ce risque particulier.

Pour limité que soit cet exemple, il n'en montre pas moins la marche à suivre et ouvre un champ considérable à une action renouvelée de l'Etat – étant bien entendu que seul l'Etat peut chasser la rente et organiser la mutualisation des risques.

Veut-on un second exemple ? Il a longtemps été dit que les capitaux à risque [1] manquaient à notre pays, au point que les projets innovants (donc risqués) ne trouvaient pas de moyens de financement. Le capitalisme français était un capitalisme sans capital, le capitaliste français, un rentier frileux. Loin de moi l'idée de prétendre que cette période est totalement révolue. Mais la mise en place de fonds de réassurance publics, permettant de répartir sur la collectivité les risques que les individus pouvaient hésiter à prendre, a largement contribué à résoudre ce problème. Et l'on pourrait en dire autant de l'avantage fiscal accordé à l'épargne à risque.

La conclusion me semble claire. Pour redonner le goût du risque, il faut inventer de nouvelles formes de mutualisation. Ce n'est pas parce que l'environnement est inquiétant que l'on prend des risques, c'est au contraire parce qu'il est sécurisant. Permettre aux Européens de prendre plus de risques (et il est nécessaire, pour ne pas dire urgent, qu'il en soit ainsi), c'est couvrir une partie des conséquences que ces risques entraînent, non laisser l'individu seul et nu devant

---

1. C'est-à-dire les capitaux prêts à s'investir dans des projets risqués.

l'adversité. Nous entrons de plain-pied dans le domaine de la régulation.

Les nouvelles formes de la régulation

Le capitalisme s'organise en grands cycles de régulation. Au cours du siècle précédent, on en distinguera au moins trois. Le premier est issu du XIXᵉ et s'achève avec la Première Guerre mondiale. Il cède la place à un monde bâti sur la production de masse (le fameux *fordisme*), taraudé par la renaissance des nationalismes et habité par la construction de la démocratie. Après 1945, la généralisation de l'Etat-providence, l'émergence de la domination américaine et l'effacement progressif du fascisme façonneront les trois décennies à venir. Dès la fin des années 70, une nouvelle rupture s'amorce : elle concerne le monde de la production, les idées politiques et la scène internationale. L'émergence des technologies de l'information, la vague libérale du refus de l'impôt [1], puis l'effondrement du communisme, marquent la fin de cette période.

Nous connaissons ainsi depuis deux siècles une succession de phases organiques au cours desquelles un mode d'organisation de l'économie et de la société domine, et de phases critiques, généralement plus brèves, pendant lesquelles ces régulations s'essoufflent puis s'évanouissent, pour céder finalement la place à d'autres. La dernière grande régulation collective fut celle de l'Etat-providence. Qu'elle se soit épuisée au cours du dernier quart de siècle ne fait pas l'ombre d'un doute. Que les linéaments de la prochaine régulation soient déjà clairement apparents, rien n'est en revanche moins sûr.

---

1. C'est à la fin des années 70, qu'en Californie, le vote de la « proposition 13 » donne le signal de la contestation généralisée de l'impôt.

Entre ces phases d'organisation, les anciens schémas se délitent, l'organisation collective recule, les individualismes retrouvent droit de cité et porte-voix : le libéralisme économique triomphe. Chaque fois, c'est à la gauche qu'il revient d'inventer les voies nouvelles de la maîtrise collective du destin des peuples. Elles prévaudront pendant les décennies à venir puis, à nouveau, les petits ménestrels du libéralisme économique exulteront. Comme par le passé, ils croiront voir dans cette régulation finissante l'avènement du Messie libéral, et quelque gourou temporaire et médiatique viendra expliquer qu'on vous l'avait bien dit... Jusqu'à ce que l'histoire et l'économie reprennent leurs droits et que les hommes sculptent les charpentes de la société nouvelle. Ce sont de telles charpentes qu'il nous faut rebâtir aujourd'hui – celles sur lesquelles nous nous sommes reposés n'ayant plus guère d'utilité.

Le capitalisme connaît en effet deux changements majeurs, lesquels modifient profondément le fonctionnement de notre société en créant de nouvelles sources d'inégalités. La première touche à l'entreprise : je veux parler de l'évolution des formes du travail [1]. Du cadre qui tape lui-même son courrier sur son ordinateur au guichetier d'une agence bancaire devenu un véritable spécialiste des différents produits financiers, la règle est la même : il faut être polyvalent. Les facilités offertes par l'informatisation, conjuguées au souhait de ne pas laisser s'accumuler les temps morts, ont abouti à une organisation moins spécialisée de l'entreprise, moins hiérarchisée aussi, qui constitue une rupture nette avec le fordisme d'antan et bouleverse les structures du monde du travail.

---

1. Voir sur ce sujet les travaux de Daniel Cohen, à l'École Normale Supérieure de Paris et notamment *Nos temps modernes*, Flammarion, 2000.

Dans le même temps, le capitalisme, qui reposait sur les *managers*, est devenu un capitalisme patrimonial. On se souvient de la thèse exposée en 1967 par Galbraith dans *Le Nouvel Etat industriel* : il y décrivait des entreprises dans lesquelles les dirigeants, salariés, avaient pris le pouvoir – sorte de technostructure à l'abri de la volonté d'actionnaires peu présents dans les assemblées générales, et de ce fait impuissants à faire entendre leur voix. Galbraith y voyait le signe d'une bureaucratisation de l'économie et, pour tout dire, le début d'une nouvelle forme d'économie planifiée par la méritocratie. L'idée n'était d'ailleurs pas nouvelle : vingt-cinq ans plus tôt, Joseph Schumpeter [1] estimait que le capitalisme n'y survivrait pas. Daniel Cohen note que, pour Schumpeter, « le capitalisme a besoin d'entrepreneurs qui prennent des risques et détruisent les rentes acquises. Avec la bureaucratisation du capitalisme, les " entrepreneurs " (à ne pas confondre avec les " managers ") sont condamnés à disparaître, et ainsi ce faisant en ira-t-il aussi des innovations et de la croissance économique elle-même ». Le capitalisme survivra pourtant à chacune des crises qu'il rencontrera. Mais pour y parvenir, il lui faudra se transformer en un capitalisme patrimonial qui illustre la revanche des actionnaires et qui impose, à travers notamment les fonds de pension, une rentabilité financière très élevée. C'est précisément là que nous en sommes aujourd'hui.

Polyvalence et chasse corrélative aux temps morts, rentabilité financière élevée : l'entreprise est devenue plus agressive que jamais pour ceux qui y travaillent. C'est à cette nouvelle pression dans la sphère productive que les socialistes doivent répondre.

Cette altération du cadre de travail est d'autant plus manifeste qu'elle se double d'un isolement social

---

1. *Capitalism, Socialism and Democracy*, New York and London, 1942, traduction française, Payot, 1963.

croissant. C'est en effet l'un des paradoxes les plus
singuliers des nouvelles technologies de l'information
et de la communication qu'elles ont *aussi* pour conséquence d'éloigner les individus les uns des autres et
d'aboutir, si ce n'est à une dégradation, au moins à
une modification des modalités mêmes de la structure
des liens sociaux – quand nous aurions pu penser que,
en diminuant le coût de transport de l'information,
elles allaient d'abord rapprocher les individus, permettre de nouveaux contacts et créer de nouveaux
liens entre eux. Ce paradoxe apparent provient du fait
que, la communication rendue plus aisée, la *rencontre*
devient moins nécessaire. Ce phénomène, lui non plus,
n'est pas à proprement parler nouveau : il avait déjà
été constaté après l'apparition du téléphone. Partout,
la corrélation entre l'introduction du téléphone et la
métropolisation a pu être mise en lumière. Le téléphone permet des contacts plus lointains et autorise
des relations individuelles au sein de villes toujours
plus grandes, dont les habitants sont donc toujours
plus éloignés. Il en va de même avec l'Internet, ce phénomène étant même sérieusement renforcé, ou
aggravé, par la délocalisation des activités technologiques. De nombreuses activités hier encore prati-
quées dans la proximité les unes des autres peuvent
aujourd'hui être exercées aux deux bouts de la planète, pour peu qu'une bonne liaison digitale ait pu
être établie entre elles. Ainsi, nombre d'activités bancaires, celles notamment qui n'exigent pas de contact
direct avec la clientèle, ne sont plus effectuées
aujourd'hui dans « l'arrière-boutique » : elles peuvent
être délocalisées à plusieurs centaines de kilomètres.
C'est le cas également pour une bonne part de la
comptabilité et, plus significatif encore, de la production de logiciels. Cet éclatement du lieu de travail,
outre qu'il est à l'origine de dangereuses inégalités territoriales, contribue à l'isolement d'individus dont la
polyvalence est compensée par une spécialisation des

espaces qui risque de leur faire perdre de vue l'unité de l'entreprise.

Quant à la consommation de ces nouveaux biens, elle contribue largement à renforcer l'isolement de l'individu. Je ne prendrai qu'un exemple : la télévision. Nous sommes progressivement passés du regroupement de l'assemblée familiale autour du même poste de télévision, vibrant à l'unisson aux exploits sportifs des uns ou aux émotions musicales des autres, à une consommation individuelle et personnalisée directement issue du « progrès » technologique qui autorise la multiplication des récepteurs. Cela n'est d'ailleurs pas sans lien avec le besoin d'individualisation qui se manifeste dans tant d'autres domaines de la vie publique, et qui conduit à mettre en cause les consommations collectives et leur mode de production. La « privatisation » de certains services publics, si volontiers prônée par les fervents adeptes du libéralisme économique, trouve ici ses racines en même temps qu'une part du soutien dont elle jouit dans la population.

Nouvelles conditions de production, nouveaux défis de l'organisation de l'entreprise et de la société : tout est en place pour nous inviter à la rénovation de l'action publique.

Les socialistes ont renoncé à l'idée selon laquelle le contrôle du capitalisme passait par la prolifération des réglementations ou par l'extension de la propriété publique. Mais ils n'ont changé ni de motivation, ni d'ambition : faire valoir la primauté de l'intérêt collectif sur l'intérêt individuel, refuser au marché l'imposition de sa « loi » dans la vie sociale, contenir les débordements du mode de production, et enfin, mais seulement enfin, corriger les inégalités qu'ils n'auront pu empêcher d'advenir.

L'action publique traduit la volonté des hommes de maîtriser leur destin ; mais ses instruments doivent changer, comme change le capitalisme. Car le capitalisme change, oui, il mute, il se transforme. Marx parlait du caractère révolutionnaire du capitalisme dont l'anarchie devait être régulée. Me pardonnera-t-on de citer Lionel Jospin lorsqu'il déclare que « le capitalisme est une force qui va, mais qui ne sait pas où elle va » ?

Aujourd'hui, et légitimement, notre capacité de régulation peut sembler remise en cause. D'abord par la mondialisation. Et l'on voit bien comment l'émergence d'un marché planétaire bouleverse les données géopolitiques en faisant de certaines entreprises des entités aussi puissantes que beaucoup d'Etats. Plus puissantes mêmes, les Etats étant claquemurés dans leurs frontières nationales, empêtrés dans leurs longues procédures démocratiques, écroués dans leurs cages comme des ours patauds. J'y reviendrai.

Mais l'intervention publique est également remise en cause par l'évolution des mentalités. Ceux-là mêmes qui rêvent d'un retour aux années 60 oublient que les Français ont changé. Ils ne veulent plus que le ministre des Finances fixe le prix de la baguette de pain – doléance somme toute assez raisonnable. Cette France-là n'existe plus, n'en déplaisent à tous ceux qui, pleins de bonnes et louables intentions, l'évoquent comme un âge d'or ou une nouvelle Belle Epoque. Il est pourtant aussi illusoire de croire que l'on peut intervenir sur l'activité des entreprises avec les instruments d'hier qu'il était fallacieux de vouloir, avec Jacques Rueff, revenir à l'étalon-or au début des années 60. Les modes de régulation changent : les modalités de l'action publique doivent changer à leur tour.

A la différence de l'après-guerre, les nouvelles formes de l'intervention publique ne seront pas exclusivement nationales. Elles seront moins étatiques et plus transparentes. Pour être à la mesure du défi politique que lance la mondialisation, elles devront être au moins européennes, et souvent mondiales. A la différence de l'interventionnisme d'antan, elles devront faire appel aux acteurs sociaux, si joliment baptisés *société civile*, bien plus qu'elles ne le font aujourd'hui. Elles devront enfin être plus transparentes, l'enracinement du sentiment démocratique et le niveau d'éducation qu'il requiert ayant rendu nos sociétés beaucoup plus exigeantes en la matière.

Dans les chapitres qui suivent, je tenterai d'apporter quelques éléments à l'érection des nouveaux fondements de l'intervention publique. J'aborderai pour cela, et tour à tour, la mondialisation, l'Europe, la France. Car, *in fine*, la réflexion politique n'a pas d'autre objet de que de s'interroger sur le gouvernement des hommes.

La nouvelle alliance

Premier enseignement, donc : le socialisme ne peut continuer à se désintéresser du système productif comme il le fait trop souvent. Cela ne correspond ni à son histoire, ni à sa mission. Il doit prendre en compte l'évolution du capitalisme, celle de la société, et reconsidérer ses modèles en les passant au crible de réalités qui, ne lui en déplaise, sont bel et bien nouvelles. Les actifs, ceux qui produisent, ceux qui ne sont ni les plus pauvres ni les plus riches, ne veulent pas, en Europe, d'un monde sauvage qui se contenterait de jeter distraitement son obole dans l'écuelle des laissés-pour-compte. Mais ils ne veulent pas *non plus* d'une société qui s'interdirait de récompenser les talents, étoufferait le goût du risque et contraindrait chacun à cheminer en s'alignant sur le plus lent. Ce que veulent les Européens, c'est une alliance de l'équité et de l'efficacité, laquelle alliance, conceptuelle, en engendre une autre, plus politique :

l'alliance des couches moyennes et de celles qui, aujourd'hui, nourrissent la longue bousculade des exclus du système, ces nouveaux damnés de l'histoire.

Le choix est somme toute assez simple. Mais il implique de savoir si la gauche est capable de couvrir l'ensemble du champ, capable de mener une politique qui puisse et sache répondre aux attentes de la grande majorité des Français. Une politique qui redistribue, mais qui n'aurait pas oublié d'innover et de produire.

C'est tout un modèle social qui est en train de se transformer – et dont nous commençons juste à percevoir les traces dans les consultations électorales. Car, à Sarcelles comme ailleurs, ce ne sont pas seulement les fascistes et les plus miséreux qui se sont abstenus de voter ou qui se sont jetés, même à leur corps défendant, dans les bras de l'extrême droite : c'est une large partie des couches moyennes qui a ainsi exprimé son rejet global des changements et des évolutions en cours.

La gauche doit éviter que ne se creuse encore davantage le fossé qui divise et oppose parfois radicalement les différentes catégories de la société. Elle doit refuser cet écartèlement continu de la France. Elle doit tout mettre en œuvre pour que la distance, non seulement entre les exclus et les couches moyennes, mais aussi entre les nantis objectifs du temps et ceux qui, de plus en plus nombreux, considèrent que l'environnement leur est de moins en moins favorable, que la société leur devient toujours plus hostile et que la mondialisation les menace au premier chef, elle doit tout mettre en œuvre, donc, pour que cette distance se réduise et que le fossé se comble.

La société n'est pas coupée en deux, mais en trois.

A juste raison, et non sans succès, la gauche tente de lutter contre les dégâts causés par la première ligne de fracture : c'est le sens de sa lutte en faveur des plus défavorisés. Mais elle néglige trop largement les ambitions et les attentes des couches intermédiaires.

Comme on ne conduit pas un pays à rebours des souhaits de ses citoyens, il importe de leur redonner confiance dans la société et dans sa capacité à reconnaître les talents – ce qui induit, au préalable, la possibilité pour eux de les exprimer. La culture française est un alliage d'individualisme et d'égalitarisme. Or ce qui s'éteint aujourd'hui, c'est l'impression que la société répondait à un critère minimum de justice. La citation de Blum, qui énonçait si admirablement que le socialisme est né d'une aspiration à la justice, retrouve ici sa raison d'être : la lutte contre les inégalités. Car comme le dit Durkheim : « Le socialisme n'est pas une science, une sociologie en miniature, c'est un cri de douleur et parfois de colère, poussé par des hommes qui sentent le plus vivement notre malaise collectif [1]. »

Ce qui compte pour moi, c'est que le socialisme ne se limite pas à un cri, qu'il soit aussi une doctrine d'action : « La fin que poursuit le socialisme, écrit Monique Canto-Sperber, n'est pas de réaliser une conception formelle de l'égalité mais de garantir la capacité pour chaque individu de développer, librement et pleinement, sa propre personnalité au sein de la vie sociale [2]. »

Je pense à ces inégalités qui enrayent, voire interdisent, tout épanouissement social. Je pense à celles qui grippent notre système de formation. Je pense à celles de la fortune comme à celles des revenus. Je pense, en un mot, à tout ce qui empêche les talents de s'exercer parce que le malencontreux hasard des conditions sociales de la naissance continue à y faire obstacle.

---

1. Émile Durkheim, « Le socialisme ».
2. Monique Canto-Sperber, « Pour le socialisme libéral », *Esprit*, mai 2000. Ceci fait écho à cette phrase d'Henri de Man dans *Au delà du marxisme*, Bruxelles, L'Eglantine, 1927 : « Le socialisme ne signifie pas une égalité absolue des destinées humaines, mais seulement une possibilité sociale égale pour tous de former cette destinée et d'être, selon l'expression de Kant, des sujets, non des objets du devenir social. »

Le temps est venu de suivre Léon Blum et sa conclusion de *A l'échelle humaine*[1] : « Le socialisme a dû
vivre d'abord, s'installer, se faire place, pour démontrer sa légitimité, il a dû faire preuve de destruction
critique ; pour protéger ses premiers commencements,
il a dû faire œuvre de lutte [...]. Mais aujourd'hui, la
phase polémique est révolue ; le socialisme peut passer
de sa période militante à sa période triomphante [...].
C'est sur la base établie par les principes socialistes
que toute société, consciemment ou non, tente de se
refaire. » Le socialisme « doit revenir [...] à la pureté
de l'inspiration primitive ».

---

1. Léon Blum, *A l'échelle humaine*, Paris, Gallimard, 1945.

Sur la mondialisation

> « L'océan Pacifique jouera à l'avenir le même rôle que l'Atlantique de nos jours et la Méditerranée dans l'Antiquité : celui de grande voie d'eau du commerce mondial, et l'océan Atlantique tombera au niveau d'une mer intérieure, comme c'est le cas aujourd'hui de la Méditerranée. »
>
> Karl Marx, in *La Nouvelle Gazette rhénane* (1850).

Adulée ou abhorrée, prise en exemple ou pour cible, la mondialisation fait recette. Pas un colloque universitaire, pas un séminaire politique, pas un conseil d'administration, pas un mouvement social dont ce ne soit la référence obligée. Serions-nous confrontés à un phénomène particulièrement récent, ou imprévu, ou inédit ? Pas le moins du monde. Les dernières pages du XIXe siècle se sont en effet refermées comme s'ouvrent celles du XXIe : sur une expansion sans précédent du commerce international et sur une intégration financière profonde entre une Europe encore vaillante, des Etats-Unis déjà puissants et une Australie tout juste naissante. Ce n'est qu'après la Première Guerre mondiale que les multiples avatars du nationalisme ont conduit au repli sur soi et à la fermeture des frontières : la tentation du calfeutrement comme antidote à un monde ouvert aux quatre vents.

Voilà donc un siècle que nous sommes contemporains de la mondialisation – à cette réserve près que, il y

a cent ans, elle ne concernait pas l'ensemble de la planète. En vérité, ce n'est pas non plus le cas aujourd'hui :
plusieurs parties du monde, et non des moindres,
demeurent à l'écart de ce mouvement. Mais ce qui nous
impressionne depuis une vingtaine d'années, ce n'est
pas tant le mouvement lui-même que sa torrentielle
puissance, laquelle repose sur des soubassements très
proches de ceux qui prévalaient à la fin des années 1800 : essor commercial, envolée financière, bond
technologique.

Une nouvelle fois donc, ce sont les progrès de la
communication qui ont donné le signal d'une mutation
technologique, elle-même point de départ d'une révolution économique. Les bons auteurs du XIXᵉ n'avaient
d'ailleurs pas manqué de le remarquer, au premier rang
desquels Karl Marx, qui, en 1867, écrit dans *Le Capital* :
« La planète entière est entourée de fils télégraphiques.
Le temps de transport d'une cargaison vers l'Asie, qui
était de douze mois au moins en 1847, a maintenant été
réduit à autant de semaines, et l'efficacité du capital mis
en œuvre a plus que doublé ou triplé. » C'est ainsi que
les progrès des moyens de communication, électroniques et physiques, ont précipité l'essor presque expo-
nentiel du commerce international – première
traduction de la mondialisation, en même temps que
son premier vecteur : les échanges internationaux ont
augmenté de 155 % au cours des vingt dernières
années, quand la croissance de l'économie mondiale n'a
fait qu'avoisiner les 65 %. Mais plus encore qu'au développement des moyens de communication, c'est au
désarmement commercial que l'on doit cette extraordinaire expansion. Les « rounds » commerciaux
organisés dans le cadre du GATT [1] puis sous l'égide de
l'OMC ont permis de hâter l'ouverture de marchés

---

1. Adopté à Genève en 1947, le GATT (General Agreement on Tariffs
and Trade) a servi de cadre aux négociations commerciales multilatérales
organisées depuis lors. Il repose sur trois principes : non-discrimination,
réciprocité des concessions tarifaires, transparence des politiques commerciales.

jusqu'alors jalousement protégés – qu'il s'agisse de l'abaissement des droits de douane, engagé par le Kennedy Round [1] des années 1960, ou du démantèlement des obstacles non tarifaires aux échanges (quotas d'importation par exemple) relancé par l'Uruguay Round [2]. Et dans la plupart des cas, au bout du compte, la croissance économique des pays concernés aura été favorisée. Si l'on en croit l'agenda adopté par les Etats membres de l'OMC à Doha en novembre dernier, le prochain cycle de négociations commerciales multilatérales, dont l'achèvement est prévu pour 2005, devrait prolonger cette tendance au désarmement commercial, tout en mettant l'accent sur le développement économique et en renforçant l'appareil réglementaire destiné à équilibrer la libéralisation.

Dans le même temps, le développement continu des moyens de communication a accéléré l'intégration des diverses places financières, qui ne représentent plus aujourd'hui que les différentes facettes d'un même marché. Plus aucun système financier national n'est désormais à l'écart du reste du monde. La moindre demande de crédit d'une entreprise qui, hier encore, devait être financée localement, trouve aujourd'hui sa contrepartie à l'autre bout de la planète. La généralisation des transferts électroniques, en annulant le temps, aura anéanti la distance.

Et pourtant... Pourtant, la mondialisation est chaque jour plus violemment contestée. Quand bien même elle serait inéluctable, nombreux sont ceux qui non seulement doutent de sa capacité à venir à bout de

---

1. Le Kennedy Round (1964-1967) s'est conclu par une réduction des droits de douane de 35 % en moyenne sur les produits industriels et de 20 % sur les produits agricoles.
2. L'Uruguay Round, entamé en 1986 et conclu en 1993 à Marrakech, a marqué un tournant dans l'histoire du GATT. Il a prévu sa transformation en une Organisation Mondiale du Commerce (OMC), destinée à gérer l'accord de manière continue et non plus sous la forme de « rounds ». Par ailleurs, il a accordé une attention inédite au démantèlement des barrières non tarifaires, notamment par l'adoption d'un accord sur la propriété intellectuelle.

la pauvreté, mais encore craignent les nouvelles inégalités dont elle serait porteuse – inégalités plus dures encore que les précédentes, car plus difficiles à prévenir et à traiter. En un mot, ils refusent que ses glorieux étendards ne servent à camoufler une nouvelle domination. Ils n'ont pas forcément tort.

CHAPITRE 5

La mondialisation fait des malheureux

A Seattle et à Washington, à Prague comme à Gênes, les manifestations de colère froide ou de désespoir rageur n'ont pas manqué. Chaque fois plus violentes, chaque fois plus médiatisées, elles traduisent une perplexité et une exaspération que rien ne semble pouvoir apaiser. Chacun sait que ces émeutes, d'un genre ancien pour une cause nouvelle, ne sont pas le fait des grandes organisations – lesquelles contestent les voies actuelles de la mondialisation mais agissent pour que s'instaure un débat démocratique. Ce sont de petits groupes politiques, à caractère parfois mafieux, bien organisés, bien entraînés, nihilistes nouvelle manière, résolus en tout cas à en découdre, qui utilisent ces grands rassemblements pour se faire entendre. Il reste qu'en agglomérant des revendications et des craintes disparates et parfois contradictoires, la mondialisation peut se vanter d'avoir créé un solide concentré de résistances, comme seules y étaient parvenues jadis certaines grandes causes politiques ou humanitaires.

Ceux qui dénoncent l'apparition de risques nouveaux

Au chapitre des risques nouveaux, ceux qui ont trait à la santé publique sont ceux qui reçoivent le plus grand écho. Ils nous rappellent que nul corps n'est jamais à l'abri.

Il y a d'abord le sida, dont la persistance conduit à une malheureuse accoutumance et qui continue de décimer l'Afrique dans une indifférence lasse. On nous rappellera que les grandes endémies ne sont pas chose nouvelle. On nous apprendra doctement que l'Europe du XIVe siècle fut dévastée par la peste. Mais justement, c'était au XIVe siècle. Et la conviction d'avoir, sinon vaincu la maladie, du moins fait reculer ces grandes souffrances, s'était peu à peu répandue dans le monde moderne et occidental. Le réveil a été douloureux. On nous dit, de surcroît, que le virus vient d'Afrique : voilà encore une raison de se méfier de l'ouverture des frontières. Face à cette tentation, l'importance donnée par l'OMC à l'accès des pays en développement aux médicaments génériques est révélatrice d'une inquiétude particulièrement vive.

De la même manière, la multiplication des marées noires, la propagation de l'ESB ou de la fièvre aphteuse alimentent l'une des critiques récurrentes faites à la mondialisation : les facilités apportées à la circulation des personnes et des biens n'apporteraient pas que des bienfaits. Quant à l'édiction de normes sanitaires, elle semble incapable de suivre le rythme soutenu des problèmes nouveaux. Pire encore, leur mise en œuvre révèle l'inévitable lenteur de toute administration aux prises avec les problèmes du vivant.

Apparaît finalement une équation assez simple : la mondialisation résulte de techniques nouvelles et de leur diffusion extraordinairement rapide ; la nature, qui n'aime pas être bousculée, s'en accommode mal – et nous aussi. La tentation de la ligne Maginot devient alors très forte et, avec elle, le rêve de pouvoir nous réfugier derrière une ligne fortifiée qui, tel le *limes* des temps anciens, nous protégerait de toutes les formes de barbarie. Partout présent, pas toujours explicite, encore moins proclamé, ce discours sommeille dans les esprits – parfois même les plus éclairés.

Ces nouveaux risques sont toutefois plus précis et mieux identifiés que par le passé, même si, bien souvent, une certaine confusion demeure entre ce qui est directement ressenti et les modifications réelles et vérifiables de l'environnement global. Il aura ainsi fallu attendre vingt ans avant que chacun prenne conscience des conséquences à terme de la détérioration de la couche d'ozone ou de la raréfaction des ressources en eau douce. En vérité, c'est plus l'excès d'ozone « d'en bas », émanant de la combustion d'énergie fossile (notamment au travers de la circulation automobile) et générant chaque été des « pics de pollution », qui préoccupe nos concitoyens. Et on les comprend : c'est bien là que réside le problème immédiat qui, contrairement à la dégradation de l'ozone « d'en haut », ne présente qu'un lien ténu avec la mondialisation.

Rareté et excès constituent également les deux pôles du problème de l'eau. L'eau va manquer dans de nombreuses régions du monde, et elle va manquer cruellement ; elle est par ailleurs une donnée majeure, et souvent sous-estimée, des conflits proche-orientaux. Ce sont pourtant les inondations, naguère peu fréquentes sous nos latitudes, qui, pour beaucoup, traduisent un dérèglement climatique issu de l'industrialisation et du progrès technique.

La mondialisation ne se contente pas d'accroître les risques « naturels » : en favorisant l'organisation des réseaux et des relais du crime organisé, elle contribue à la consolidation de sa puissance – et multiplie les risques liés à la délinquance. S'il est un marché, un seul, que l'on peut qualifier de mondial, c'est bien celui de la drogue : le commerce des stupéfiants représenterait 8 % des échanges internationaux, soit près de quatre mille milliards d'euros ! Et je n'évoque même pas le blanchiment de l'argent, évidemment encouragé par la taille du marché et l'immatérialité des transferts de fonds. Le temps des caravaniers qui passaient les frontières transalpines à dos d'âne est loin : la délinquance internationale est aujourd'hui équipée d'avions et de sous-marins qui transforment les films de James Bond en aimable bluettes.

Ajoutons à cela les risques afférents au processus même de mondialisation, et nous aurons un joli panorama des angoisses du temps. Car les structures complexes sont plus fragiles que les structures simples. Elles sont souvent plus efficaces et permettent d'appréhender et de traiter un certain nombre de problèmes inaccessibles à toute lecture trop rudimentaire, mais elles sont aussi moins robustes, plus promptes à se dérégler, et finalement plus instables. L'économie mondialisée n'échappe pas à cette règle : son instabilité est à la fois un des facteurs de son dynamisme et l'un de ses principaux dangers. Même si nous nous limitons à l'instabilité financière, les exemples abondent. La crise coréenne et thaïlandaise de 1998, le déséquilibre brésilien ou la quasi-faillite argentine ont entraîné ces pays au bord du gouffre et menacé le reste de la planète. Ceux qui s'intéressent un peu à l'histoire financière savent comment la crise de 1929 a abouti à la faillite du Kredit Anstalt de Vienne, sa défaillance se répercutant progressivement sur toutes les autres banques, comme tombent les dominos. Nous avons heureusement beaucoup appris depuis, et la technique financière a fait bien des progrès. Aussi une telle mésaventure ne nous menace-t-elle plus vraiment. On l'a vu en 1994 avec la crise bancaire mexicaine, finalement maîtrisée sans drame – sinon sans dommage. Mais rien ne dit qu'il en sera toujours ainsi. Les interconnexions

infinies de la finance mondiale rendent vaine et déri-
soire toute tentative de mise en quarantaine. Les crises
doivent être réduites dès leur éclosion. Plus aucun isolement n'est possible.

Aucun de ces risques n'est illusoire. Attribués à la
mondialisation, ils provoquent une défiance qui, pour
être souvent silencieuse, n'en est pas moins réelle. La
propagation du sentiment d'insécurité, même excessif,
même irrationnel parfois, prépare un terrain fertile à
l'antimondialisation. Mais il est aussi à l'origine d'une
demande d'Etat, chacun pressentant, non sans raison,
que les bonnes réponses sont collectives. Collectives,
donc souvent publiques. Conscients, informés, lucides,
c'est vers la bien nommée puissance publique que se
tournent nos concitoyens. Ils ont raison. A elle de ne
pas se dérober.

Ceux qui craignent pour leur identité

Pour nous, Français, la cause est entendue. On ne
nous fera pas manger de bœuf aux hormones – ou, dit
autrement : nous ne renoncerons pas à la baguette de
pain. La floraison de restaurants, dans la moindre ville
de la moindre province, dont les cuisines proviennent
des quatre coins de la planète, témoigne de notre
curiosité – voire, pourquoi pas, de notre ouverture
d'esprit – mais ne constitue en rien un renoncement.
Le couscous est devenu un plat national, et plus d'un
gamin serait surpris en apprenant que la pizza n'est
pas née dans l'hexagone. Il reste que nous sommes
légitimement attachés à nos habitudes alimentaires,
toute atteinte à notre libre-arbitre en ce domaine affec-
tant le tréfonds de notre être.

C'est vrai en France, où la diversité alimentaire est
au moins autant géographique que sociale, mais cela
vaut pour tout autre pays. Quelques plats peuvent bien

faire le tour de la planète, le Coca Cola peut bien être servi à Paris et à Khartoum, rien n'y fait : chacun entend protéger cette part de son identité culturelle.

Or la mondialisation serait aussi un chemin vers l'uniformisation. Constat qui ne date pas d'hier : l'on pouvait déjà lire, au XIXᵉ siècle, que « la bourgeoisie, grâce à l'amélioration rapide des moyens de production et de communication, est en train d'amener toutes les nations vers la civilisation [1] ».

Le problème vient de ce qu'une civilisation, sans même parler de *la* civilisation, ne peut pas ne pas charrier une certaine forme d'homogénéité. Et si nos sociétés, plus ou moins métissées, admettent la diversité et la revendiquent parfois, elles refusent de se fondre dans une culture planétaire [2].

La question linguistique est très symbolique de ce conflit. L'anglais est devenu la *lingua franca*, celle à laquelle nul n'échappe. En Occident, et d'abord aux Etats-Unis, l'espagnol est sans conteste en train de prendre la seconde place. La résistance opiniâtre de quelques autres langues (je pense bien sûr au français, mais aussi à l'allemand) aboutit parfois à quelques succès, comme ce fut récemment le cas au Parlement Européen [3]. Mais soyons assurés que ces victoires

---

1. Karl Marx, *Manifeste du parti communiste*, 1848.
2. Dans un beau livre, *L'Imposture culturelle* (Stock, 1997), Hélé Béji écrit que « la célébration universelle des cultures n'a en rien infléchi l'orgueil naturel que chacun tire de la sienne » ; et encore : « plus les cultures se mêlent, plus elles laissent transparaître un désir de pureté ». Nous y sommes.
3. La question des langues de travail en Europe donne régulièrement lieu à de sérieuses empoignades. En 2000, les Allemands se sont fâchés pour que leur langue ait droit de cité à l'égal de l'anglais et du français. La question a rebondi au Parlement Européen avec le problème posé par l'élargissement. Une quinzaine de pays en plus, c'est presque autant de langues supplémentaires, et le nombre d'interprètes nécessaires croît exponentiellement. D'où l'idée d'avoir des « langues-pivots » servant d'intermédiaires. Pour éviter d'avoir besoin d'un interprète estonien-grec, on peut envisager de passer par une tierce langue plus commune. La question est alors de savoir quels seront les pivots. L'anglais a tenté d'être la seule langue dans ce rôle. Il a momentanément échoué.

à l'arraché, si elles ajournent l'hégémonie anglo-saxonne, n'entravent aucunement sa marche. Cela ne signifie nullement que le français et l'allemand soient appelés à disparaître, ni même, évidemment, qu'il faille renoncer à les diffuser. Cela signifie simplement que les Français et les Allemands, ou la plupart d'entre eux en tout cas, devront parler couramment une autre langue que la leur – comme cela fut, pour une élite, le cas par le passé.

Mais l'identité ne se résume assurément pas aux habitudes culinaires, ni même à la pratique d'une langue pluriséculaire. L'identité, c'est aussi le sentiment d'appartenance à une communauté, laquelle se définit largement par et dans le territoire qu'elle se sera approprié. La façon dont les *socios* s'enflamment pour le club de football de leur ville montre assez la force du lien qui unit une communauté culturelle et le territoire dans lequel elle s'est enracinée. Or c'est la notion même de territoire qui est en train de changer.

L'émergence de grandes métropoles est le fruit d'un long processus d'urbanisation, dont la première phase, qui remonte à la révolution industrielle, s'est traduite par la construction de bâtiments contigus et par une organisation spatiale en quartiers – dont l'unité constitue la ville. Plus tard viendra l'agglomération, incarnée par de grands ensembles érigés dans les quartiers extérieurs ou périphériques aux « villes centres » ; c'est sur elle que reposera la charge de l'exode rural. Ce sera ensuite le temps de la région urbaine, définie par une extension spatiale continue ; la maison individuelle y côtoie les grandes infrastructures, et l'Etat y déploie sa politique d'aménagement du territoire.

Or voilà que, depuis vingt ans, un nouvel espace urbain se dessine. Il se distingue surtout par une superficie inédite, qui facilite la mise en place de mécanismes globaux de contrôle, de coordination et de régulation. Cet espace, c'est celui de la métropole. Il correspond à un nouvel âge du capitalisme, qui tire son originalité et sa force de relations économiques planétaires et qui se développe autour des centres de connaissance, d'innovation et d'information. Les cycles du fordisme et de l'Etat-providence derrière nous, nous entrons de plain-pied dans une nouvelle ère, caractérisée notamment par l'apparition d'un système mondial de grandes régions urbaines. Déjà, les politiques sont contraints de gouverner des villes sans territoires. En ce sens, la « métropolisation » est la traduction urbaine de la mondialisation. Il est difficile de savoir ce que sera l'avenir : métropoles gigantesques régnant sur des arrière-pays peu peuplés et formés d'enclaves hautement productives ? Métropoles mieux réparties et harmonieusement reliées entre elles dans une armature urbaine mondiale ? Rien n'est sûr, sauf les risques induits par cette évolution.

Le premier risque, c'est celui du délitement du lien social. Alors que la ville industrielle procédait d'une agrégation croissante de population autour de lieux de production et incorporait progressivement les faubourgs (par l'école, le logement, les centres sociaux, les équipements sportifs et culturels), la métropole disperse et divise sa population au lieu de l'intégrer. D'abord parce que la concentration des principales activités a des effets dévastateurs sur de larges secteurs de l'économie urbaine : prix élevés, spéculation immobilière galopante, inégalités des niveaux de qualification et des niveaux de revenus. Le centre de Moscou concentre 30 % des emplois de l'agglomération, 80 % des revenus et 80 % des investissements directs étrangers.

Ensuite parce que, dans les pays où les villes ont jailli de terre à une vitesse telle qu'aucune forme d'urbanisme n'a pu être mise en œuvre, et où l'extension démesurée des banlieues est à la source de graves problèmes économiques et sociaux – c'est le cas à Abidjan, à Accra, à Bamako, à Dakar, à Lagos... –, le sentiment d'appartenance à un territoire commun peine à émerger. Ici, pas de *lieux de mémoire* sur lesquels se retourner et se reposer. Plus grave : la prolifération d'espaces de consommation, en forme de galeries marchandes exigeant ordre et sécurité, menace dangereusement la géographie urbaine harmonieuse partout où, au Nord comme au Sud, elle existait. L'inquiétude tend à s'accroître au sein des populations, qui attendaient plus d'une intégration *via* la mixité urbaine. Aux processus d'intégration se substituent des formules de socialisation empruntant davantage aux schémas ruraux et religieux qu'à ceux des institutions républicaines. Les réseaux familiaux et les communautés prennent le pas sur le lien de citoyenneté unissant l'individu et la société.

La sociabilité de ce début de siècle est, plus gravement encore, menacée par l'émergence de micro-groupes apparentés à des « tribus ». Celles-ci s'enracinent peu à peu dans l'espace local, et redéfinissent sur ce territoire une identité communautaire taraudée par des utopies de village planétaire. C'est tout le sens des parties de basket qui se jouent aux pieds des barres de Sarcelles ou d'ailleurs : la promotion plus ou moins consciente d'une culture transnationale par des jeunes issus de l'immigration. La rupture introduite est nette, et elle va en s'aggravant. Un double éclatement se substitue au mouvement d'agglomération et d'intégration : par implosion d'abord (la désintégration sociale au sein des zones urbaines défavorisées), par explosion ensuite (la sécession urbaine des couches aisées de la population).

Le second risque, c'est la menace d'éclatement de la ville. Les exemples foisonnent et prolifèrent. A Istanbul, la population croît annuellement de 400 000 habitants – migrants qu'unissent mœurs claniques, croyances religieuses et clientélisme politique. Avec la montée en puissance de cette population, c'est tout le modèle kémaliste d'intégration à l'occidentale, fondé sur l'instruction laïque, qui est battu en brèche. A Buenos Aires, les émeutes de la faim des années 90 ont miné toute perspective d'incorporation progressive des migrants à la ville et ont dégradé les politiques publiques en politiques d'assistance sociale.

En Europe et en Amérique du Nord, le problème est moins celui de l'incorporation urbaine que celui de la remise en cause des bénéfices de l'intégration. Les institutions sociales ne parviennent plus à remplir leur mission parce que les objectifs qu'elles se sont fixés (alphabétisation, instruction, élévation du niveau de formation) sont de plus en plus difficiles à atteindre. De fait, elles sont elles-mêmes menacées de désintégration. Aux Etats-Unis, cette désintégration est tout autant économique (même les emplois non qualifiés disparaissant des ghettos) que sociale (les ressources disponibles se résumant le plus souvent à l'aide sociale ou à l'économie parallèle) et politique (les conflits interethniques pour la maîtrise du territoire l'emportant sur l'idée d'une citoyenneté identique pour tous).

C'est la même logique de sécession qui est à l'œuvre aux Etats-Unis, en Amérique ou en Afrique. Son principe est simple : il consiste pour les communautés riches non seulement à se fermer aux autres, mais aussi à les fuir. Cette logique fige les positions hiérarchiques dans la recherche d'une similitude rassurante, d'une affinité sociale et culturelle élective, et procède d'un refus absolu de payer pour les autres. Sortent du sol de belles résidences privées, entourées de murs et de grillages, protégées par des vigiles, disposant de leurs propres services urbains, de leurs propres espaces verts et de leurs propres terrains de sports. On les appelle *gated communities* ; ce sont des villes authentiquement privées, bâties sur des espaces éloignés des centres, donc abritées de l'insalubrité et de l'insécurité, des villes où se retrouvent des élites heureuses de vivre entre elles, heureuses de pouvoir édicter les règles qui régiront leur paisible existence, heureuses de s'adosser à un territoire dont elles pourront disposer à leur usage exclusif. C'est ainsi que vivent trente-quatre millions d'Américains répartis à travers cent cinquante mille communautés gérées par des associations privées.

Avec la mondialisation, la métropolisation fait son œuvre, menaçant les souvenirs que nous nous sommes forgés et autour desquels notre présent s'est structuré. Transformant en juifs errants de larges populations, elle nous prive de l'un des éléments majeurs de notre identité, que le poète turc Nazim Hikmet rappelle joliment : « Il y aura toujours deux choses que l'on n'oublie qu'à sa mort : le visage de sa mère et le visage de sa ville. »

Ceux qui reprochent aux marchés leur incapacité à traiter des vrais problèmes

De toutes les critiques adressées à l'OMC par les organisations non gouvernementales présentes à Seattle, celle qui suit revenait peut-être le plus fréquemment : l'incapacité des règles régissant le commerce mondial et les investissements internationaux à traiter correctement des questions environnementales et des questions sociales.

Il serait exagéré de dire que rien n'a été fait. Pour ce qui est de l'environnement, des progrès significatifs ont été enregistrés – qu'il s'agisse du *Codex alimentarius*[1], des accords sanitaires ou des accords

---

1. Le *Codex alimentarius* est un ensemble de normes, directives, recommandations et codes d'usage applicables à la majorité des produits alimentaires commercialisés au niveau international. Il fixe les normes de sécurité alimentaire qui servent de référence pour le commerce international des denrées alimentaires. On entend également par *Codex alimentarius* la Commission du Codex alimentaire (CCA), l'organisation intergouvernementale qui rédige ces normes. Elle a été créée en 1962 sous les auspices de l'Organisation des Nations Unies pour l'Alimentation et l'Agriculture et de l'Organisation Mondiale de la Santé. Elle compte 165 Etats membres et représente 98 % de la population mondiale. Sa mission est de veiller à la protection de la santé du consommateur et à la promotion de pratiques loyales dans le commerce alimentaire international.

multilatéraux en matière d'environnement négociés dans la foulée du Sommet de la Terre de Rio de 1992 [1]. L'état du droit international de l'environnement a certes progressé depuis 1992, mais deux lacunes importantes demeurent : cette progression se fait sans les Etats-Unis et sans articulation avec les règles commerciales particulièrement puissantes édictées par l'OMC. Ces questions seront deux des enjeux de la négociation du prochain cycle de discussions commerciales multilatérales dont l'agenda a été établi à Doha. Elles seront aussi, avant cela, parmi les thématiques fortes du Sommet du Développement Durable qui, dix ans après Rio, se tiendra à Johannesburg en septembre 2002. Mais il faut bien reconnaître que les préoccupations sanitaires et environnementales n'occupent qu'un espace restreint dans les débats sur l'organisation du commerce mondial.

Il en va de même du fameux « principe de précaution », que l'Europe peine à voir inscrit dans le *Codex* lui-même. Même s'il figure dans les principes arrêtés à Rio en 1992 ainsi que dans le protocole de Montréal sur les échanges d'OGM, même s'il sera abordé lors du prochain cycle de négociations à l'OMC à travers les questions agricoles et environnementales, l'Europe a échoué à en faire à Doha un thème à part entière. Quant aux questions soulevées par les découvertes biologiques relatives à la production de nouveaux médicaments, personne ne peut raisonnablement prétendre que les accords existants en matière de brevets et de propriété intellectuelle, très libéraux, suffisent à les traiter. Aussi faut-il saluer le pas considérable qui vient d'être franchi à la réunion de l'OMC de Doha en novembre 2001, permettant aux pays en développe-

---

1. Je pense notamment à la convention contre le réchauffement climatique dont le protocole de Kyoto a fait l'objet d'un accord à Marrakech en novembre 2001 – ce qui devrait permettre son entrée en vigueur dès 2002 ; à la convention sur la bio-diversité et à son protocole sur les échanges d'OGM ; ainsi qu'aux conventions sur les forêts et contre la désertification.

ment d'accéder à nombre de spécialités pharmaceutiques à des coûts supportables. Si bien que le risque a reculé, même s'il n'a pas totalement disparu, de voir les pays riches et leurs monopoles dominer ce marché et priver une grande partie de l'humanité de nouveaux traitements.

En première analyse, nous pourrions penser que la solution passe par l'investissement direct dans les pays en développement. Mais la faiblesse des administrations et la corruption qui sévit dans beaucoup de ces pays, pudiquement désignée par l'expression de « mauvaise gouvernance », rendent vaine toute tentative d'imposition aux investisseurs étrangers de normes environnementales, même minimales.

La situation dans le domaine social est plus paradoxale encore. Les pays développés, qui ont mis le sujet sur la table, se donnent bonne conscience en réclamant l'application des règles de l'Organisation Internationale du Travail (OIT) relatives à l'interdiction du travail des enfants, à celle du travail carcéral, ou encore au respect de la liberté syndicale. En conséquence, ces mêmes pays riches demandent que des sanctions commerciales soient prises contre ceux qui ne respecteraient pas lesdites règles. Moralement, nul ne peut s'opposer à l'affichage d'une telle volonté – mais la question n'est pas là. Si les discussions autour du travail carcéral présentent peu de difficultés, il n'en va pas de même du travail des enfants qui, dans de trop nombreuses régions du globe, constitue l'une des conditions de survie de leurs propres familles. Aussi les pays en développement ont-ils très vivement réagi, décelant dans ces demandes une nouvelle forme de protectionnisme destiné à fermer les marchés les plus opulents à leurs produits. Doha en a été une nouvelle démonstration. Les pays en développement, et singulièrement l'Inde, encouragée par l'entrée de la Chine à l'OMC, en ont fait une « ligne rouge » infranchissable. Si bien que le domaine social sera le grand absent du prochain cycle de négociations commerciales multilatérales. Les pays du Sud ont par ailleurs beau jeu de nous rappeler qu'ils dénoncent depuis longtemps les conséquences sociales souvent dramatiques des plans d'ajustement structurels imposés par le FMI – sans que, à cette occasion, nous ayons jamais manifesté une semblable sollicitude.

Au bout du compte, les organisations comme l'OMC ou le FMI, dont le rôle est de fournir des règles équitables à une économie mondialisée, font l'objet de très vives critiques : d'aucuns jugent, non sans raison, que leurs pratiques s'avèrent asymétriques, privilégiant les riches et négligeant les pauvres.

Reste le domaine des « industries de la culture », qui fait l'objet, en France plus encore qu'ailleurs, d'un débat assez vif. Au cours des deux dernières années, le commerce mondial a quadruplé dans ce secteur, sa concentration ayant progressé à un rythme analogue – les sept majors des médias pèsent aujourd'hui plus lourd que les cinquante premiers il y a seulement dix ans. Rien d'anormal, donc, à ce que la question de la diversité culturelle revienne avec la force que l'on sait. Une régulation s'impose – que l'Uruguay Round s'est d'ailleurs révélé absolument impuissant à mettre sur pied et qui est, pour le moment, à nouveau exclue de l'agenda des prochaines négociations à l'OMC. Cette régulation est d'autant plus urgente qu'elle est économiquement fondée.

Même la théorie économique la plus libérale concède que la puissance publique puisse intervenir dans le cas particulier des « monopoles naturels ». Il s'agit de situations par nature monopolistiques, comme l'est par exemple la distribution d'eau ou d'électricité. Pour ces activités, les investissements sont très importants et les coûts marginaux rapidement décroissants – autrement dit, une fois les réseaux installés, le raccordement d'un client supplémentaire ne coûte pas très cher. Aussi serait-il absurde, du point de vue de l'efficacité collective, qu'un second opérateur vienne doubler les réseaux du premier. Chacun ne détiendrait alors qu'une partie du marché et, en fin de compte, le service fourni reviendrait plus cher au consommateur qui ne bénéficierait pas de la rapide décroissance des coûts caractéristique du monopole naturel. Voilà donc un cas où le monopole est souhaitable. Mais le monopole naturel ne doit cependant pas conduire à remettre le client pieds et poings liés entre les mains du producteur. C'est ici que la puissance publique peut trouver une nouvelle et légitime raison de venir réguler le système. Le marché des biens culturels, notamment dans les secteurs audiovisuel et cinématographique, ressemble beaucoup à un monopole naturel, en raison de ses coûts marginaux rapidement décroissants. Il faut donc se battre contre la concentration monopolistique de cette industrie, non seulement pour en garantir la pluralité, mais aussi pour de strictes raisons d'efficacité économique. Voilà un domaine où l'action est nécessaire sur le système de production lui-même.

Nous n'en sommes malheureusement pas là. Jusqu'à maintenant, la régulation internationale a surtout fait montre d'impuissance dans la définition d'un cadre réglementaire interdisant la constitution de monopoles d'information et de diffusion.

Ceux qui redoutent un recul de la démocratie

La démocratie repose sur un principe simple : des dirigeants librement choisis, représentatifs de la population, et qui lui rendent des comptes sur ce qu'ils font, non seulement une fois qu'ils l'ont fait mais au moment même où ils le font. Si cette ébauche de définition est peu ou prou admise, alors nous serons tentés d'admettre que la mondialisation, à première vue, est plutôt un facteur de régression démocratique.

C'est vrai d'abord en raison de la puissance nouvelle des structures privées, à commencer par les entreprises. Le mode de prise de décision qui prévaut dans le secteur privé n'est pas démocratique – ou, plus précisément, la démocratie qui s'exerce par le biais du contrôle des actionnaires est censitaire, et non représentative. Sans doute est-ce la seule manière de faire fonctionner une entreprise. Et si des pas considérables doivent encore être franchis pour que progresse enfin la démocratie dans l'entreprise [1], chacun ne s'accommode de cette situation qu'à une condition : que la prise de décision soit enserrée dans un ensemble de règles démocratiquement édictées, définissant les droits et les devoirs des dirigeants. C'est cet ensemble de règles qui, aujourd'hui, ne suffit plus.

La puissance des grandes multinationales n'est pas l'apanage des pays peu développés : dans les pays industrialisés eux-mêmes, le rapport de force est le plus souvent défavorable aux pouvoirs publics. Si bien que lorsqu'à l'occasion, appuyés sur leur législation, ces derniers se rebiffent, leur action est exagérément saluée comme un acte d'indépendance. J'ai encore très présents à l'esprit les titres vengeurs et laudateurs retenus par la presse française quand, au printemps 1999, le gouvernement décida de se conformer à l'avis du Conseil de la Concurrence et refusa à Coca-Cola le droit d'acheter Orangina au groupe Ricard.

Il est vrai que ces situations sont rares, les plus grosses entreprises jouissant désormais de moyens

---

1. Voir sur ce point le chapitre 14.

d'intervention comparables à ceux d'un Etat. C'est notamment le cas dans le domaine de l'influence – les Anglo-Saxons diraient du *lobbying*. Exemple : quand une instance internationale (OMC, Commission de Bruxelles ou autre) doit prendre une décision qui autorise ou proscrit une fusion ou l'octroi d'une aide publique à une entreprise ou à un secteur, la capacité qu'ont les entreprises à mobiliser des dizaines de spécialistes pour convaincre les autorités compétentes de la validité de leur point de vue est sans commune mesure avec ce qu'un Etat est capable de faire. A Bruxelles fourmillent des centaines de représentants de grandes entreprises mondiales, lesquels disposent de sommes considérables pour faire avancer leurs dossiers par tous les moyens. Quant aux gouvernements, empêtrés dans leurs règlements et leurs traditions, c'est à peine s'ils parviennent à exposer leurs arguments sous une forme un tantinet plus séduisante que la très austère note administrative.

Je ne crois pas pour autant que les seules ressources financières de ces entreprises devenues géantes ont suffi à en faire de redoutables concurrentes des autorités publiques ; ce qui les rend à ce point douées de férocité et d'ingéniosité, c'est d'abord leur organisation, parfois leur maîtrise de matières premières stratégiques, et souvent le contrôle qu'elles exercent sur les grands moyens de communication.

C'est donc vrai. Certaines entreprises sont beaucoup plus puissantes que nombre d'Etats : elles ont autant de moyens, elles sont plus mobiles, elles sont moins transparentes. Il n'y a donc rien de surprenant à ce que, dans certaines situations critiques, les gouvernements en viennent à quémander la collaboration de grandes entreprises pour intervenir là où ils se sentent empêchés, trop lourds, insuffisamment réactifs ou, plus simplement encore, incompétents. Que l'efficacité y gagne, je n'en disconviendrai pas ; mais c'est la démocratie qui y perd. Et si cette pratique ne date pas, loin s'en faut, de la mondialisation, celle-ci, en confortant les unes et en affaiblissant les autres, ne fait qu'aggraver le phénomène.

En bout de course se pose la question de la légitimité d'instances telles que le G8. Si sa représentativité pouvait être discutée dès l'origine, elle devient aujourd'hui très difficile à défendre. Avancée en 1975 par Valéry Giscard d'Estaing, l'idée d'une réunion périodique et informelle des cinq chefs d'Etat ou de gouvernement les plus importants, destinée à discuter à bâtons rompus des grands problèmes de la planète, était séduisante[1]. Mais ces petits sommets informels sont devenus grands, et ont peu à peu pris l'allure de machines éléphantesques, se doublant par ailleurs d'un G7 des ministres des Finances et d'un autre de leurs collègues des Affaires étrangères. Inutile de dire que tout cela mobilise des dizaines de conseillers de toute nature, attire des centaines de journalistes et nécessite des forces de sécurité croissantes. Les attentes suscitées par un tel dispositif sont naturellement considérables... et bien entendu, le plus souvent déçues. En lieu et place d'une discussion sans apparat et sans caméra entre responsables qui n'auraient pas, à la sortie, à rassurer en quelques secondes leurs concitoyens devant une forêt de micros, nous en sommes venus à une négociation internationale dont le principal objet est d'adopter le communiqué final comprenant une foule de détails – ce même communi-

---

1. Initialement, le projet concernait cinq pays : Etats-Unis, Japon, Royaume-Uni, Allemagne et France. Il y en a aujourd'hui trois de plus : la Russie, entrée dans le club après la chute du Mur, l'Italie et le Canada. Pour ces derniers, l'histoire est plus cocasse. Les Italiens étaient furieux de ne pas faire partie du groupe de tête. Ils considéraient que leur honneur national était en jeu. Si bien que leur Premier ministre de l'époque, Aldo Moro, s'invita à la première réunion du G5 alors que personne ne lui avait demandé de venir. Les Cinq n'ont pas osé lui faire l'affront de le renvoyer et les Etats-Unis, qui trouvaient qu'il y avait déjà trop d'Européens, imposèrent un certain rééquilibrage en adjoignant le Canada, que sa taille ne désignait pas obligatoirement.

qué qui, de longue date, a été rédigé et discuté à la virgule et au guillemet près par et entre les conseillers. Si bien que la question de savoir qui doit faire partie de ce « directoire planétaire » se pose avec une acuité nouvelle, seulement tempérée par la claire conscience de l'inanité de cette agitation.

Le *New York Times*, dressant dans une de ses éditions la liste des sept plus grandes puissances mondiales, citait, aux côtés des Etats-Unis et de la Chine, la mafia de Cali et Bill Gates. Plus sérieusement, si l'idée d'un sénat de chefs d'Etats et de gouvernements ne saurait être récusée à la légère, sa composition mérite qu'on y réfléchisse à deux fois. Les pays les plus peuplés ? Il y faudrait alors avant tout la Chine et l'Inde. Les plus riches ? Dans ce cas, l'émir du Koweït en disputera le *leadership* au sultan de Brunei – seul le grand-duc luxembourgeois ayant une chance de siéger au nom des Européens. La question n'est pas aussi anodine qu'il y paraît, et la difficulté à y apporter une réponse satisfaisante explique en partie la défiance dont cette structure est aujourd'hui l'objet. Même ceux qui veulent bien admettre l'idée d'un directoire mondial ont du mal à en concevoir une composition suffisamment démocratique pour être acceptable.

Les grands organismes internationaux ne sont pas épargnés par la critique. En ligne de mire : leur opacité. Prenons l'exemple de l'OMC, dont la réunion à Seattle a donné le coup d'envoi d'une grande vague de contestation. Tout ronronnait paisiblement dans le petit monde du commerce international, la fameuse « Quad [1] » réglant les différents problèmes au mieux de ses intérêts, quand deux groupes ont bruyamment envahi la pelouse. Le premier était constitué des pays en développement qui exigeaient que justice leur soit rendue ; le second des ONG (Organisations Non Gouverne-

---

1. On appelle ainsi le groupe formé des Etats-Unis, de l'Union européenne, du Japon et du Canada qui dirigent *de facto* cette organisation.

mentales), qui se présentaient comme l'avant-garde d'une « société civile planétaire » et demandaient des comptes en son nom[1]. Laissons de côté, pour le moment, les problèmes afférents au commerce international, et considérons la revendication démocratique. La question posée est simple : derrière le paravent des décisions censées être prises par consensus, qui décide vraiment ? A quelles consultations procède-t-on ? De quels contre-pouvoirs dispose-t-on ?

Une bonne part du mécontentement cristallisé à Seattle visait le défaut de « responsabilité démocratique[2] » de l'OMC, c'est-à-dire le manque de légitimité de ses procédures. Sans me satisfaire en quoi que ce soit de la situation présente, je crois néanmoins que la plupart des ONG se trompent de cible lorsqu'elles s'obstinent à refuser tout caractère démocratique à l'OMC. Que cela plaise ou non, la délégation d'autorité, par des gouvernements élus, à des fonctionnaires missionnés pour négocier, est constitutive du processus démocratique. Mais ne nous abusons pas : les élections ne peuvent garantir à elles seules la démocratie. La transparence et le débat en constituent deux autres éléments déterminants, essentiels en tout cas pour permettre à chacun de disposer d'une information convenable. Or il serait naïf, ou hypocrite, de considérer que la transparence et le débat public constituent les caractéristiques dominantes du fonctionnement des organismes internationaux en général et de l'OMC en

---

1. L'OMC a habilement commencé à répondre à cette interpellation. Lors de la réunion de Doha qui s'est tenue en novembre dernier, elle s'est attachée à traiter le « syndrome de Seattle », et ce en dépit de mesures de sécurité particulièrement draconiennes qui ne favorisaient pas *a priori* cet exercice de transparence. La négociation s'est articulée autour de comités de négociation ouverts à tous les Etats. Même si chacun imagine aisément que les moments les plus cruciaux de la négociation ont pu se jouer hors de ses comités pléniers, le débat a toujours été conduit au vu et au su de tous les Etats. Quant aux ONG, dans leur extrême diversité, elles ont pu s'informer et influer sur le cours de la négociation par un contact permanent avec l'ensemble des délégations.

2. C'est là une mauvaise traduction de ce que les Anglo-Saxons nomment *democratic accountability*.

particulier. Les structures internationales, formelles ou informelles, ne fournissent donc pas au citoyen les garanties démocratiques qu'il est en droit d'attendre. Aussi peut-il être tenté de les rechercher au niveau local.

Le débat relatif à l'influence de la mondialisation sur la démocratie s'inscrit dans une dialectique nouvelle entre le global et le local – ce que d'aucuns contractent dans l'expression *glocal*. Et nous sommes ici, en effet, en présence de l'un des éléments les plus marquants de la dernière période. Nous assistons en fait à deux mouvements concomitants : celui de la mondialisation d'une part, qui s'accompagne d'une globalisation des problèmes ; celui de la décentralisation d'autre part et de sa revendication corollaire, toujours plus ferme, d'une prise de décision associant au plus près les individus. C'est parce que le pouvoir, en se mondialisant, échappe aux citoyens, qu'ils tentent de le recouvrer à travers la décentralisation. Dans la plupart des cas, les militants d'une décentralisation accrue agissent dans un cadre démocratique ; mais ils peuvent aussi rejoindre des mouvements séparatistes, eux-mêmes fondés sur des revendications identitaires. Conséquences de ces évolutions contradictoires *et* complémentaires : la nation se retrouve prise en étau entre des supranationalités de fait ou de droit et le développement de références locales, dont l'exaltation traduit la quête d'un refuge face au Léviathan enfanté par la mondialisation.

Il est en fin de compte malaisé de savoir de quel côté penche la balance. La démocratie régresse globalement et progresse localement. Mais, presque par définition, l'échelon local a du mal à intégrer l'intérêt général. Progression ou régression de la démocratie, à chacun de se faire sa propre opinion. Mais on ne saurait s'étonner de l'émotion suscitée par la mondialisation chez tous ceux qui y voient un recul de la démocratie.

Ceux, enfin, qui s'alarment de l'augmentation des inégalités

Là, malheureusement, il n'y a pas de doute : les inégalités entre les nations s'accroissent. Les pays les plus riches, ceux de l'OCDE, ont tendance à converger et à se rapprocher les uns des autres. Certains pays d'Asie rattrapent leur retard. Mais la situation relative de l'Afrique subsaharienne, de l'Amérique latine, des pays d'Europe centrale, de la Russie et de la plupart des pays arabes se dégrade.

Les extrêmes ont donc tendance à s'éloigner. En trente-cinq ans (1960-1995), la part du revenu mondial détenu par les 20 % des pays les plus pauvres est passée de 2,3 % à 1,4 %, quand la part des 20 % les plus riches croissait de 70 % à 80 %. Aujourd'hui, un milliard d'individus disposent d'environ 2 % du revenu total, quand un autre milliard en possède les trois quarts. Les trois cent soixante individus les plus riches au monde détiennent une fortune équivalente au revenu annuel des 45 % les plus pauvres [1]. Ces chiffres ne font que retracer une réalité financière : ils ne disent évidemment pas tout. Mais les « indicateurs de développement humain », qui explorent les inégalités d'espérance de vie, d'éducation, de formation ou de santé, ne sont guère plus encourageants. En un mot : la situation moyenne s'améliore, mais les écarts se creusent.

Par ailleurs, et au-delà des inégalités entre pays, subsistent ou s'accroissent de fortes inégalités à l'intérieur même des Etats. Les données dont nous disposons sur les pays de l'OCDE attestent cet accroissement ; quant aux pays en développement, et même si les informations sont bien trop parcellaires pour en faire une syn-

---

1. In Jean-Louis Bianco et Jean-Michel Séverino, *Un autre monde est possible*, Les Notes de la Fondation Jean-Jaurès, mars 2001.

thèse intelligible, rien n'indique que le mouvement aille dans le bon sens.

La tentation est forte d'attribuer l'accroissement des inégalités constaté au cours du dernier quart de siècle à la récente mondialisation. Mais la démonstration n'est pas évidente : ces écarts sont déjà anciens, et leur accentuation ne l'est pas moins. Je me suis donc livré à un petit calcul, dont le tableau ci-dessous rend compte. Il montre que l'accroissement des inégalités est un processus de très long terme. Mais il met aussi en évidence un résultat plus inattendu : l'Amérique latine se situe à tout moment au niveau de la moyenne.

Ce tableau mesure le rapport établi entre le PIB par tête des quatre grandes régions du monde et le PIB par tête moyen, à trois dates caractéristiques [1].

PIB régional/ PIB moyen	Europe + Am. du Nord	Amérique latine	Asie	Afrique
1820	1,53	1,00	0,88	0,63
1913	2,00	0,99	0,45	0,38
1990	2,74	0,98	0,54	0,27

Il est frappant de constater que le PIB par tête en Amérique latine reste presque exactement au niveau moyen pendant près de deux siècles. Le résultat latino-américain fournit en quelque sorte, et sur une période relativement longue, un indicateur fidèle du niveau de vie moyen sur la planète. En revanche, l'écart entre les pays riches (Europe et Amérique du Nord, auxquels il faut ajouter l'Australie et les autres « excroissances » de l'Europe) et l'Asie s'accroît dès le XIXᵉ siècle. Le

---

1. Calculs effectués par l'auteur à partir des données d'Angus Maddison, *The World Economy A Millenial Perspective*, OCDE, 2001.

constat est encore plus net s'agissant de l'écart avec
l'Afrique. Et encore cette décomposition est-elle trom-
peuse, puisqu'elle mêle le Japon[1] et le reste de l'Asie
– les importants succès économiques japonais des dernières décennies expliquant la remontée de l'Asie vers
la moyenne au cours du XXe siècle. Sans cet artefact
statistique, l'écart serait plus grand encore.

Que conclure ? En premier lieu, les inégalités entre
les grandes régions du monde ne datent pas d'hier :
l'écart est déjà considérable au début du XIXe siècle – et
il s'accroîtra encore tout au long de ce même siècle,
sans qu'il soit possible d'en imputer la responsabilité à
l'ouverture des frontières, la période étant précisément
caractérisée par les restrictions commerciales imposées
par les Européens. Ce n'est donc pas à la liberté du
commerce que l'on peut imputer le retard de développement de certaines parties du monde, mais plutôt
aux « traités inégaux » voulus et imposés par les puissances coloniales, qui ont interdit aux nations dominées de participer librement et pleinement à l'essor du
commerce mondial. Faut-il alors en conclure, à
l'inverse, que la liberté du commerce est toujours un
facteur positif pour le développement ? Ce serait aller
un peu vite en besogne. Car encore faudrait-il
s'entendre sur ce qu'est la liberté du commerce et
combattre l'asymétrie des échanges. Ici aussi, la liberté
opprime et la loi affranchit. Ce dont nous avons
besoin, ce n'est pas d'un commerce libre, mais d'un
commerce équitable – *fair trade, not free trade* pour
reprendre l'allitération anglo-saxonne.

Quoi qu'il en soit, l'expérience historique ne permet
pas d'établir un lien entre l'ouverture commerciale et
une augmentation consécutive des inégalités entre les
pays. Je crois en revanche bien plus volontiers à cette
influence à l'intérieur même des pays en développement, où a toujours existé une classe très riche, essen-

---

1. L'influence de la croissance rapide des « dragons » (Corée, Taiwan,
Singapour) doit aussi se faire sentir, même si elle est plus récente.

tiellement composée de propriétaires terriens et de commerçants. Cette classe s'est peu à peu convertie à l'industrie et à la finance, et sa taille a sans doute augmenté ; mais là n'est pas le changement essentiel. Ce qui importe, c'est l'apparition d'une classe moyenne libérée des servitudes de la terre et progressivement engagée dans les métiers de service. Que l'on songe aux fonctionnaires, aux professeurs, aux médecins ou aux cadres d'entreprises privées : leur nombre croît rapidement et constitue l'un des signes les plus patents du décollage économique. Mais cette médaille n'en serait pas une si elle ne possédait son revers : le reste de la population, celui qui vit encore dans des conditions de pauvreté extrême, est et se sent de plus en plus distancé par ceux qui, au bout du compte, « profitent » de la mondialisation. En Inde, où le marché est de près de deux cents millions d'habitants pour les biens de consommation occidentaux, il reste huit cents millions d'hommes et de femmes qui, certes, n'ont plus à souffrir des famines d'antan, mais pour lesquels l'écart avec les premiers, non content de n'enregistrer aucune diminution, semble bien en train de se creuser.

Ma conviction est que le sous-développement économique de pans entiers de la planète ainsi que les conditions de vie dramatiques dans lesquelles se débattent encore des milliards d'individus constituent les principaux enjeux des décennies à venir. Si notre humanisme affiché et revendiqué ne nous incite pas à faire les efforts nécessaires, alors sachons au moins les engager dans notre intérêt bien compris. La mondialisation est un facteur de prise de conscience. Les journaux télévisés apportent chaque jour à la moitié de l'humanité la démonstration que persistent de très profondes situations d'injustice. Le sentiment de révolte est difficile à contenir et si nous n'agissons pas, il armera le bras des révolutionnaires aussi bien que celui des terroristes. Les rébellions à venir devront moins à Marx qu'aux paraboles satellitaires.

Aucun d'entre eux n'a tort. Et pourtant...

Ces risques sont réels. Ce serait une erreur et une
faute que de chercher à les nier, ou même à les minimiser. Ceux qui les dénoncent ont donc raison de le faire.
Qu'ils ne soient pas tous nouveaux ne change rien à
l'affaire. Et qu'ils ne soient pas tous liés à la mondialisation non plus. Là encore, le sentiment général est au
moins aussi important que la froide analyse de la réalité : ce qui prend corps ou domine dans la tête des
peuples, c'est que l'accélération de la mondialisation
est la seule et grande fautive. De là à conclure qu'il
faut combattre, entraver et si possible empêcher la
mondialisation, il n'y a qu'un pas, d'autant plus facile
à franchir que la fin de la guerre froide a fait disparaître l'une des grandes lignes de fracture idéologique
– en même temps qu'une des grandes causes de mobilisation.
     Comme chaque fois que l'adversité peut être impu-
tée à l'étranger, la réaction la plus intuitive est de se
replier sur soi. Le nationalisme toujours présent dans
l'inconscient de nos vieilles nations pétries d'histoire
ressurgit alors avec une vigueur oubliée. Il se trouve
toujours quelques hommes politiques en mal de territoire pour enfourcher ce cheval et quelques dirigeants
associatifs ou syndicaux qui croient pouvoir trouver là
la gloire que leurs talents ne leur ont pas permis
d'atteindre ailleurs.
     C'est un limon toujours fertile que celui sur lequel
poussent la peur de l'autre, l'angoisse de l'avenir, le
désarroi devant un monde à construire, la crainte de
voir se déliter les repères traditionnels – ces « dogmes
nationaux » dans lesquels Joseph de Maistre a voulu
voir des « préjugés utiles ». L'Europe a déjà connu
pareille période – j'allais dire pareille régression. Et ce
sentiment chargé d'effluves millénaristes, que je per-
çois chez nombre de nos concitoyens, n'est pas sans

m'évoquer d'autres époques, pas si lointaines que cela, où, pour des motifs très voisins, la raison reculait face aux obscurantismes.

Car comment qualifier autrement la réaction de certains militants antimondialisation devant les expériences menées par le gouvernement français dans le domaine des OGM ? J'admets bien volontiers que les questions de santé publique posées par les dernières avancées de la génétique ne sont pas simples, sans même parler des questions éthiques qu'elles soulèvent. J'admets également que l'on soit particulièrement exigeant quant à la preuve de l'innocuité de certaines pratiques – encore que j'aurais aimé que les agriculteurs, pour ne citer qu'eux, soient aussi exigeants avec eux-mêmes dans l'utilisation des farines animales. Mais ce qui est inadmissible, c'est de ne pas accepter les expérimentations, comme cela a été le cas lorsque des commandos ont brutalement et bruyamment arraché des plants dans des champs spécialement désignés à cet effet. Refuser de savoir n'a jamais servi aucune cause.

Nous voilà donc placés devant une nouvelle donne : une économie qui se mondialise, la diffusion de craintes souvent fondées devant l'apparition de nouveaux risques, le sentiment de voir s'évanouir un très hypothétique âge d'or et, partant, une réaction profonde, viscérale, qui conduit à tout rejeter en bloc – comme si la mondialisation était encore évitable et ne portait en elle que le malheur des hommes.

CHAPITRE 6

Nous vivons la mondialisation

La mondialisation est bel et bien là. Elle n'est pas encore terminée. Mais si nous devons nous attendre à bien des mutations encore, le mouvement est, pour l'essentiel, accompli. Notre vision du monde a changé, et plus jamais elle ne s'organisera *d'abord* à partir des cadres nationaux – ceux qui aujourd'hui s'y accrochent, demain seront aphones. Le marché des entreprises n'est pas le seul à être mondialisé : qu'il s'agisse de production culturelle ou de défense des droits de l'homme, la planète est devenue l'échelle de référence. Il est très peu probable que nous revenions en arrière. Ce n'est d'ailleurs pas souhaitable.

La mondialisation inévitable

Nous pourrions aussi dessiner un scénario rigoureusement inverse et imaginer que les nouveaux liens tissés d'un bout à l'autre de la planète se délitent, que les frontières se referment, que le repli sur soi l'emporte. Certains font ce rêve – ce n'est pas le mien.

On voit mal quelle force ou quelle révolution laminerait les progrès des communications, conduisant plusieurs milliards d'individus à renoncer à l'utilisation de technologies qui, à moindre coût et sans danger immédiat, leur apportent d'immenses satisfactions. S'il fallait retenir un seul symbole physique de la marche de la mondialisation, ce serait assurément l'éclosion des antennes de télévision et des paraboles permettant de capter toute retransmission par satellite. Ce phénomène s'avère particulièrement troublant dans les pays où la faiblesse du niveau de vie moyen laisse attendre une hiérarchie des dépenses accordant peu de place à l'acquisition d'un poste de télévision : mais nul n'est prêt à renoncer à cette forme nouvelle de jeux du cirque, dont les lumières contribuent à rendre un peu moins insupportable une vie difficile. Seule la victoire des talibans sur l'ensemble du globe pourrait engendrer une telle chose – que ne peuvent désirer même les plus fervents des militants de l'antimondialisation.

Cette mondialisation-là, celle des icônes et des images, celle des mythes et des légendes, se réalise sous nos yeux. Donner à entendre la même musique dans les lieux publics de Paris, de Pékin ou de Rio, compose une forme d'universalité dont auraient pu rêver les philosophes des Lumières. C'est en cela que la mondialisation se distingue de la simple internationalisation des échanges constatée à la fin du XIXᵉ siècle. En débordant du champ économique, elle constitue un phénomène nouveau, irréductible à nos expériences passées. Anthony Giddens, le principal théoricien de la *troisième voie* qui inspire l'action de Tony Blair, a ainsi pu écrire : « La fin de l'ère bipolaire, liée à l'impact de la globalisation, a radicalement transformé la nature de la souveraineté des Etats. On doit insister sur le fait que la globalisation, ce n'est pas l'internationalisation. Il ne s'agit pas seulement de liens plus étroits entre les nations, mais de processus, tels que l'émergence d'une société civile mondiale, qui traversent les frontières nationales [1]. »

Quant à la mondialisation commerciale et financière, la seule façon de la limiter serait d'élever des barrières nationales si hautes que les lois Méline feraient en comparaison figure de douces et paisibles mesures d'accompagnement du libre-échange. L'écroulement des productions et des niveaux de vie serait tel qu'aucun Etat n'y résisterait. L'isolement qui s'ensuivrait provoquerait de très sérieuses pénuries, et aucun secteur ne serait épargné : des produits les plus simples aux plus sophistiqués, des matières premières aux médicaments, tout deviendrait rare dans ce monde sans échanges. Le froid y régnerait en maître – ce froid qui caractérise les mondes sans lumière et sans vie.

Non. C'est de l'accroissement et de la multiplication des échanges que naissent les civilisations. Comme la culture, la science s'en nourrit. Et s'il est arrivé dans l'histoire que des empires disparaissent, la longue nuit qui leur a succédé illustre tristement la voie du repli.

Le voudrions-nous d'ailleurs que nous ne pourrions échapper à la mondialisation. Nombre de problèmes ne peuvent plus aujourd'hui être envisagés qu'à l'échelle planétaire ; leur existence même est une autre manière de définir la mondialisation. Je pense, bien entendu, aux grandes questions environnementales qui engagent notre avenir.

La lutte pour l'environnement, facteur de mondialisation

Les écologistes ont gagné. Il y a quelques décennies encore, seule une poignée d'illuminés semblaient s'intéresser aux problèmes d'environnement et aux coûts des

---

1. In Laurent Bouvet : Introduction à la traduction française de *The Third Way* et *The Third Way and its Critics* de Anthony Giddens, Seuil, à paraître en 2002.

nuisances engendrées par la croissance économique. Aujourd'hui, pas un responsable politique, syndical ou associatif, pas un chef d'entreprise, pas un intellectuel ne sort du discours, très « environnementalement correct », du développement durable et de la planète en danger. Ils ont raison.

Certains furent plus précoces que d'autres. Et ce n'est pas pur hasard si nos amis allemands ont « verdi » plus rapidement que nous : les vents dominants venant de l'ouest, ils ont souffert des années durant de pluies acides dont nos industries étaient largement responsables et qui ont dévasté leurs paysages. Si les grandes étendues de l'Atlantique nous ont épargné ce fléau, elles nous ont aussi empêchés d'en mesurer la gravité aussi vite qu'outre-Rhin. C'est chose faite aujourd'hui, à tel point d'ailleurs que la préoccupation environnementale, devenue commune, n'est plus l'apanage des Verts − lesquels se cherchent d'ailleurs souvent maintenant une autre légitimité politique.

Personne n'ignore plus que la planète vit une période de réchauffement dont les conséquences climatiques peuvent se révéler désastreuses. Beaucoup savent qu'il existe quelques raisons sérieuses d'attribuer ce réchauffement à l'effet de serre, lequel résulte des émissions considérables de certains gaz liées à l'utilisation de combustibles fossiles. La limitation de ces émissions constitue donc l'un des principaux défis écologiques contemporains − en sus de la réduction des nuisances que ces gaz occasionnent quand leur concentration augmente localement, à l'occasion notamment des pics estivaux de pollution.

Nous sommes tous conscients de l'impossibilité de lutter efficacement contre l'effet de serre à l'échelle d'un seul pays. L'atmosphère se moque et se joue des frontières nationales : la pollution des uns nuit à tous. Le temps est loin où les autorités sanitaires françaises avaient réussi − volontairement ou non − à faire croire à leurs administrés que le nuage radioactif de Tchernobyl avait très généreusement contourné la France et s'était arrêté aux frontières de l'Est, comme stoppé net par une ligne Maginot pour une fois efficace.

Avec la lenteur caractéristique des négociations multilatérales, de conférences internationales en conférences internationales, de Rio à Kyoto, l'accord s'est fait sur un plan de lutte contre l'effet de serre. Grande et belle victoire de la raison... mais qui n'a pas été suivie d'effets : l'impardonnable refus de l'administration Bush de faire ratifier les conclusions de Kyoto par le Congrès pourrait bien reporter aux calendes grecques la mise en œuvre d'une action enfin concertée [1].

La réduction de la consommation d'énergie constitue une première voie de limitation des émissions de gaz à effet de serre : il ne s'agit pas de la restreindre autoritairement, mais d'organiser un environnement économique tel que le choix rationnel conduise chacun à modérer sa propre consommation.

Le premier instrument qui vient à l'esprit est le prix. Ainsi l'augmentation du prix de l'essence est-elle censée encourager les automobilistes à délaisser leur voiture au profit des transports en commun, lesquels produisent moins de gaz par personne transportée. D'une façon générale, toute « écotaxe » vise à renchérir le coût de l'énergie, et constitue de ce fait une incitation à en réduire l'usage. Au bout du compte, il s'agit bien d'augmenter « l'efficacité énergétique » de l'économie, c'est-à-dire de produire autant en consommant moins d'énergie. Pour y parvenir, la collectivité est fondée à aider celles des industries qui investissent dans des processus de production plus économes en énergie. Nombre de subventions poursuivent déjà cet objectif.

---

1. L'entrée en vigueur du protocole de Kyoto suppose sa ratification par 55 pays représentant 55 % des émissions de gaz à effet de serre – ce qui suppose l'accord du Japon et de la Russie. Quelle serait, par ailleurs, la réalité de la lutte contre l'effet de serre avec un dispositif dont serait exclu un pays, les Etats-Unis, responsable à lui seul d'un quart de ces émissions ?

Cette action a été fructueuse dans la plupart des pays développés, où l'on a pu vérifier que la quantité d'énergie consommée par unité de PIB avait eu tendance à décroître. Il est toutefois difficile de la mener à bien dans le cas précis, mais décisif, de la voiture individuelle – l'automobiliste étant *aussi* un électeur, la tentation est forte d'ajourner les décisions qui pourraient sembler abruptes. Par ailleurs, les professions concernées (comme les transporteurs routiers par exemple) savent exercer une pression susceptible de bloquer toute l'économie. Si bien que, là encore, l'action est nécessairement progressive.

La méthode qui s'appuie sur une augmentation du prix *via* une taxe [1] présente par ailleurs un grave inconvénient : tant que l'utilisateur est prêt à payer, rien ne vient limiter la pollution. L'analyse économique la plus basique pourrait donner à penser que, lorsque le prix relatif d'un produit augmente, sa consommation diminue. La réalité est souvent plus complexe : il s'agit de savoir si les industriels peuvent ou non répercuter l'augmentation du prix de l'énergie vers le consommateur, c'est-à-dire s'ils peuvent vendre leur produit plus cher parce que le prix de l'énergie a augmenté. En bout de chaîne, tout repose sur le comportement du consommateur : est-il prêt à payer pour polluer ? Chaque fois qu'il répond par l'affirmative, le combat contre l'effet de serre se solde par une défaite.

Si nous voulons être efficaces, si vraiment nous avons conscience de ce que l'avenir de l'humanité est en jeu, alors nous devons nous doter d'instruments permettant réellement de limiter la pollution. Plutôt que d'agir sur les prix, ce qui ne donne pas toujours le résultat attendu, il faut donc intervenir directement sur les quantités : il s'agira, pour une collectivité donnée, de déterminer la quantité de pollution « acceptable »

---

1. On appelle une taxe de ce type « taxe pigovienne », en l'honneur du Britannique Pigou qui l'a introduite dans l'analyse économique.

(par exemple, le nombre de kilos de carbone rejeté annuellement dans l'atmosphère par habitant) et de n'autoriser que cette pollution-là. Comment y parvenir ? *Via* la technique des « droits à polluer ». Elle a mauvaise presse pour deux raisons, mais avant d'en examiner la validité, voyons un peu comment elle fonctionne.

Après avoir défini le niveau de pollution « acceptable » pour l'année à venir, la collectivité concernée (l'Etat ou une agence internationale) met aux enchères des droits à polluer. Qui pollue sans en avoir acquis le droit sera poursuivi – un peu comme dans le cas des plafonnements de production qui ont pu régir le domaine agricole. La mise aux enchères conduit à déterminer le prix qu'un industriel sera prêt à acquitter pour acheter le droit à polluer qui lui permettra de produire. La limite est atteinte lorsqu'il est plus intéressant pour lui de changer de processus de production et de moderniser son équipement que d'acheter des droits à polluer au prix fixé par le marché. L'avantage est évident : la pollution est limitée au niveau choisi et, en réduisant progressivement le contingent de droits à polluer, on incite les consommateurs d'énergie à devenir toujours plus économes.

Deux critiques sont toutefois fréquemment avancées à l'encontre des droits à polluer.

Certains soulignent tout d'abord le caractère moralement insatisfaisant, voire inacceptable, du concept même de « droit à polluer ». C'est une position de principe : la pollution, c'est le mal. Aucune autorité publique ne devrait donc accepter de définir la quantité de mal « socialement acceptable ». Cet argument peut sembler un peu naïf, mais il est surtout très hypocrite : mieux vaut reconnaître le lien associant activité économique et pollution pour la contrôler au mieux, plutôt que de s'en remettre, en vulgaire thuriféraire du marché, à un mécanisme de prix destiné à la limiter.

La seconde critique est plus sérieuse. Elle repose sur l'idée que seuls les plus riches seront autorisés à polluer, puisqu'ils pourront débourser plus largement que les autres lors de la mise aux enchères des droits à polluer. S'agissant de l'entreprise, l'argument n'a pas de poids : le coût lié à l'acquisition des droits à polluer sera répercuté dans le prix de ses produits, tout comme le coût de l'investissement nécessité par la mise en place éventuelle d'une structure de production moins polluante ; c'est donc le consommateur qui paiera. Justement, objectera-t-on, seuls les pays riches pourront polluer : voilà le scandale. Qu'en est-il exactement ? On admettra que l'origine de la pollution importe peu – c'est ici qu'intervient la mondialisation : que la pollution soit le fait des riches ou qu'elle soit celui des pauvres, la belle affaire ! L'effet de serre et le réchauffement de la planète sont un seul et même mal public : chacun en souffrira de la même manière, quelle qu'en ait été la cause et l'origine géographique ou sociale. Ce qui importe, c'est de limiter globalement la production de gaz à effet de serre : de ce point de vue, la technique des droits à polluer est cohérente.

Est-il exact de soutenir que les pays riches, en s'appropriant l'essentiel des droits à polluer, priveraient les pays pauvres de tout moyen de se développer ? Le risque est réel. Il est même dirimant. En bridant ou en empêchant le développement de ces pays au nom de la survie de l'humanité, nous créerions une forme sophistiquée de colonialisme. C'est cette inquiétude qui fonde la pugnace opposition des pays en développement à l'introduction, au sein de l'OMC, de toute clause relative à l'environnement [1].

Pour résoudre ce problème, je voudrais avancer une solution nouvelle, et somme toute assez simple. Nous pourrions concevoir que des droits à polluer spéciaux (DPS), conçus sur le modèle des droits de tirage spé-

---

1. L'accord de Doha constitue à cet égard un progrès de principe arraché de haute lutte aux pays en développement, puisqu'il a mis les questions d'environnement au programme du prochain cycle de l'OMC. Mais les réticences des pays en développement restent entières, comme le montrent des formulations encore très timides.

ciaux (DTS) émis par le FMI, soient distribués chaque année aux pays en développement, en proportion directe de leur population et en proportion inverse de leur développement [1]. Ces DPS pourraient être en partie utilisés directement par les pays bénéficiaires, et en partie revendus à des entreprises de pays riches – ce qui fournirait aux nations concernées une ressource supplémentaire susceptible d'accélérer le rythme de leur croissance. Loin de nuire aux pays les moins avancés, les droits à polluer pourraient constituer un outil précieux dans l'arsenal de l'aide au développement, tout en contribuant à résoudre le problème lancinant des gaz à effet de serre. Mais cela ne suffira sans doute pas. Car même partielle, la mise en place d'un tel système sera complexe et longue. Aussi ne devons-nous négliger aucune des autres voies à notre disposition [2].

Résumons-nous. Premièrement, l'émission croissante de gaz à effet de serre constitue une menace grave pour notre planète ; deuxièmement, ce sujet nous concerne tous, personne n'étant à l'abri de la pollution du voisin ; troisièmement, nous savons qu'il n'y a pas de développement économique sans production de gaz à effet de serre. A ce stade de la réflexion, une conclusion semble pouvoir s'imposer – celle des tenants de la « croissance zéro » des années 1970 : il faut limiter la croissance économique. Cette préconisation, séduisante il y a trente ans, n'a plus guère d'adeptes aujourd'hui : les méfaits de la crise économique, le lien

---

1. Ceci va beaucoup plus loin que la proposition du protocole de Kyoto qui fixe, pour chaque pays, un niveau de pollution à ne pas dépasser et qui prévoit d'attribuer des droits à polluer (éventuellement cessibles) à ceux qui auront fait mieux que l'objectif assigné.

2. La question de l'environnement pourra être abordée avec les pays en développement selon le principe qui inspire le protocole de Kyoto : la reconnaissance d'une responsabilité commune, mais différenciée, face à des défis globaux, en prévoyant des phases de transition pour que les pays en développement rejoignent les pays développés dans des engagements contraignants. Les prochaines rencontres de Monterey au Mexique en mars 2002 sur le financement du développement, puis le Sommet du Développement Durable de Johannesburg en septembre 2002 devraient permettre de discuter cette approche.

devenu enfin évident entre croissance et emploi, la détermination des pays en développement à accélérer leur croissance, tous ces éléments ont fait litière de cette solution parfaitement irénique.

Reste à savoir si l'activité économique dégage toujours et imparablement la même quantité de pollution. Or ce n'est pas le cas : la pollution dépend beaucoup du type d'énergie utilisé.

L'aversion pour le nucléaire

Pourquoi le rejet annuel de carbone dans l'atmosphère est-il, par habitant, de 6,1 tonnes en France, de 10,1 en Allemagne et de 20,1 aux Etats-Unis [1] ? Ce n'est pas parce que la consommation d'énergie par unité produite serait significativement plus faible en France, mais parce que nous utilisons une énergie moins polluante. En effet, 80 % de l'électricité produite dans notre pays est d'origine nucléaire ; or l'électricité nucléaire ne produit pas de gaz à effet de serre [2].

L'on peut évidemment rappeler que l'énergie nucléaire présente d'autres risques. Mais précisément : comme nous ne pouvons et ne pourrons jamais éviter tous les risques, il nous faut déterminer ceux contre lesquels nous voulons nous prémunir en priorité.

Les dangers relatifs à l'utilisation civile de l'énergie nucléaire sont principalement de trois ordres : le risque de contamination courante, les risques liés aux déchets et le risque de prolifération.

Le premier concerne l'irradiation accidentelle des personnels employés dans les centrales, celle des habitants des zones voisines, celle enfin que peut générer le

---

1. Ces données concernent l'année 1997 et sont issues de A. Gamblin, *Images économiques du monde 2002*, Sedes, 2001.
2. Une centrale à charbon de 1 000 MW rejette chaque année 8 millions de tonnes de gaz carbonique dans l'atmosphère, 375 000 tonnes de cendres et produit 6 000 tonnes de poussières.

transport des matières fissiles. Sans aucunement les négliger, il faut admettre que, jusqu'à maintenant en tout cas, ces risques ont été contenus. On sait aujourd'hui comment s'est produite la tragédie de Tchernobyl : l'accident était davantage dû à l'incurie des entreprises publiques de l'URSS finissante qu'à l'énergie nucléaire elle-même. Les conséquences de Tchernobyl ne sont pas encore parfaitement connues, mais on en cerne aujourd'hui les contours. Et s'il y a quelque indécence à se lancer dans la comptabilité humaine, force est de reconnaître que l'énergie nucléaire a fait moins de victimes par unité d'énergie produite que n'importe quelle autre source d'énergie dans l'histoire – notamment le charbon, en raison de la silicose.

Viennent ensuite les risques liés aux déchets. C'est sur eux, depuis quelques années, que se concentre la critique.

Première question : de quels déchets s'agit-il ? Le fonctionnement d'un réacteur produit d'abord des déchets constitués des différents matériels en contact avec une source radioactive. Leur volume est important, mais leur radioactivité relativement faible, et leur stockage ne pose pas de difficultés particulières. Vient ensuite le combustible usé, qui contient 96 % d'uranium, 1 % de plutonium et 3 % de produits de fission et d'actinides mineurs. Seule cette dernière catégorie constitue à proprement parler des déchets. L'uranium non utilisé pendant la fission, de même que le plutonium, sont en effet des matières premières énergétiques parfaitement réutilisables. La question est de savoir ce qu'il faut faire de ces combustibles irradiés. Une première solution consiste à les stocker en l'état, une autre à les traiter pour récupérer les combustibles réutilisables : c'est le retraitement. Le stockage en l'état présente plusieurs inconvénients : un volume beaucoup plus important qu'après retraitement, une grande quantité de matière énergétique gâchée, et des produits de fission (dont le plutonium) conditionnés sans réelle garantie d'efficacité.

En bref, le stockage direct méprise ce qui constitue le principe même de toute l'économie environnementale : « ne stocker que les déchets ultimes, ceux que l'on ne sait pas récupérer ». Dans ces conditions, d'où vient que le débat autour du retraitement soit aussi vif ? Principalement du problème posé par le plutonium. Les arguments les plus farfelus sont d'ailleurs utilisés. Qu'on en juge : « Le retraitement crée du plutonium », affirment certains ; or le retraitement ne crée aucun atome de plutonium – celui-ci est créé par l'irradiation au sein du réacteur, le retraitement se contentant de séparer le plutonium du reste. Ou encore : « L'utilisation du MOX[1] nous fait entrer dans une spirale dont nous ne pourrons plus sortir » ; or le MOX permet au contraire de consommer du plutonium, le recyclage offrant la possibilité de stabiliser le stock de plutonium, voire de le faire décroître.

Après que tous les autres arguments ont été réfutés, on tente généralement de démontrer que le retraitement coûte cher, plus cher en tout cas que le stockage direct. Mais trouverait-on raisonnable de comparer le coût de recyclage d'une batterie de voiture avec celui, apparemment nul, de son abandon dans un champ ?

Un débat ouvert, public et transparent est nécessaire : chacun doit être correctement informé des enjeux de nos choix énergétiques. Ce sont les coûts de l'ensemble du cycle de production qu'il faut comparer, énergie par énergie : par kWh produit, le coût du retraitement des matières fissiles est ainsi environ quatre fois plus faible que celui de la désulfuration et de la dénitrification des fumées d'une centrale à charbon. Quel sens cela aurait-il, pour établir une bonne comparaison entre le coût d'une centrale à gaz et celui

---

1. Le MOX est un combustible composé d'oxyde d'uranium et d'oxyde de plutonium issu du retraitement.

d'une centrale à charbon, de ne pas tenir compte, pour cette dernière, du coût d'un dépoussiéreur ?

Restent enfin les risques de prolifération et leurs éventuelles conséquences militaires. Ici encore, le lien n'est pas évident. De même que la bombe d'Hiroshima ne contenait pas de plutonium, il est frappant de constater qu'aucun des pays qui s'est doté de l'arme nucléaire au cours des dernières années ne l'a fait à partir de plutonium issu de réacteurs à eau légère. L'argument repose sur un raisonnement faux, mais assez répandu, selon lequel « plutonium civil = plutonium militaire = prolifération ». En réalité, le plutonium civil et le plutonium militaire sont très différents. Obtenir du plutonium de qualité militaire nécessite l'utilisation de combustibles très peu irradiés – ce qui n'est absolument pas le cas à la sortie des réacteurs civils à eau légère. A l'inverse, certaines techniques d'enrichissement de l'uranium (comme la centrifugation) permettent la production aisée d'un uranium très enrichi de qualité militaire. Tout ceci montre bien que le risque de prolifération existe, mais qu'il n'est en rien lié au retraitement – que nous ne saurions donc condamner à ce titre.

Le combat paradoxal des défenseurs de l'environnement contre le retraitement des déchets nucléaires semble finalement obéir à un motif autre que l'éventuelle dangerosité de ces matières : la volonté de rendre impossible l'utilisation même des centrales nucléaires – puisque nous ne saurions plus quoi faire des déchets. En somme, la filière nucléaire finirait par succomber à une sorte d'occlusion intestinale.

Je ne crois pas, pour ma part, que l'humanité renoncera à l'énergie nucléaire. J'irai plus loin : je ne pense pas qu'il soit souhaitable qu'elle y renonce. J'ai même plutôt tendance à y voir l'une des rares solutions viables au problème des gaz à effet de serre. L'accord de Marrakech sur le protocole de Kyoto met d'ailleurs le nucléaire en situation d'y contribuer, au titre de l'autonomie des choix nationaux comme des transferts de technologies aux pays en développement. L'on ne peut pas à la fois soutenir que ce sujet engage l'avenir de notre espèce et refuser d'emprunter la seule voie dont nous disposions pour tenter de le résoudre. Ce qui n'interdit pas de le faire avec discernement.

La maîtrise des installations qui concourent à la production de l'énergie nucléaire requiert un personnel de qualité et parfaitement formé. Plus encore, la production d'énergie nucléaire présuppose une culture de la sûreté qui va bien au-delà des règlements et de la formation des personnels – culture qui ne peut s'acquérir que lentement, et qui ne peut s'épanouir dans n'importe quel environnement. C'est pourquoi je propose que les pays développés, ceux en tout cas qui disposent de cette culture de la qualité en matière industrielle et qui cultivent l'objectif du « zéro défaut », fassent l'effort nécessaire pour développer, sur leur territoire, une production importante d'électricité d'origine nucléaire. Ils offriraient ainsi aux pays dont le stade de développement est moins avancé la possibilité d'augmenter leur production (donc leur niveau de vie) en utilisant des sources d'énergie plus polluantes.

L'histoire des pays aujourd'hui industrialisés est en effet sans équivoque. Notre développement industriel s'est fondé sur la déforestation d'abord, sur la combustion de milliards de tonnes de combustibles fossiles ensuite, à commencer par le plus polluant d'entre eux : le charbon – quand ce n'était pas la lignite [1]. Si le développement économique des deux milliards d'hommes et de femmes qui vivent en Chine et en Inde doit suivre le même chemin, alors il nous faut renoncer à tout discours alarmiste sur le réchauffement plané-

---

1. La lignite ou « charbon blanc » en allemand est beaucoup plus polluante que le charbon noir en termes de gaz à effet de serre. En 2000, l'Allemagne en extrayait encore 167,7 millions de tonnes.

taire et nous préparer à en subir les conséquences. Pour nous éviter cet avenir cauchemardesque, il n'existe que deux voies. La première est d'empêcher le développement de ces pays – et telle est précisément leur crainte. La seconde est de compenser l'inéluctable croissance de leurs émissions de gaz à effet de serre par une diminution drastique des nôtres. C'est ici que l'énergie nucléaire fait l'ultime preuve de sa nécessité.

Le plan d'action est simple. Il faut d'abord encourager l'utilisation de techniques de production économes en énergie. Il faut ensuite développer aussi vite que possible toutes les sources alternatives de production d'énergie électrique – malgré les résultats plutôt décevants enregistrés au cours des dernières années par les piles solaires et autres. Il faut enfin, pour la production de masse, privilégier les sources d'énergie qui ne dégagent pas de gaz à effet de serre, dont la principale est le nucléaire ; et, pour cela, concentrer leur utilisation dans les économies les plus capables de la maîtriser, de façon à réserver aux autres les sources d'énergie plus traditionnelles et plus polluantes que constituent les énergies fossiles.

Voilà pourquoi je considère, depuis que j'ai commencé à m'intéresser à ces questions comme ministre de l'Industrie de 1991 à 1993, que nous devons veiller, à Bruxelles et ailleurs, à ce que les instruments qui permettent d'orienter la consommation énergétique prennent en compte le caractère plus ou moins polluant des différentes énergies. Si le système mis en place est celui des droits à polluer, cela ira de soi : une énergie qui ne pollue pas ne nécessite pas de droits à polluer. Si l'on choisit l'écotaxe, elle devra tenir compte de la nocivité de chacune des énergies. Ainsi est-il absurde de demander le même effort de diminution des émissions de gaz à effet de serre à la France et aux Etats-Unis, dont nous avons vu que la pollution par habitant variait de 1 à 3.

Quoi qu'il en soit, nous ne pourrons apporter de réponse à ce défi qu'au niveau planétaire : la mondiali-

sation des problèmes a pour corollaire la mondialisation des solutions. En d'autres termes, vouloir
échapper à la mondialisation revient à renoncer par
avance à toute solution.

La mondialisation ne charrie pas que des catastrophes

Il est de bon ton de dénigrer la mondialisation et ses
conséquences néfastes, bien moins fréquent d'en
explorer les aspects plus positifs. S'y arrêter un instant
me paraît toutefois équitable.

La mondialisation, au bénéfice du consommateur et de l'exportateur

S'il est un gagnant, un seul, à la mondialisation,
c'est bien le consommateur – je pense ici au consommateur des pays développés. Elle lui permet d'abord
d'accéder à une plus grande variété de produits.
D'aucuns considéreront sans doute qu'il n'est pas
absolument nécessaire, afin d'être heureux, de dégus-
ter des fraises à Noël [1]. Mais là n'est pas la question. Si
la mondialisation fait le bonheur du consommateur,
c'est moins parce le marché, devenu mondial, lui offri-
rait une plus grande diversité de biens, que parce qu'il
favorise la concurrence et encourage de ce fait la baisse
des prix.

---

1. Ici encore, il n'y a rien de très neuf dans le processus que nous
vivons. L'idée selon laquelle nos besoins évoluent à mesure qu'apparaissent sur nos marchés de nouveaux produits vaut autant aujourd'hui
que lorsque Marx l'exposa dans le *Manifeste du parti communiste* de
1848 : « Toutes nos anciennes industries nationales sont bousculées par
de nouvelles industries dont les produits sont consommés non seulement
chez nous, mais aussi dans chaque partie du monde. A la place des anciens
besoins, nous trouvons de nouveaux besoins qui demandent pour être
satisfaits des produits venant de pays et de climats lointains. »

La concurrence entre producteurs est en effet la seule manière de garantir au consommateur qu'aucune entente ne viendra le priver du bénéfice d'une partie au moins des gains de productivité enregistrés par les entreprises. Ceci est vrai dans tous les domaines, et particulièrement dans celui des biens de grande consommation, de l'automobile aux téléphones portables. Considérablement renforcée par l'ouverture des frontières, cette concurrence interdit *de facto* aux producteurs de dominer leur marché national et d'y pratiquer des prix exagérés.

On objectera qu'il n'en va pas de même dans le domaine agricole. Mais c'est précisément le secteur qui, en Europe, est le moins ouvert à l'extérieur. Sans doute y a-t-il de bonnes raisons à cela : la Politique Agricole Commune a permis à l'Europe d'acquérir l'autosuffisance alimentaire qui, de longue date, lui faisait défaut. Elle assure par ailleurs une occupation relativement ordonnée du territoire européen, en évitant que de vastes régions ne soient laissées en friche. Mais tout cela a évidemment un coût : l'Européen paye ses denrées alimentaires à un prix supérieur aux cours mondiaux.

Dans tous les autres secteurs, de l'industrie aux services, la concurrence, désormais mondiale, fait bénéficier le consommateur de marges commerciales aussi réduites que possible. Ce n'est pas négligeable : tout gain sur les prix représente un gain de pouvoir d'achat, particulièrement sensible pour ceux dont le revenu est modeste.

Un grand nombre de salariés trouvent également avantage à l'ouverture des marchés : ils sont en France sept millions à travailler pour l'exportation, bénéficiant ainsi directement de l'ouverture des marchés mondiaux. Mais l'on peut aussi considérer que les importations restreignent le marché potentiel des producteurs nationaux. Pour juger du résultat produit par ces deux forces contraires, il importe de garder à l'esprit les remarques qui suivent. La première est que notre balance des échanges est excédentaire : cela signifie que nous exportons plus que nous n'importons, et c'est un premier élément de réponse. De surcroît, une large part de nos importations est composée de matières premières, notamment énergétiques (le pétrole), pour lesquelles il n'existe pas de substitut national : ces importations ne privent donc de travail aucun habitant de France. Au demeurant, il s'agit là de biens dont le contenu en main-d'œuvre est assez faible – si bien que, au total, nous exportons en valeur plus de travail que nous n'en importons.

La deuxième remarque concerne l'innovation et les technologies nouvelles, qui exigent des dépenses de recherche et d'investissement de plus en plus considérables. Pour les amortir, il importe que les séries de production soient suffisamment longues. Ainsi l'existence d'un marché mondial s'avère-t-elle être une condition indispensable au développement de ces technologies. Etre présent sur le marché des produits nouveaux, dans le domaine des technologies de l'information comme dans celui des biotechnologies, suppose que l'on soit capable de s'adresser à l'ensemble de la demande mondiale. A l'inverse, l'économie d'un pays qui se satisferait de ses seules industries vieillissantes verrait ses débouchés disparaître peu à peu et l'emploi péricliter. Prenons l'exemple, tout à fait significatif, de l'aéronautique. Grâce aux remarquables succès d'Airbus, de Dassault et, aujourd'hui, d'EADS, l'Europe emploie 400 000 salariés dans ce secteur, dont 70 000 en France. Mais l'industrie aéronautique européenne n'est viable que parce que le marché des avions a une dimension mondiale : les commandes des compagnies aériennes européennes ne pourraient à elles seules assurer la rentabilité des programmes.

La mondialisation au secours du développement

Il reste que l'économie d'un pays comme la France ne repose pas uniquement sur ses secteurs de pointe. Nous payons chaque jour la rançon de la mondialisation, quand, victimes de la concurrence de pays où le coût de la main-d'œuvre est incomparablement plus faible que le nôtre, les usines ferment. Pourtant, chaque fois qu'il en est ainsi, j'ai du mal à ne pas ressentir un malaise devant le chœur des pleureuses. Entendons-nous bien : je ne méconnais pas le sort, évidemment très pénible, des nombreux salariés dont l'usine est délocalisée pour des raisons de coût de production. La responsabilité de la collectivité nationale est alors précisément d'assurer les transitions économiques et de veiller à ce qu'elles soient aussi peu douloureuses que possible pour celles et ceux qui en sont les victimes directes. La mutualisation des risques, dont il a été question au début de ce livre, trouve ici l'un de ses points d'application. Car si la mondialisation et l'ouverture des frontières qui l'accompagne présentent d'indéniables avantages pour la collectivité nationale, il n'en va pas forcément de même pour chaque individu ou groupe d'individus ; il importe donc que la collectivité prenne en charge ces difficultés et fournisse à ceux qui en pâtissent les moyens de retrouver un emploi.

L'idée de collectivité nationale n'a de sens, selon moi, que si elle se montre capable, lorsque le besoin s'en ressent, de se mobiliser pour répartir sur chacun de ses membres les difficultés frappant certains d'entre eux. C'est vrai en matière de santé ou de vieillesse, mais ce n'est pas moins vrai s'agissant des vicissitudes de la vie économique. L'intervention publique trouve là une bonne part de ses lettres de noblesse : puisque toute mutation comporte sa part d'avantages pour les uns et sa part de désavantages pour les autres, il est juste et légitime que les pouvoirs publics rétablissent un certain équilibre. Ainsi donc, il est de leur responsabilité de favoriser l'accueil d'activités nouvelles dans les régions victimes de régressions industrielles. Plus concrètement, lorsqu'une usine ou un atelier ferme parce que l'entreprise a trouvé le moyen de produire moins cher ailleurs, il importe que des efforts collectifs soient engagés pour compenser l'emploi perdu.

Mais il faut aussi considérer l'autre versant du problème. La lutte contre la pauvreté comme le développement des pays du Sud supposent le déploiement d'une activité industrielle qui viendra fatalement concurrencer la nôtre. Mais nous ne pouvons vouloir favoriser les progrès économiques du tiers-monde et interdire que ses produits conquièrent une part de nos propres marchés chaque fois que ce qui fait leur malheur (la faiblesse du revenu par tête) constitue pour eux un avantage (le bas niveau des coûts salariaux).

Seules les économies-continents, comme l'Inde ou la Chine, peuvent envisager leur développement de manière relativement autarcique[1]; les autres ont besoin de pénétrer les marchés des pays riches. A nous de savoir tirer parti de la division internationale du travail : nous devons renoncer à produire ce que d'autres réalisent dans de meilleures conditions et nous concentrer sur des produits et des services que notre formation et notre niveau d'équipement nous rendent seuls aptes à fournir. Mais ceci ne va pas et n'ira pas sans larmes. Et face à la détresse de ceux qui perdent leur emploi à la suite de la fermeture d'une entreprise partie prospérer sous d'autres cieux, rien n'est plus difficile pour un élu que d'éviter l'écueil d'une démagogie prônant le repli sur soi et le rejet de l'autre. Ceux qui n'ont pas la force de résister à cette tentation retrouvent alors, presque naturellement, les accents rétro-

---

1. D'ailleurs, même dans ce cas, l'ouverture au commerce international peut être nécessaire – comme le montre la récente adhésion de la Chine à l'OMC.

grades de l'allitération de Raymond Cartier : « La Corrèze plutôt que le Zambèze. »

Lorsqu'on est homme de progrès, la lutte contre la pauvreté dans le monde est une exigence morale *et* politique – quand bien même elle viendrait nuire à notre confort électoral. Si bien que la mondialisation et les délocalisations qu'elle entraîne, assurément détestables du point de vue des pays riches, n'en sont pas moins bienvenues pour tous ceux qui acceptent de prendre en considération, ne serait-ce qu'un instant, les difficultés des pays pauvres. Encore faudrait-il pour cela que les règles de l'échange soient équitables – autrement dit, que ne se reproduisent pas les relations entretenues, des siècles durant, par les nations impérialistes et leurs colonies. Ici apparaissent avec force la nécessité de réguler le commerce international et l'importance du rôle que doit jouer l'OMC [1].

Avant d'en venir à la formulation d'une proposition de réforme de cette institution si décriée, je voudrais consacrer quelques lignes de mon propos à un deuxième exemple, de nature différente, qui concerne une facette souvent négligée de la mondialisation : la gestion de l'eau.

Notre planète est un monde fini. Certaines denrées naguère abondantes se raréfient. C'est notamment le cas de l'eau, bien vital s'il en est. Carence qui ne concerne pas la seule eau potable, mais également l'eau douce dans son ensemble, nécessaire à toute activité agricole. Ici comme ailleurs, il faut d'abord essayer

---

1. Le prochain cycle de négociations commerciales multilatérales lancé à Doha devrait à cet égard marquer un progrès. Les pays émergents, comme le Brésil, l'Inde ou l'Afrique du Sud, ont obtenu satisfaction sur la production de médicaments génériques contre les grandes maladies, les rétorsions commerciales américaines et la mise en œuvre des accords de Marrakech dans toute une série de domaines. Leur succès est moins évident sur l'accès des pays en développement au marché textile, dont l'ouverture totale reste fixée à 2005. Mais les pays les plus à l'écart de la mondialisation, les ACP, ont également su se faire entendre, notamment sur les questions qui touchent à leurs relations avec l'Union Européenne.

de produire plus avec moins. Or si les avancées technologiques permettent d'ores et déjà d'obtenir des
résultats encourageants, leur coût demeure excessivement élevé, et de toute façon elles ne peuvent supprimer totalement le besoin en eau. Dans ces conditions,
de nombreuses zones sèches du globe vont se retrouver
dans une situation de *stress hydrique* sous la double
pression de la croissance démographique – qui augmente les besoins en nourriture, donc en eau – et du
réchauffement planétaire – qui modifie la répartition
des ressources en eau.

Trois milliards d'individus pourraient être concernés
par cette pénurie hydrique. Sauf à envisager d'immenses déplacements de populations qui ne sont sou-
haités ni par les habitants des zones sèches, ni par ceux
susceptibles de les accueillir, je ne vois de solution que
dans le développement du commerce et l'importation
massive de nourriture. Mais il faudrait pour cela que
les marchés alimentaires soient sûrs, ce qui implique
l'existence de stocks de sécurité permettant de lisser les
pics et les creux de production. Pareille exigence suppose également l'existence d'une organisation internationale suffisamment puissante et structurée pour
interdire toute guerre alimentaire et tout chantage à la
nourriture. Enfin, ultime condition, un tel développement commercial n'est envisageable que si les pays
concernés trouvent des débouchés pour leurs propres
productions non agricoles sur les marchés tiers.

Pour satisfaire les besoins à venir, et compte tenu de
la croissance démographique prévisible, l'International
Food Policy Research Institute indique que le
commerce mondial devra, en vingt ans, tripler pour la
viande, doubler pour le soja et croître de plus de 60 %
pour les céréales! Corrélat de la mondialisation,
l'ouverture des marchés s'avère ainsi – à la condition
expresse qu'elle soit accompagnée de leur organisation – indispensable à la survie d'une grande partie de
l'humanité. L'enjeu est de taille : le commerce au
secours de la vie.

Il y aurait bien une alternative : elle repose tout entière sur l'espoir suscité par les considérables progrès de la « productivité hydrique » de l'agriculture. Mais cette voie suppose une intense exploitation des possibilités offertes par les OGM ; je n'y suis pas hostile mais je ne suis pas absolument certain que les adversaires traditionnels de la mondialisation y consentent.

CHAPITRE 7

Maîtrisons la mondialisation

Si la mondialisation fait des malheureux mais qu'elle est inévitable, nous devons nous doter des moyens de la maîtriser. Le problème posé n'est pas vraiment technique, encore que de nombreuses options soient possibles : c'est un problème politique et, pour tout dire, un problème de déficit politique. Entre des Américains passant de l'isolationnisme à la tentation hégémonique, des Européens incapables de franchir le pas qui ferait de l'Europe une puissance, une Russie ayant perdu son empire et économiquement désemparée, et des pays du Sud qui ont d'autres soucis que celui de l'organisation harmonieuse de la planète, chacun joue un jeu personnel fortement teinté de préoccupations de politique intérieure, et personne ne prend à bras-le-corps notre destin commun.

Des réponses simples ont été suggérées. Je veux d'abord les examiner, avant d'en venir à la question qui est certainement la plus sérieuse : celle du développement des pays du Sud. Je l'évoquerai avec quelques détails, puis je présenterai une proposition de régulation de la mondialisation que beaucoup jugeront sans doute utopique.

La tentation des fausses pistes : Tobin or not Tobin

La paternité intellectuelle est parfois difficile à assumer. James Tobin a obtenu le prix Nobel d'économie en 1981 pour son apport à l'analyse des questions financières, menée dans une optique post-keynésienne. Il a émis en 1978 une proposition de taxation sur les opérations de change dont il ne pouvait soupçonner qu'elle connaîtrait autant d'avatars.

Tobin veut tenter de limiter la volatilité des marchés : il la juge néfaste parce qu'elle accroît l'incertitude. Cette volatilité vient de ce que les opérateurs intervenant sur les marchés des changes sont susceptibles de modifier rapidement et fréquemment leurs positions dans le seul but de bénéficier de microscopiques différences de cours. Aussi Tobin suggère-t-il d'introduire une certaine viscosité dans le système, sous la forme d'une taxe d'un montant très faible. En ôtant toute rentabilité à la plupart des opérations d'aller-retour, l'instauration d'un tel coût de transaction permettrait de restreindre les déplacements intempestifs de capitaux – et par conséquent de limiter l'incertitude.

Dans sa simplicité, l'idée séduira tous ceux qui se soucient de limiter les fluctuations erratiques des marchés des changes. Pour avoir été témoin de ces crises de change qui mettent à genoux des économies trop faibles pour résister à de tels chocs, j'ai moi-même longtemps été partisan de l'instauration d'une telle taxe. Par ailleurs, l'image du « spéculateur » tirant le plus grand profit des variations de cours au détriment des pays concernés et de leurs populations, souvent les plus déshéritées de la planète, nous a tous révoltés.

Si une telle taxe peut permettre d'enrayer cette mécanique diabolique, alors, va pour la taxe ! Si de surcroît son produit peut être consacré au développement de ces pays, nous sommes fondés à en attendre un double dividende, au sens donné à ce terme par les environnementalistes lorsqu'ils parlent de fiscalité écologique [1]. Et si, par-dessus le marché, les spéculateurs sont sanctionnés, qui s'en plaindra ? L'on comprend donc aisément le grand pouvoir de séduction de cette proposition, qui sert aujourd'hui d'étendard à nombre de mouvements en lutte contre les conséquences les plus néfastes de la mondialisation.

Rendons tout d'abord justice à James Tobin. C'est à son corps défendant que les mouvements antimondialisation prônent l'instauration de la taxe portant désormais son nom. Il s'est défendu de partager leurs motivations dans de nombreux articles et interviews, affirmant ici que la mondialisation était à la fois inévitable et plutôt bénéfique, et là que sa taxe ne pouvait remplir les objectifs qu'on voulait lui assigner. Mais après tout, ceci est sans importance : la question n'est pas de savoir si Tobin est prêt ou non à adhérer à l'association ATTAC [2] mais si son idée, pour ancienne qu'elle soit, peut être utile. Peu importe de savoir si Alfred Nobel, l'inventeur de la dynamite, était ou non pacifiste.

A l'analyse, même pour ceux qui, comme moi, partagent les motivations fondamentales des champions de la taxe Tobin, celle-ci semble bien difficile à mettre en œuvre. Je pense au demeurant, comme Tobin luimême, que rien n'assure qu'elle permette d'atteindre les objectifs poursuivis. Quelques années de pratique dans la finance internationale et quelques responsabilités d'Etat exercées dans ce secteur m'ont conduit à renoncer à cette solution, pourtant si simple et si pra-

---

1. Dans ce dernier cas, non seulement la fiscalité incite à moins polluer, mais elle fournit aussi des ressources nouvelles. C'est bien la logique que nous retrouvons ici : limiter les déstabilisations monétaires et procurer des ressources pour l'aide au développement.
2. Association pour une Taxation des Transactions financières pour l'Aide aux Citoyens, www.attac.org

tique – ou, plus précisément, à refuser de la considérer comme une proposition centrale. La critique étant aisée et l'art difficile, il me faudra proposer d'autres pistes à la réflexion. J'y reviendrai après m'être expliqué sur la taxe elle-même.

En premier lieu, cette taxe imaginée en 1978 est *aujourd'hui* techniquement peu réaliste. Les auteurs qui y sont favorables se défendent, bien entendu, de vouloir l'appliquer à toutes les transactions : il s'agit d'identifier et de taxer les seules transactions spéculatives sur les devises, en laissant hors champ les opérations qui ont une contrepartie commerciale ou qui traduisent une épargne de long terme. Dont acte. Constatons d'abord que le marché des changes a, en vingt ans, considérablement évolué. Une part considérable des transactions quotidiennement enregistrées relève d'opérations d'arbitrage, par lesquelles les opérateurs cherchent à bénéficier de très petits décalages du marché. Ces opérations *spot* ne provoquent que de micro-variations des cours de change, bien trop faibles pour nuire aux économies ; elles assurent de surcroît la liquidité du marché et permettent ainsi à toute entreprise ou à tout épargnant de trouver une contrepartie à l'opération qu'il souhaite effectuer.

Quant aux macro-variations de change, celles qui affectent véritablement l'économie réelle, elles ont aujourd'hui une triple origine. Elles proviennent pour une part des flux d'investissement des entreprises : le mouvement d'acquisition de firmes américaines par des groupes européens a certainement influé sur la parité dollar/euro en 2000 et 2001, à travers la fraction des paiements effectuée en *cash* par achat de dollars. Elles reflètent ensuite l'importance croissante des flux de placement effectués par des fonds multidevises (SICAV, fonds de pension) qui acquièrent les devises étrangères dans lesquelles ils placent les capitaux collectés auprès des épargnants : pour les fonds européens, acheter des titres cotés à Wall Street signifie acheter du dollar. Elles traduisent enfin les grandes positions des *hedge funds* qui peuvent porter des masses considérables de capitaux sur une devise – ou les en retirer tout aussi soudainement.

Mais les progrès de la technologie financière ont été tels que ce qui était envisageable à la fin des années 1970, voire à la fin des années 1980, ne peut plus être efficace aujourd'hui. Pour profiter des différences anticipées sur le cours d'une monnaie, il n'est plus nécessaire de prendre directement des positions de change *cash* : les *produits dérivés* permettent en effet de spéculer sur le cours d'une devise, ou de se couvrir contre l'évolution de ce cours, sans acheter ou vendre comptant la devise en question. Il est ainsi possible de conclure une opération de *swap* de taux (échange de taux) dans une devise (l'euro), par laquelle l'une des parties recevra les intérêts dans une autre devise (le dollar) ; ou encore, d'indexer le rendement d'un actif sur l'évolution d'un panier de devises. Le principe est simple : si l'on joue la baisse d'une devise, on paiera les intérêts dans cette devise ; si l'on joue la hausse, on les recevra. De même, le sens de l'indexation du rendement d'un actif sera défavorable à la devise si l'on joue la baisse, ou favorable si l'on joue la hausse. Ces opérations sur produits dérivés n'apparaissent pas comme des opérations de change matérialisées par un croisement de flux. Elles conduisent pourtant au même résultat.

Parce qu'ils sont très nombreux et en continuelle évolution, il n'est pratiquement plus possible d'appréhender l'ensemble des instruments financiers qui permettent de bénéficier d'une anticipation sur les changes. Idéalement, comme le note Olivier Davanne [1], l'un des meilleurs connaisseurs de cette question, « il faudrait donc assurer un suivi fin de

---

1. Olivier Davanne, « La taxation, miroir aux alouettes ou réponse à la mondialisation financière ? », *Rapport moral sur l'argent dans le monde*, 1999, p. 75, Association d'Economie Financière, Editions Montchrestien.

toutes les innovations financières et, face à tout nouveau produit (options, produit structuré...) déterminer à chaque instant au niveau international le taux auquel la taxe s'applique. Par exemple, en ce qui concerne les options de change les plus usuelles, le taux de la taxe devrait en principe changer en permanence en fonction des cours de change, du prix d'exercice de l'option et de sa durée de vie car ce sont ces paramètres qui déterminent l'effet de levier offert aux spéculateurs ». Et l'auteur de conclure : « La littérature favorable à la taxe Tobin ne décrit jamais comment une telle usine à gaz fiscale pourrait fonctionner. » Le contexte financier s'est tellement modifié depuis la proposition initiale de Tobin qu'il est devenu pratiquement impossible de saisir les opérations potentiellement taxables.

Reste une solution : l'interdiction pure et simple de tout produit dérivé. Outre que cela handicaperait les entreprises auxquelles ces produits permettent de couvrir leurs opérations commerciales ou leurs investissements, il me semble pour le moins difficile d'interdire des produits qui n'existent pas encore. Or la créativité est, en la matière, infinie. La technologie financière a atteint un tel degré de sophistication qu'il nous faut, pour en combattre la spéculation inhérente, un peu plus qu'une taxe – fût-elle simple et pratique.

Il est par ailleurs peu probable, je l'ai dit, que cette taxe permette d'atteindre les objectifs qui lui ont été assignés. Commençons par les recettes qu'elle est censée procurer. Les transactions sur le marché des changes sont de l'ordre de 1 200 milliards de dollars par jour en 2000 [1], ce qui est sans commune mesure

---

1. Cette estimation est fournie par le dernier rapport de la Banque des Règlements Internationaux. La livraison précédente, qui concernait l'année 1998, fait état d'un flux de 1 500 milliards. Que s'est-il passé entre les deux ? On s'attendrait plutôt à l'évolution inverse. La novation, c'est l'euro. Le lancement de la monnaie unique au 1er janvier 1999 a fait disparaître plusieurs centaines de milliards de dollars de transactions journalières sur le marché des changes puisque le change entre les monnaies européennes a disparu. L'euro, au secours de la lutte contre la spéculation !

avec les opérations de change nécessaires au fonctionnement de l'économie réelle – d'où la naissance du soupçon de spéculation. Examinons les flux qui constituent ces 1 200 milliards : il s'agit principalement d'opérations assurant la liquidité du marché. En bref, si quelqu'un souhaite troquer ses pesos contre une certaine somme de francs suisses, il n'est pas évident que sa banque dispose immédiatement d'une contrepartie constituée par quelqu'un qui, à l'inverse, aurait besoin de pesos et posséderait des francs suisses. La liquidité du marché est alors fournie par des arbitragistes qui se repassent la somme en question jusqu'à ce que l'utilisateur final ait été trouvé. Tout ceci n'est possible qu'en raison de l'extrême faiblesse des coûts de transaction. Et il est exact de dire, comme le font les partisans de la taxe Tobin, qu'une taxe de 0,1 %[1] conduirait à la disparition de cette succession d'arbitrages. Mais il est vraisemblable que nous assisterions alors à une transformation fondamentale du marché, caractérisée par la recherche électronique d'une contrepartie. Cette tendance à l'informatisation des marchés financiers est, depuis quelques années, relativement forte. S'agissant du marché des changes, il est prévisible que l'introduction d'une taxe accélérerait le mouvement. La matière taxable disparaîtrait alors – et avec elle les 100 milliards de dollars que l'on se propose de collecter pour les mettre au service du développement économique.

La seule conséquence directe de cette mécanisation accélérée des opérations de change pourrait bien être la disparition de quelques milliers d'emplois dans les salles de marchés des diverses banques de la planète. Les thuriféraires de la taxe Tobin pensent sans doute que ce n'est pas très grave. Ils n'ont d'ailleurs peut-être pas totalement tort, car la perte de ces emplois serait sans doute assez rapidement compensée par l'aug-

---

1. C'est le chiffre le plus fréquemment prononcé. Il représente à peu près le quintuple des coûts actuels de transaction sur les grandes devises.

mentation des effectifs consacrés à la recherche de nouveaux produits permettant d'échapper à la taxe... La justice veut donc que l'on n'accuse pas les partisans de la taxe Tobin de détruire l'emploi bancaire.

Le recouvrement de la taxe Tobin serait d'ailleurs immédiatement remis en cause du fait du glissement du marché vers des opérations d'échange de résultat. Il est en effet probable que la seule manière de percevoir la taxe consiste à prendre pour base le règlement des opérations de change, c'est-à-dire le transfert du montant des opérations entre deux banques. Or il suffit de ne plus opérer en *cash* pour tuer l'assiette du recouvrement : à une opération au comptant ou à terme classique se substituerait une opération de *non deliverable forward* (NDF), par laquelle les parties engagées dans la transaction n'échangeraient à l'échéance qu'un flux représentant la différence de cours et non pas le montant de l'opération, ce qui revient à taxer le résultat, et non le volume des transactions. A supposer un bénéfice « moyen » de 1 % par opération, l'assiette de la taxe diminuerait mécaniquement de 99 %.

Rappelons enfin une évidence : l'euro a constitué un moyen beaucoup plus efficace que la taxe Tobin pour stopper la spéculation sur les devises dites « in [1] », incessante durant les années 1970/1995. Mais ce faisant, il a intégralement tué le revenu de la taxe.

Au demeurant, et si l'objectif est véritablement de dégager des ressources pour les pays qui en ont besoin, il n'est pas nécessaire de créer un impôt aussi sophistiqué. L'arsenal fiscal de chaque pays est déjà bien fourni, et il serait beaucoup plus simple d'augmenter à due concurrence les impôts existants. Mais en avons-nous la volonté ? C'est la seule question.

L'autre objectif, bien sûr, c'est de mettre un frein à la spéculation. Plaçons-nous une nouvelle fois dans l'heureux contexte d'un monde idéal qui verrait la

---

1. Les devises « in » sont les devises des douze pays qui ont l'euro en partage.

mise en œuvre concrète et effective d'une taxe Tobin : cet objectif serait-il atteint ? Si l'on entend par spéculation l'activité des *traders* décrite plus haut, et que l'informatisation viendrait donc remplacer, la réponse est sans doute positive ; mais en quoi cette activité est-elle gênante ? Si, en revanche, ce que l'on veut éradiquer, c'est l'activité spéculative à l'origine de flux de capitaux importants venant périodiquement jouer contre une monnaie, alors l'échec est probable. Il y a à cela deux raisons. La première est que, lors d'une crise monétaire, les fluctuations attendues sont généralement de l'ordre de 10 à 20 % : une taxe de 0,1 % n'est par conséquent en rien dissuasive. Ou les spéculateurs pensent qu'ils ont de bonnes raisons d'anticiper un décrochage de la monnaie qu'ils étudient – dans ce cas la taxe ne joue pas ; ou tel n'est pas le cas – et il n'y a pas de flux à court terme.

La seconde raison est plus technique. Ce qui est déstabilisant pour une monnaie, ce sont les positions ouvertes – celles qui n'ont pas trouvé de contrepartie. Mais si elles sont déstabilisantes pour les monnaies, elles le sont aussi pour les opérateurs eux-mêmes. Aussi les trésoriers de banque ont-ils pour instruction de fermer leurs positions chaque soir, ou de ne maintenir ouvertes en *overnight* que de très faibles positions, qui plus est strictement encadrées par des limites de marché imposées par un Comité des Risques interne. Aussi, ce que la taxe ferait finalement disparaître – l'activité quotidienne des *traders* – n'est précisément pas ce qui pose problème aux pays en difficulté.

Techniquement impossible, la taxe Tobin s'avérerait donc aussi financièrement et stratégiquement inefficace. Est-il de surcroît nécessaire de développer l'argument, sans cesse ressassé, selon lequel elle n'aurait de sens que si tous les pays la mettaient en œuvre ? C'est évidemment formellement exact. Si un seul pays met en place une taxe de type Tobin, la spéculation déstabilisante se transportera sur les places dépourvues de taxe, et rien n'aura changé. De ce point de vue, il est absurde de croire que l'Europe constitue une zone assez grande « pour que cela vaille la peine » : l'inverse est même rigoureusement vrai. Si une seule place financière demeure à l'écart de la taxe, elle concentrera toutes les transactions, et l'objectif ne sera toujours pas atteint.

Pour autant, l'impossibilité politique de convaincre tous nos partenaires ne serait pas une raison suffisante pour abandonner la taxe Tobin, si elle avait résisté aux autres critiques. Quand une idée est juste, alors il est juste de tenter de convaincre – même inlassablement. Le problème est qu'il est difficile de convaincre l'ensemble de la planète de la solidité d'une proposition que l'on ne sait pas mettre en œuvre et qui n'atteint pas les objectifs qu'elle se fixe.

C'est précisément parce que la taxe Tobin constitue une voie sans issue qu'elle a pu bénéficier d'un soutien aussi peu attendu que celui de George Soros. Je ne ferai pas l'injure à ce grand financier de le considérer comme un vulgaire spéculateur, alors même qu'il consacre une part importante de ses ressources à la défense de valeurs auxquelles il croit, *via* notamment de nombreuses fondations œuvrant au développement des pays d'Europe de l'Est – à commencer par la Hongrie dont il est originaire. Mais tout de même : Soros favorable à la taxe Tobin, c'est trop beau pour être vrai. Aurait-il d'un coup décidé de rejoindre le camp des adversaires de la mondialisation ? Il est des conversions moins surprenantes. La réalité est plus simple : mieux que quiconque, Soros sait que cette voie est une impasse, et il souhaite simplement que nous nous y enfoncions. Plus nous nous y attarderons, moins la situation risquera de changer. C'est là une jolie ruse de l'Histoire : les cortèges et les défilés en faveur de la taxe Tobin, de même que les associations auxquelles elle donne naissance ou les ralliements politiques qu'elle occasionne parfois, constituent l'un des plus sûrs remparts de la spéculation.

Pourtant, la situation peut évoluer. Mais cela requiert une volonté politique inédite et sans faille. Il y a tout juste quatre ans, lors du G7 qui se tenait à Hong-kong en septembre 1997, je proposai au nom du gouvernement de Lionel Jospin d'engager vigoureusement la lutte contre les centres *off-shore,* paradis fiscaux de diverses natures, et de renforcer le contrôle des *hedge funds* – ces institutions financières qui disposent d'effets de levier importants les conduisant à prendre des risques considérables, qu'elles font *in fine* peser sur la collectivité tout entière. Je fus regardé comme un Huron. Dans les yeux de mes collègues, je pouvais lire toute la compassion qu'ils concevaient pour des idées qui ne pouvaient venir que d'un Français – et socialiste, avec ça.

Deux ans et pléthore de discussions plus tard, le G7 mettait en place trois groupes de travail sur les trois sujets majeurs de la lutte contre la spéculation : les centres *off-shore*, les *hedges funds*, et les flux de capitaux à court terme. Les progrès sont lents. Mais ce sont les seuls dont nous puissions attendre quelques résultats. Et de ce point de vue, les événements du 11 septembre 2001 pourraient bien marquer un changement. Pour retarder les décisions à prendre dans ces trois domaines, les arguments traditionnellement avancés reposaient en effet sur la réticence américaine à contraindre un tant soit peu l'activité du secteur privé. La lutte contre le terrorisme et l'implication américaine subséquente sont déjà à l'origine d'une accélération des réflexions, et peut-être, demain, de décisions en ce sens. Elles font partie de la réforme du système économique et financier mondial qu'il nous faut maintenant évoquer.

« *La fièvre, la chirurgie ou la guerre* »

C'est sous ce titre que je faisais paraître en 1983, dans le journal *Le Monde*, un assez long article consacré à la dette des pays en développement. Depuis cette époque, ce sujet n'a cessé de m'occuper, sans que mon analyse s'en trouve en quoi que ce soit altérée.

La dévalorisation du capital

Le capitalisme procède régulièrement – c'est l'une de ses caractéristiques – à une forte dévalorisation du capital productif. Ce phénomène, qui tend à s'accélérer en raison de la rapidité des évolutions technologiques, se traduit par l'obsolescence d'une partie des équipements. Les biens produits au moyen de ces équipements ne peuvent être mis sur le marché qu'à des prix très supérieurs à ceux auxquels sont vendus des substituts fabriqués selon des techniques plus récentes : seule l'inertie des distributeurs et des consommateurs leur conserve encore une clientèle. Ces comportements évoluent pourtant peu à peu, poussant les entreprises concernées hors du marché : les usines ferment, et le capital installé ne vaut plus rien. Un phénomène analogue est à l'œuvre dans les pays en développement. D'importants investissements y ont été réalisés au cours des années passées, le plus souvent en direction du marché international [1]. Les fluctuations de la croissance des pays industrialisés, conjuguées à leur réticence à ouvrir leurs marchés, ont privé les entreprises des pays en développement des débouchés attendus. Aussi le capital investi a-t-il perdu sa valeur, alors

---

1. Ces investissements n'ont bien entendu pas toujours été faits à bon escient. Et ce que les spécialistes du développement appellent les « éléphants blancs » (les dépenses somptuaires et souvent scandaleuses) sont malheureusement trop nombreux.

même que ses revenus devaient servir à rembourser l'emprunt qui l'avait financé. Or cette dévalorisation n'apparaît pas dans les comptes des prêteurs. C'est là un point sur lequel il faut s'arrêter un instant.

Les grandes crises du capitalisme ont été des crises de dévalorisation du capital. Le capitalisme en est sorti renforcé, mais nombre de détenteurs du capital dévalorisé ont alors connu la ruine. Lorsque les titres, qui sont la traduction financière de la propriété du capital, sont portés par des individus, le problème se règle assez aisément (fût-ce tristement) : l'usine ferme, et les actions ainsi que les créances obligataires ne valent plus rien. Les exemples d'épargnants ruinés au cours de la Grande Crise ne manquent pas – la littérature a même fait de leurs suicides un thème classique. Mais un élément majeur du paysage financier s'est considérablement modifié depuis les années 30 : le rôle des intermédiaires financiers. Nous sommes passés d'un schéma dans lequel le prêteur (l'épargnant) finançait directement l'emprunteur (l'entreprise) à un dispositif beaucoup plus complexe où un ou plusieurs intermédiaires se glissent entre les deux acteurs précédents. L'épargnant prête à la banque (parfois à son insu), laquelle se charge de faire des prêts aux emprunteurs.

Cela a deux conséquences. La première vient de ce que, au contraire de l'épargnant d'antan, les banques ont une fâcheuse tendance à ne pas vouloir se laisser ruiner. Aussi, pour tenter de repousser indéfiniment l'échéance, consentent-elles à leur débiteur de nouveaux emprunts, qui augmentent ses charges financières et hypothèquent ses chances de restaurer sa solvabilité. Cet endettement cumulatif est caractéristique des pays en développement, dont la dette totale atteint aujourd'hui 2 900 milliards d'euros. Ce qui conduit à ce paradoxe inadmissible : depuis le milieu des années 80, le flux des remboursements (intérêts et capital) versé par les PVD aux pays riches excède le flux inverse.

La seconde différence tient au fait que l'écran formé par les institutions financières a mutualisé le risque. Ce ne sont donc plus seulement les titres des « capitalistes » qui ne valent plus rien parce que le capital productif qu'ils représentent s'est dévalorisé ; c'est l'ensemble des déposants qui y perdent puisqu'ils sont les créanciers ultimes des systèmes bancaires.

Le non-enregistrement de la dévalorisation d'une partie du capital productif dans les comptes des prêteurs constitue l'une des principales caractéristiques du mal-développement. Plus encore, la volonté d'éviter (ou à tout le moins d'ajourner) la comptabilisation de cette dévalorisation conduit à une accumulation d'endettements successifs telle que, dans de nombreux cas, l'espoir de récupérer le principal a presque totalement disparu – les nouveaux prêts n'ayant d'autre objet que de permettre à l'emprunteur d'acquitter ses intérêts, donc de pérenniser la situation. Reconnaissons que nul n'est enclin à prendre acte de cette dévalorisation, l'insolvabilité des débiteurs conduisant à l'appauvrissement des créanciers – voire à la faillite de l'ensemble des acteurs. En raison des interdépendances qui se multiplient depuis quelques décennies, le fonctionnement de l'économie mondiale suppose que tous les joueurs assis autour de la table puissent continuer à jouer. Qu'un seul soit ruiné et se retire, et c'est tout l'édifice qui s'écroule – comme la crise mexicaine de 1994 a failli en fournir l'exemple.

L'inflation a longtemps été utilisée pour conjurer la ruine : en appauvrissant les prêteurs, elle sauvait les emprunteurs. Mais cette solution éprouvée par l'Histoire n'a plus cours. Les pays industrialisés ont triomphé de l'inflation, et il n'est plus possible de les rembourser en monnaie de singe ; c'est la revanche des créanciers sur les emprunteurs. Ainsi la victoire sur l'inflation va-t-elle à l'encontre du nécessaire enregistrement comptable de la dévalorisation du capital. Ce que la fièvre inflationniste autorisait frauduleusement, la désinflation l'interdit dramatiquement.

Nous en arrivons donc à l'option chirurgicale, laquelle nous astreint à quelques sérieux efforts : accepter de reconsidérer l'ensemble de la dette des pays en développement, admettre que, pour une bonne part, ce qui a été financé ne produira guère de fruits, convenir que l'argent investi est perdu, reconnaître que les prêteurs (les épargnants des pays riches) se sont appauvris sans le savoir, et l'enregistrer dans nos comptes.

Des efforts ont été faits au cours de ces dernières années, et il faut en particulier saluer l'initiative HIPC [1]. Mais en dépit de ces amorces de solution restées partielles, et malgré quelques réussites cachant l'essentiel, le problème de la dette reste entier. Et s'il ne suffit pas à décrire l'ensemble des difficultés que rencontrent les pays du Sud, il résume néanmoins l'impossibilité pour eux de cultiver ne serait-ce que l'espoir d'un avenir − cette impossibilité dans laquelle nous avons enfermé plus de la moitié de l'humanité.

Maîtriser la mondialisation, ce n'est pas seulement permettre le développement des pays du Sud − encore qu'à soi seul cet objectif serait suffisant. Y a-t-il en effet plus grande et plus noble ambition que celle de donner aux enfants du monde le pain, l'école et la santé qui leur ménageront la possibilité de choisir un tant soit peu leur destin ? Mais quand bien même la maîtrise de la mondialisation se limiterait à la réduction des inégalités sur la planète, alors il nous faudrait mener ce combat.

La fièvre, la chirurgie ou la guerre. C'est cette fièvre inflationniste qui nous a longtemps autorisés à être lâches et à nous voiler la face devant l'endettement des pays en développement ; c'est cette même lâcheté, ou à tout le moins le souci exclusif de notre confort, qui

---

1. HIPC : debt initiative for the Heavily Indebted Poor Countries (en français : initiative en faveur des Pays Pauvres Très Endettés − PPTE) lancée en septembre 1996.

nous a incités à repousser toujours plus loin le temps de la chirurgie. Nous avons la guerre.

Les événements du 11 septembre 2001 ont frappé d'effroi une Amérique qui ne semble pas toujours comprendre pourquoi une si large partie du monde la hait viscéralement. Mais reconnaissons que les Américains nous servent de boucs émissaires : c'est l'ensemble du monde industrialisé qui est en cause.

Ils sont nombreux, ceux qui, ces temps-ci, martèlent qu'il ne faut pas voir dans la situation nouvelle créée par les attentats de New York un « choc de civilisations ». Ils ont raison. Mais si ce n'est pas un choc entre civilisations, c'est au moins un choc entre la civilisation et ceux qui s'en sentent exclus.

Pourquoi cette forme-là de terrorisme est-elle si différente de celles que nous avions connues jusqu'à maintenant ? Pourquoi la menace que fait peser Al Qaida est-elle sans commune mesure avec celle que représentaient la bande à Baader ou les Brigades Rouges ? Parce que, dans ces deux cas précis, aucune manifestation de masse n'était venue apporter un soutien populaire aux terroristes – quand ce n'est pas un semblant de légitimité. Sans les rassemblements de Peshawar, sans les foules de Naplouse et les regroupements du Caire, Ben Laden serait renvoyé au terrorisme ordinaire. Et même s'il ne semble pas que les terroristes eux-mêmes se recrutent parmi les plus déshérités, nul doute que le soutien dont ils bénéficient est le fruit de la pauvreté dans laquelle nous avons laissé s'enfoncer des centaines de millions d'êtres humains.

Au-delà de l'indispensable riposte militaire, sachons entreprendre par intérêt ce que nous n'avons pas su faire par équité. Le moment est venu de donner corps et vie au grand rêve voltairien. C'est le rôle de l'Europe.

Un plan européen

L'Europe doit prendre la tête d'une entreprise d'aide au développement incomparablement plus ambitieuse que celles menées par le passé. Trois raisons poussent en ce sens.

La première procède des remarques précédentes : la réponse aux attentats du 11 septembre ne peut rester cantonnée à son seul aspect militaire. Il est plus que temps de prendre à bras-le-corps le problème du développement du Sud, non par charité et en y consacrant des ressources somme toute modestes, mais par solidarité, et en nous y engageant massivement. La faiblesse du volet humanitaire, symbolisée par le parachutage aveugle de vivres, et la désastreuse absence d'une dimension coopérative en faveur des pays les moins avancés de la zone font qu'il est très difficile, pour une partie de la gauche européenne, de se retrouver dans une action qui n'allie pas à la nécessaire répression la lutte contre les facteurs permissifs de l'intégrisme et du terrorisme dans l'arc méditerranéen et au Moyen-Orient : la pauvreté et l'échec du développement.

La deuxième raison est liée à la déstabilisation des économies occidentales née du terrorisme. Nos économies sont particulièrement tributaires de la confiance des consommateurs et des investisseurs : tout nuage à l'horizon se mue en source d'inquiétude, et donc de ralentissement. La conjoncture de cet automne 2001 n'était déjà pas brillante; les attentats et leurs prolongements l'ont déprimée. Il nous faut donc trouver un moyen de soutenir les économies européennes.

La troisième raison touche à la construction européenne elle-même. Si l'Europe, enfin sortie de l'enfance, n'est pas capable de relever le défi en offrant au monde une voie solidaire et efficace de résolution des crises, alors c'est sa raison d'être qui est en cause. Le modèle européen dont il sera question dans le chapitre suivant survivra mal d'être resté à l'écart du premier grand spasme du XXIe siècle. Et nos enfants seront fondés, demain, à poser cette question : à quoi sert l'Europe ?

La réponse tient pour moi en une proposition : nous, Européens, devons lancer un vaste plan de soutien aux économies du Sud. Plan dont je vais maintenant indiquer l'ampleur, les modalités, les conséquences sur nos économies et les conditions de financement.

Pour être significative, cette aide au développement ne saurait être inférieure à une trentaine de milliards d'euros ; pour être réaliste, elle ne peut excéder une soixantaine de milliards. Afin de fixer les idées, retenons le chiffre de 43 milliards d'euros, qui n'a d'autre vertu que celle, symbolique, de représenter 0,5 % du PIB de l'Union Européenne.

Le champ d'action tout d'abord : notre zone d'intervention naturelle est la Méditerranée. L'arc qui relie le Maghreb à l'Asie centrale, couvrant les Balkans et le Proche-Orient, est aujourd'hui le territoire le plus sensible à l'argumentation du terrorisme islamique. C'est là que l'Europe doit intervenir – c'est en tout cas ce que lui dicte son devoir, en même temps que son expérience.

L'arc méditerranéen rassemble, selon la définition que l'on en donne, entre 250 et 500 millions d'habitants dont le niveau de vie est faible (moins de 2 000 euros par tête et par an, en moyenne) et dont la dynamique économique demeure médiocre. Le pays le plus avancé de la région, la Turquie, subit actuellement une violente récession, conséquence de sérieuses difficultés financières. La fragilité de la croissance d'autres « poids lourds » de la zone, tels le Pakistan et l'Égypte ; l'isolement persistant de l'Irak, de l'Iran et de la Syrie ; la régression économique enregistrée par les ex-républiques soviétiques d'Asie centrale, dont le PIB a reculé d'un tiers ou de moitié depuis le début des années 1990 : tous ces éléments ajoutent aux risques de déstabilisation politique de la région.

L'arc méditerranéen effectue globalement la moitié de ses échanges avec l'Union Européenne, soit une soixantaine de milliards d'euros par an – c'est-à-dire moins d'un point de PIB de l'Union. Un transfert de 43 milliards d'euros, étalé sur trois ans, représenterait pour les pays bénéficiaires environ 6 points de PIB (2 points par an), et davantage encore si l'effort était concentré sur une partie seulement d'entre eux. Ce qui, au regard de l'expérience historique, constitue un montant significatif [1].

Le contenu de cette initiative européenne pour la croissance et le développement pourrait s'articuler autour de trois volets traditionnels, et d'un quatrième qui l'est moins.

Le premier volet concerne le très court terme. Il consisterait à gonfler les programmes d'assistance humanitaire – opération qui devra bien entendu être conduite en liaison étroite avec les ONG compétentes. Au regard de l'effort actuel, un montant d'un à deux milliards d'euros serait déjà considérable.

Le deuxième volet, la promotion du partenariat économique, relève du long terme. Ce partenariat doit reposer sur une offre unilatérale d'ouverture du marché européen aux produits des pays de la région et sur l'intensification des investissements directs partout où les conditions politiques le permettent ou le permettront. Il touche aussi à l'assistance technique, l'impératif étant d'éviter les retards dramatiques que connaissent certains programmes européens (c'est le cas, par exemple, de MEDA [2]).

Le troisième point porte sur la dette. Et il faut admettre que son rééchelonnement ne saurait suffire. Parce que l'incapacité d'honorer leurs dettes traduit

---

1. Le plan Marshall a représenté 8 points de PIB des pays récipiendaires étalés sur quatre ans, et un point du PIB américain.

2. MEDA est le programme dit de « mise à niveau » par l'Union Européenne à l'intention des pays méditerranéens.

non une crise de liquidité des pays en voie de développement, mais une crise de solvabilité, tout nouvel endettement ne contribuerait qu'à aggraver la situation. Il faut donc effacer cette dette. Et comme elle est principalement détenue par des créanciers privés, il convient d'organiser la substitution de la communauté internationale aux pays en développement débiteurs. Que l'on ne s'y trompe pas. En procédant ainsi, on n'évite pas l'appauvrissement des créanciers que nous sommes : on en prend simplement acte, et on le répartit sur l'ensemble de la collectivité.

Cette solution n'est cependant pas entièrement satisfaisante. Elle favorise en effet les pays les plus endettés au détriment des plus pauvres. Par ailleurs, elle atténue la responsabilité des États débiteurs en ne distinguant pas entre ceux qui ont fait des efforts et ceux qui ont gaspillé les sommes prêtées. Aussi l'annulation pure et simple de la dette n'a-t-elle pas que des partisans, y compris parmi les plus farouches défenseurs de l'aide au développement. Mais sans doute n'y a-t-il pas d'autre solution pour les pays les moins avancés. Pour les autres, la technique du *debt/equity swap* est assez séduisante [1]. Elle repose sur un rachat de cette dette à un prix préférentiel par des entreprises désireuses d'investir dans le pays considéré. Pour les entreprises, le *swap* permet d'investir à moindre coût ; pour le pays endetté, c'est à la fois un moyen d'effacer la dette et d'attirer les investissements. On dira qu'il faut bien que quelqu'un paye la différence : c'est là qu'intervient l'aide au développement – et avec une puissance renforcée, puisque seule la partie de la dette correspondant à l'avantage consenti aux entreprises est prise en charge. Sur les 43 milliards d'euros, une dizaine de milliards devraient être utilisés de la sorte.

Le point le plus original de ce plan concerne le financement, par des dons, de programmes d'équipe-

---

1. C'est ce que la France a mis en œuvre avec succès pour sa créance sur le Maroc.

ment industriels, éducatifs ou sanitaires. Sélectionnés en collaboration avec le pays considéré, ces biens seraient achetés par l'Union à des entreprises européennes sur la base d'un appel d'offres ouvert, et acheminés vers le pays destinataire par des ONG qualifiées. Pourraient ainsi être mis en place des programmes d'aide aux transports (voies ferrées, autobus scolaires), à l'équipement industriel, énergétique et agricole, ou encore d'amélioration des installations sanitaires (hôpitaux de campagne par exemple). L'effet sur le développement économique de ces pays serait considérable et rapide. Le soutien de la croissance européenne obtenu en retour ne serait pas moins substantiel.

Le problème reste évidemment celui du financement : les quelque quarante milliards d'euros nécessaires ne peuvent être raisonnablement dégagés que par voie d'emprunt. Deux solutions sont envisageables. La première est de laisser le service de cet emprunt à la charge des Etats membres, sans pour autant que les dépenses passent par leurs budgets. Dans ces conditions, il n'aurait pas d'impact sur leur déficit budgétaire, mais la dette de chaque Etat se trouverait augmentée.

La seconde solution, à laquelle je suis plus favorable, c'est que l'Union lève elle-même un emprunt. L'idée de recourir à un emprunt pour disposer d'une masse importante de financements destinée à l'investissement a souvent été émise, mais toujours repoussée. Le premier à l'évoquer fut Jacques Delors, à l'occasion du Conseil européen d'Essen de 1994 ; l'objectif était de favoriser le développement d'infrastructures dans le domaine des transports et des télécommunications. La réticence des Etats membres avait deux fondements. Ils estimaient tout d'abord le précédent très dangereux, et refusaient de s'engager dans la voie consistant à creuser l'endettement européen chaque fois que seraient proposés des projets sans doute utiles, mais certes pas indispensables. Certes, rien dans les Traités n'interdit à l'Union de s'endetter. Mais l'endettement ainsi contracté pèsera sur les finances communautaires – autrement dit, sur les contribuables des Etats membres. Il ne fallait donc pas accréditer l'idée selon laquelle on pourrait se soustraire ainsi à l'orthodoxie budgétaire, et nos partenaires, au premier rang desquels les Allemands, se sont toujours élevés contre un tel emprunt.

La seconde raison venait de ce que l'on risquait fort, ce faisant, de financer des investissements peu rentables. Pareil jugement reposait sur l'hypothèse selon laquelle le secteur privé s'intéresserait à ces projets si leur rentabilité anticipée était positive, et lèverait les capitaux nécessaires à leur mise en œuvre. *A contrario*, l'impossibilité de trouver des financements privés sonnait comme l'avertissement d'une rentabilité très aléatoire. C'était ignorer la myopie du marché, et négliger le fait que la rentabilité collective des infrastructures est souvent bien supérieure à leur rentabilité financière directe. Toujours est-il que cette idée a trouvé plus d'opposants que de défenseurs.

Dans notre cas, la situation est complètement différente. Il ne s'agit pas d'une politique générale et pérenne destinée à servir de béquille aux Etats membres impécunieux, mais d'une réponse exceptionnelle à une situation exceptionnelle.

Quelle que soit la technique de financement adoptée, un tel emprunt suppose une évolution des pratiques budgétaires de l'Union. Si l'on pense que la crise née des attentats du 11 septembre est mineure et passagère, nous pouvons oublier cette proposition. Mais si, sans parler de choc des civilisations, prévaut le sentiment que nous sommes entrés dans une ère où les conflits liés au mal-développement vont se multiplier, alors il faut accepter de mettre en œuvre un certain nombre de procédures jusqu'à présent écartées.

L'Union rembourserait cet emprunt en trente ans; cela suppose que ses ressources propres soient augmentées à due concurrence, et que le sacro-saint plafond de 1,27 % [1] du PIB communautaire soit révisé. Bien entendu, ceci n'est que la traduction comptable de la dévalorisation des créances que nous détenons sur les pays en développement. Mais il est plus que temps de mettre bas les masques et de cesser de considérer notre devoir d'aide au développement comme une question secondaire.

J'ai bien conscience des considérables inerties qui rendent très difficile la mise en œuvre d'un plan de cette nature. Pour que l'initiative vienne d'en haut, il faudrait que l'Europe politique que j'appelle de mes vœux existe déjà [2]. Ce n'est malheureusement pas le cas. Il n'y a dès lors qu'une seule autre voie : il faut parvenir à mobiliser les opinions publiques pour qu'après cent colloques et cent chroniques, la pusillanimité des gouvernements soit emportée par la volonté populaire.

La fièvre, la chirurgie ou la guerre. Nous y sommes. Voilà pour l'urgence. A plus long terme, se pose la question de la gouvernance mondiale.

Une utopie pour avancer : la hiérarchie des instances [3]

Pour maîtriser la mondialisation, nous devons répondre à trois questions fondamentales. Quelle architecture institutionnelle pour la régulation inter-

---

1. Lors de la négociation dite de l'Agenda 2000, qui a fixé les ressources de l'Union pour les années 2000 à 2006, il a été réaffirmé que toutes les dépenses devaient tenir dans un budget plafonné à 1,27 % du PIB de l'Union.
2. Voir la troisième partie de cet ouvrage : « Sur l'Europe ».
3. Cette section est largement reprise d'un article collectif de P. Jacquet, J. Pisani-Ferry et D. Strauss-Kahn : « Comment gouverner la mondialisation ? », *Lettre de l'OFCE*, n° 205, mai 2001. Voir aussi des mêmes auteurs : « Trade Rules and Global Governance : A Long Term Agenda », *Actes du septième Forum économique franco-allemand*, Document de travail du CEPII, n° 22, 2000.

nationale ? Comment assurer la légitimité des décisions ? Comment arbitrer entre des sujets relevant de domaines différents ? Trois questions, trois sujets : l'architecture, la gouvernance, l'arbitrage.

L'architecture

L'architecture du système international que nous connaissons repose sur le principe de spécialisation. C'est à lui qu'a répondu la création, au sein des Nations Unies, d'institutions à vocations particulières : l'OMC pour le commerce, le FMI pour la finance, la Banque Mondiale pour le développement, l'OIT pour les relations professionnelles, et ainsi de suite.

Ces institutions spécialisées sont, dans la pratique, largement indépendantes. Leurs relations tiennent pour beaucoup à la volonté de coopération qui existe à un moment donné – et qui peut à tout instant s'évanouir. Elles ne rendent bien entendu compte à aucun parlement. Quant au *leadership* exercé par le G7, il demeure flou et informel. Si bien que nous nous trouvons dans une situation très différente de celle des départements ministériels, eux aussi spécialisés, mais placés sous l'autorité d'un Premier ministre et soumis au contrôle d'un Parlement. Dans le cas qui nous intéresse, la légitimité des décisions ne repose que sur le mandat international de création de l'agence lui permettant d'intervenir dans un domaine donné. Pareille légitimité se rapproche de celle d'une autorité administrative indépendante (la Banque Centrale Européenne, par exemple) et implique une stricte spécialisation : l'activité de ces institutions ne saurait en effet déborder la mission qui leur a été confiée [1]. Si l'on veut s'assurer d'une bonne architecture de la régulation, il faut

---

1. C'est d'ailleurs une des conditions d'un contrôle, même modeste, exercé par les différentes ONG qui peuvent remplir un rôle critique utile en surveillant la manière dont ce mandat est exercé.

conserver cette répartition fondée sur la spécialisation. Or la pente naturelle est évidemment inverse. Les gouvernements ont tendance à laisser telle ou telle institution, jugée plus efficace ou plus docile, étendre son champ d'action, et répugnent à organiser véritablement le partage des tâches. D'où une certaine confusion, dont on ne peut s'étonner qu'elle soit source de méfiance.

La gouvernance

Mais si l'architecture doit rester celle de la spécialisation, comment organiser la gouvernance ? Qui doit détenir le pouvoir ? Comment doit-il être exercé ? Qui est responsable ? Et qui contrôle ?

Certaines institutions sont sans doute mieux gouvernées que d'autres : c'est le cas du FMI et de la Banque Mondiale, en comparaison notamment avec l'OMC ou l'OMS. Mais partout se pose le même problème : quel doit être le rôle des représentants des Etats dans les institutions internationales ? Deux conceptions s'opposent ici. La première, d'essence libérale, ne reconnaît aux institutions internationales qu'une fonction technique ; les Etats doivent donc créer l'institution, en aucun cas la piloter. La seconde conception admet que ces institutions gèrent des biens collectifs ; la composante politique inhérente à leurs décisions engage donc la responsabilité des représentants des Etats. C'est la vision que défendaient les Britanniques lors de la création du FMI – vision qu'ils ont abandonnée depuis pour se rallier à la position américaine. En revanche, c'est toujours celle que défend la France.

Une des dernières passes d'armes sur ce sujet date de 1999. Avec l'aide de Michel Camdessus, alors directeur général du FMI, le gouvernement de Lionel Jospin tenta d'obtenir une modification du rôle du Comité Intérimaire. Le FMI est en effet dirigé par deux instances. La première, permanente, réunit à Washington les représentants des membres du Fonds Monétaire. Il s'agit de hauts fonctionnaires dont les attributions reflètent la conception d'un FMI perçu comme organe technique. La seconde instance réunit tous les six mois vingt-quatre ministres des Finances représentant l'ensemble des membres afin de fixer les grandes orientations du Fonds : c'est le Comité Intérimaire. Ce nom surprenant vient de ce que les statuts du Fonds prévoyaient que, « le moment venu », ce Comité se transformerait en véritable directoire politique. Cinquante ans plus tard, il m'a semblé que le moment était venu et qu'il était utile de faire valoir à nouveau la thèse défendue par les Français et les Britanniques au lendemain de la guerre. Pourquoi ? Parce que presque tous les problèmes importants auxquels le Fonds doit faire face sont éminemment politiques. Qu'il s'agisse du montant des aides à consentir à la Russie et de leurs modalités de versement, du plan de soutien à la balance des paiements indonésienne ou de la politique à suivre pour conjurer la faillite bancaire brésilienne, il y a là autant de politique que de technique. Ou plutôt, la plupart du temps, la politique a beau jeu de se cacher derrière la technique.

Il n'y a pourtant rien de honteux à reconnaître le rôle politique du FMI. Mais il n'est pas admissible qu'il se déploie sournoisement, comme par effraction. L'heure est venue pour les responsables politiques d'assumer leurs choix, sans chercher à se réfugier derrière une bureaucratie d'autant plus lointaine qu'elle est anonyme. Ainsi ne me semble-t-il pas acceptable que les Etats-Unis continuent, en raison de leur poids, à influencer de façon déterminante les orientations du Fonds quand, dans le même temps, le gouvernement américain fustige au Congrès « l'irresponsabilité » des décisions prises et en tire argument pour ne pas verser sa quote-part.

La proposition française a donc consisté à mettre fin au caractère intérimaire du Comité éponyme et à le transformer en véritable comité monétaire et financier, susceptible de réunir les principaux ministres toutes les six semaines s'il le fallait, et chargé de prendre l'ensemble des décisions. En termes de disponibilité des ministres, cela n'allait certes pas sans problèmes. Mais tel était le coût de la démocratie, de la transparence et de la responsabilité – en un mot, de l'*accountability* anglo-saxonne.

La France ayant su se créer quelques alliés, j'ai bien cru que nous allions réussir. Cette coalition hétéroclite rassemblait des pays aux motivations diverses : l'Inde et la Chine souhaitaient réduire la dépendance du FMI à l'égard des Etats-Unis; le Japon voyait là le moyen de faire avancer sa revendication d'un fonds monétaire asiatique qu'il aurait dominé; quant aux pays de la zone franc, ils avaient comme souvent su entendre notre argumentation. Las! L'émancipation est un combat qui a besoin de temps. L'administration américaine avait vu venir le danger : elle a donc noyé notre proposition dans une avalanche de suggestions concurrentes et fait donner le président Clinton pour cajoler les uns et menacer les autres. Au bout du compte, la France a certes obtenu que le Comité Intérimaire devînt ce fameux Comité monétaire et financier international... mais seul le nom a changé. La fréquence des réunions, la responsabilité des acteurs, la transparence des débats, bref : tout ce qui justifiait un changement de dénomination n'a en rien progressé.

Peut-être faut-il prendre le chemin par l'autre bout et redonner vie à la proposition que j'avais faite à mon homologue allemand Hans Eichel de fusionner en une seule les chaises française et allemande au FMI comme à la Banque Mondiale. Le poids de chaque pays membre étant proportionnel à la part du capital qu'il détient [1], le regroupement franco-allemand pourrait

---

1. Ces parts sont actuellement de 18 % pour les Etats-Unis, contre 6 % pour l'Allemagne, 5 % pour la France, et au total plus de 23 % pour la zone euro.

commencer à nous donner de l'importance. Dans mon esprit, tout cela ne devrait d'ailleurs être que transitoire, la bonne logique étant évidemment de disposer d'un siège pour la zone euro dans son ensemble – bonne logique à laquelle nous devrons bien venir un jour, mais qui se heurte encore à de nombreux obstacles.

Le premier vient des petits pays européens. Pour eux, la participation à ces divers comités constitue la seule façon de jouer dans la « cour des grands ». Aussi voient-ils d'un très mauvais œil toute tentative de limiter leur influence supposée – question sur laquelle je reviendrai plus loin à propos de la représentation de la zone euro au sein du G7. Un deuxième obstacle est lié à la crainte inspirée aux Britanniques par le renforcement de la zone euro : entre le géant américain et le mastodonte européen, leur voix serait bien étouffée. Les Américains enfin, dont le moins que l'on puisse dire est qu'ils ne souhaitent pas l'émergence d'instances de régulation échappant à leur contrôle, ont toutes les raisons de vouloir torpiller le projet[1].

Il y faudra donc du temps. C'est pourquoi l'idée d'une fusion franco-allemande constitue une première étape utile. Mais cela suppose une proximité politique et une conscience commune de l'action à mener qui ne caractérisent pas, à cette heure, le couple franco-allemand. Nous n'en étions pas là en 1999, et le projet aurait alors pu aboutir[2]. C'était compter sans nos diplomates : la seule évocation d'une réforme pouvant servir de précédent et autorisant les Allemands à fonder une revendication analogue pour le Conseil de sécurité de l'ONU suffisait à les remplir d'effroi. Voilà

---

1. Toutes les raisons plus une : les statuts du FMI prévoient que le siège de l'institution se trouve chez le principal actionnaire. Si la zone euro ne constitue plus qu'un seul actionnaire, elle devient le plus important et pourrait réclamer le transfert du siège... à Paris, par exemple !
2. En tenant compte toutefois d'une petite difficulté technique venant de ce qu'en Allemagne, contrairement aux autres pays, c'est la Bundesbank et non l'Etat qui est actionnaire du Fonds.

bien une illustration du combat d'arrière-garde mené par ceux qui refusent d'admettre que l'influence de la France est bien plus grande quand elle se hisse sur les épaules de l'Europe. Faut-il qu'ils aient bien peu confiance en notre capacité à faire valoir notre point de vue en Europe pour renoncer à user du porte-voix de l'Union ! Toujours est-il qu'entre le conservatisme des uns et l'ambition défaillante des autres, le projet fut délaissé. Il faut pourtant le relancer : non seulement il constituerait un pas important vers la construction d'un outil de maîtrise de la mondialisation, mais sa portée symbolique pour l'Europe serait considérable. Les Européens tièdes qui l'ont fait capoter ne s'y sont pas trompés.

Le problème de l'OMC est de nature assez voisine. La mondialisation a transformé le greffier des concessions réciproques qu'était le secrétariat du GATT en gendarme de l'application des règles édictées par l'Organisation. La principale innovation est venue de l'Organe de Règlement des Différends (ORD), structure qui s'appuie sur des groupes d'experts pour dire le droit en matière de commerce international. Lorsqu'un différend commercial survient entre deux pays, l'ORD réunit un *panel* de spécialistes afin d'interpréter les règles du commerce international, de déterminer les responsabilités de chacune des parties et d'indiquer les décisions auxquelles chaque pays doit se conformer – accompagnées des sanctions auxquelles ils s'exposent en cas de manquement. On voit bien avec quelle aisance l'on glisse de l'interprétation d'une règle à son adaptation, voire à sa définition. On voit aussi que le gouvernement des juges n'est pas loin. Raison supplémentaire de redonner toute sa place à la politique.

Pour le moment, ce rôle politique est l'apanage du G7 : c'est lui qui a décidé en 1991 de confier au FMI le *leadership* de l'assistance à la Russie ; c'est lui qui, en 1995 à Halifax, a lancé les premières réflexions sur la réforme de l'architecture financière internationale ;

c'est lui encore qui est à l'origine de l'initiative HIPC sur la réduction de la dette des pays pauvres. Mais le G7 souffre du défaut dirimant de ne représenter qu'une petite (et au demeurant décroissante) partie de la planète, et ses réunions sont désormais plus riches en images qu'en contenus.

C'est pourquoi je suggère de remplacer le G7 par une structure à la fois plus démocratique et plus efficace. Jacques Delors a proposé de créer, dans le cadre de l'ONU, un Conseil de sécurité économique analogue à l'actuel Conseil de sécurité pour les questions de politique étrangère. Cela me semble aller dans le bon sens. Il faudra toutefois qu'un tel organisme, s'il devait voir le jour, sorte du circuit clos des réunions intergouvernementales. Je ne suis pas sûr que l'on puisse déjà parler, comme le font certains, de société civile internationale, et encore moins de démocratie planétaire. Mais enfin, d'une manière ou d'une autre, les organisations internationales devront apprendre à débattre avec de nouveaux partenaires, sans exclusion, dans un souci de transparence et de responsabilité. Il va de soi qu'à l'instar de tout groupement, les ONG représentent des intérêts particuliers et qu'elles ne détiennent pas le monopole de l'intérêt général. Mais elles doivent avoir voix au chapitre, à la condition de présenter des objectifs clairs et des financements transparents. Elles ont leur place tant en amont, dans la définition des positions nationales, qu'au moment même des négociations et lors de la mise en œuvre des engagements – dont elles sont sans doute les mieux placées pour suivre l'application concrète [1].

Ce Conseil de sécurité économique devra également se doter de ses propres instruments d'analyse. En fait, l'outil existe : c'est l'OCDE. Cette institution ne regroupe aujourd'hui que les pays riches, même si le

---

1. On pourrait ainsi poursuivre l'expérience engagée dans le cadre du groupe spécial sur l'amiante et permettre aux ONG, suivant des procédures à définir, de faire entendre un avis autorisé.

nombre d'observateurs associés à ses travaux et venant des pays en développement est croissant. Il faudra donc étendre son champ d'action à l'ensemble de la planète. L'expertise ici rassemblée ainsi que les méthodes de travail mises en œuvre ont d'ores et déjà montré leur efficacité, comme on a pu le vérifier lors de l'élaboration, en 1997 et 1998, de la convention sur la lutte contre la corruption d'agents publics étrangers dans les transactions commerciales internationales. Il faudra donc faire le l'OCDE le bras armé du Conseil de sécurité économique.

L'arbitrage

Après l'architecture et la gouvernance, reste l'arbitrage, point le plus important car le plus politique – ce qui explique pourquoi il a si longtemps été maintenu dans l'ombre. La mondialisation, en générant un nombre grandissant de conflits d'objectifs, ne permet plus de traiter cette question par le traditionnel *benign neglect*. Prenons l'exemple d'un pays dont la balance des comptes courants est gravement déficitaire. Bien que financièrement fondées, les recommandations du FMI risquent d'entraîner une période de ralentissement économique. Elles ont alors de bonnes chances d'entrer en collision avec les programmes de la Banque Mondiale destinés à aider le pays considéré à s'arracher à la pauvreté. Où se fait l'arbitrage? Au nom de quels critères? Nul ne le sait. Prenons un autre exemple. Les règles de l'OMC en matière d'ouverture des marchés peuvent, à certains moments, percuter des considérations de santé publique incitant les Etats à fermer leurs frontières. Ici encore, qui arbitre?

Pour traiter ces conflits comme il convient, il importe d'admettre qu'il n'y a pas de hiérarchie entre les différentes parties de la vie sociale (environnement, droit du travail, santé, etc.). Il en résulte qu'il ne saurait y avoir de hiérarchie entre les différentes institutions chargées de ces questions. Ce que nous devons construire, c'est une procédure claire, transparente, qui permette de traiter les problèmes communs à plusieurs secteurs, et par conséquent à plusieurs organisations.

Imaginons que soit enfin aménagé le réseau d'organisations mondiales dont nous avons besoin (ce sont les OMX, où X représente tour à tour l'environnement, le développement, la santé, etc. [1]). Une première étape pourrait être de généraliser une pratique inaugurée par l'OMC, et dont résulte notamment le *Codex alimentarius* : une OMX amenée à traiter une question mettant en jeu des compétences extérieures à son domaine d'attribution pourrait solliciter l'avis d'une institution spécialisée. Elle serait ensuite tenue de suivre cet avis, sauf à motiver explicitement son refus de le faire – garantissant ainsi la transparence des décisions.

A elle seule, cette construction ne suffirait pas à régler le problème de l'arbitrage : il y manque une instance d'appel. Il faut donc envisager de créer un « super ORD » qui traiterait des litiges intersectoriels – structure essentiellement politique, appelée à devenir la clef de voûte du système de régulation de la mondialisation.

L'on voit bien comment un tel système nous aurait permis d'éviter le blocage apparu à Seattle en matière de négociations commerciales – et l'on voit bien aussi que ce blocage a toutes les chances de réapparaître lorsque les discussions reprendront après les avancées de Doha. L'un des principaux problèmes de ces négociations découle en effet de l'approche dite du *trade and* : *trade and environment, trade and human rights,*

---

1. Certaines d'entre elles existent déjà : ce sont le FMI, la Banque Mondiale, l'OMC, l'OIT, etc. D'autres manquent cruellement, comme la nécessaire Organisation Mondiale pour l'Environnement.

etc. Dans ce cadre, les pays industrialisés essaient de conditionner l'ouverture de leurs marchés à des progrès qu'ils jugent souhaitables dans un autre domaine. Les pays en développement sont hérissés par cette pratique, qui s'apparente en effet à un chantage : la machine se bloque, et parfois la rue s'embrase.

Avec une spécialisation stricte et un ORD, la situation serait toute différente : les règles d'ouverture commerciale seraient les mêmes pour tous, et totalement indépendantes d'autres considérations. Si par exemple l'organisation chargée de l'environnement éprouvait le besoin de contraindre un pays à respecter ses engagements dans ce domaine, elle pourrait demander à l'ORD de mettre en œuvre, par l'intermédiaire de l'OMC, des sanctions commerciales à l'encontre du pays considéré – ou exiger, sous certaines conditions, l'imposition de sanctions financières par le FMI. Organe politique et technique, l'ORD arbitrerait entre les différents impératifs. Il ne serait plus alors question de chantage des uns sur les autres, mais bel et bien de l'application de règles librement acceptées.

Sans doute la légitimité démocratique de l'ORD sera-t-elle contestée. En dépit de toute la transparence dont cet organisme pourra faire preuve et bien que ses membres soient désignés par des gouvernements démocratiques, l'ORD continuera d'apparaître à beaucoup comme une instance technocratique, éloignée des préoccupations et des souhaits des populations. Aussi faut-il prévoir, à côté de l'ORD, un forum des différentes organisations non gouvernementales. Régulièrement informé, et pourquoi pas consulté, ce forum contrôlerait utilement l'activité de l'ORD.

Nous n'en sommes pas là. Mais c'est précisément parce que la réalité semble très éloignée du tableau que je viens de brosser qu'il peut servir de guide. Partout, des discussions techniques ont lieu pour tenter de redessiner le système international : c'est vrai de la santé publique, de la stabilité financière et monétaire, de la criminalité internationale ou du mal-développement. Mais c'est sur le déficit politique que je veux insister. Ce déficit ne se comblera ni par un frileux repli sur la région – fût-elle aussi vaste que l'Europe –, ni par l'acceptation du *statu quo*, ni par l'invocation irréaliste d'une société mondiale intégrée. Disons-le nettement : dans un avenir prévisible, seule l'action intergouvernementale pourra contribuer à mettre en place les structures de gouvernance dont nous avons besoin.

* *

Résumons. La mondialisation est inévitable. Mieux : elle est, dans certains domaines, souhaitable, d'ampleur mondiale comme les atteintes à l'environnement notamment parce qu'elle seule peut permettre de traiter des problèmes mondiaux comme les atteintes à l'environnement. Souhaitable aussi parce que les consommateurs en tirent des bénéfices. Dans le même temps, pourtant, la mondialisation est porteuse de risques et de peurs – pour notre identité, pour la démocratie, pour l'égalité. Face à ces risques et à ces opportunités, il importe peu de savoir de quel côté penche la balance, il faut agir pour profiter de celles-ci et conjurer ceux-là.

Sur l'Europe

« L'Europe, la vraie patrie que mon
cœur s'est choisie... »

Stefan Zweig,
*Le Monde d'hier. Souvenirs d'un
Européen* (1944).

Qui sait ce qu'est vraiment l'Europe ? Qui sait d'où
affleure ce continent ? L'Europe est-elle née dans les
poèmes homériques du IXᵉ siècle avant notre ère ? Est-
elle née dans les tranchées de fange et de boue où tous
les sangs du monde vinrent se mêler, mélanger leurs
couleurs, brasser leurs rêves, croiser leurs ambitions ?
Est-elle née plus près de nous encore, plus prosaïque
aussi, dans les minutieux et laborieux traités de
l'Union Européenne constituée ?
    Elle était à n'en pas douter dans la tête d'Erasme
qui, en 1515, écrit dans *La Complainte de la paix* :
« L'Anglais est l'ennemi du Français uniquement parce
qu'il est français, le Breton hait l'Ecossais simplement
parce qu'il est écossais ; l'Allemand est à couteaux tirés
avec le Français, l'Espagnol avec l'un et l'autre. Ô per-
versité des hommes, la diversité superficielle des noms
de leurs pays suffit à elle seule à les diviser ! Pourquoi
ne se réconcilient-ils pas plutôt sur toutes ces valeurs
qu'ils partagent ensemble ? » Elle était aussi dans celle,
hélas, de Cioran, dont l'écho de la rage impuissante
nous parvient encore : « Comment compter, se désole-

t-il, sur l'éveil, sur les colères de l'Europe ? Son sort et jusqu'à ses révoltes se règlent ailleurs. »

C'est un autre désir de ce livre : donner une politique à l'Europe. Et pour tenter de répondre à Erasme comme à Cioran, démontrer son unité, établir sa liberté d'action.

CHAPITRE 8

Jean Monnet est mort

Il fut un temps où l'Europe était un projet. Où elle connut des hommes qui s'étaient assigné pour seule mission son édification. Un temps où l'Europe était dotée d'une méthode. Aujourd'hui, l'Europe est là. Elle a ses traités, son Parlement, ses commissaires, ses consortiums et ses garde-barrières. Mais maintenant, la méthode européenne ne fonctionne plus.

La méthode de Jean Monnet et des pères fondateurs se résumait en quelques traits esquissés dès la création de la Communauté Européenne du Charbon et de l'Acier puis affinés au lendemain de l'échec de la Communauté Européenne de Défense, dans lequel la France porte une lourde responsabilité et qui aurait pu compromettre durablement toute tentative de construction européenne concertée. L'idée principale, dans son infinie modestie, était d'une grande ambition. La consigne, c'était qu'il fallait se concentrer sur des avancées concrètes, même prudentes, même parcellaires, sans chercher à construire de vastes et improbables édifices politiques qui auraient pu hypothéquer l'avenir européen. Il fallait contourner les rancœurs et les haines nées de la Seconde Guerre ; il fallait ne pas effaroucher les Allemands ; il fallait en finir avec les nationalismes qui avaient meurtri le siècle et ensanglanté les terres européennes sans affaiblir le patriotisme comme forme d'accès à l'universel; il fallait être discret, enfin, pour parvenir au but : la création de la Communauté Economique Européenne (CEE). Ce n'était pas rien, à peine plus de dix ans après la guerre la plus meurtrière que l'humanité ait jamais connue. Et à ce jeu-là, dans ce contexte si particulier de l'enthousiasme reconstructeur et des deuils à grande échelle, force est de constater que la méthode Monnet a bien fonctionné. Avant même le traité de Rome signé par six nations européennes le 25 mars 1957, la CECA annonçait dès avril 1951 des coopérations futures. Après 1958, la Politique Agricole Commune, le Marché Unique, la Monnaie Unique, pour ne citer que les principales étapes, ont pavé la voie d'une Europe qui affirmait sa puissance, qui ne doutait plus de sa capacité à entrer fièrement et dignement dans le concert des continents qui comptent, mais sans jamais vraiment se poser la question de ses finalités ni celle de ses institutions politiques.

Les deux mamelles de l'Union : délégation et harmonisation

Toute la méthode reposait sur deux instruments : la délégation et l'harmonisation. La délégation consiste à confier à une institution supranationale (en pratique, et jusqu'au traité de Maastricht, à la Commission) une responsabilité qu'elle exercera pleinement. Le paradoxe ou, si l'on veut, la nouvelle ruse de l'Histoire réside dans l'indifférence relative des Européens à l'endroit des deux domaines qui feront l'objet d'une délégation complète dans le traité de Rome : le commerce international et le contrôle de la concurrence – deux domaines considérés alors comme mineurs et qui, aujourd'hui, se trouvent au cœur de toutes les polémiques. L'idée d'une Europe puissante, en ce moment de notre histoire où les nations se surveillaient du coin de l'œil, était regardée avec bien plus de crainte que d'impatience. Et tandis que l'attention se focalisait sur les questions de défense, c'est sans débats ni conflits que le commerce et la concurrence furent délégués au niveau supérieur.

La délégation, embryon de la supranationalité

S'agissant de l'exercice de la première délégation, celle qui a trait au commerce, la Commission est chargée de représenter l'Union dans toutes les instances internationales et de négocier en son nom. Le négociateur communautaire, commissaire européen, reçoit un mandat (âprement) discuté au sein du Conseil des ministres du Commerce extérieur. Ensuite, à lui de jouer. A partir de ce moment, les Etats membres ne participent plus à rien, leur voix devient inaudible, leurs doléances pittoresques, et c'est avec un certain sens de la résignation qu'ils doivent le plus souvent se satisfaire de leur rôle de Gentils Figurants (GF) que l'on consulte pour calmer leur très agaçante velléité démocratique. Mais pour que tout ceci fonctionne, encore eût-il fallu que notre Gentil Négociateur (GN) disposât d'une certaine marge de manœuvre – ce dont il est, dès l'origine, largement dépourvu. L'idée étant bel et bien de circonscrire et de restreindre le champ de la supranationalité, tout a été prévu : notre GN aura les mains durement ligotées par le mandat qui lui a été octroyé. Nous voilà bien ! Comment négocier, de surcroît lorsque la discussion du mandat est publique ? Voilà donc notre GN envoyé à l'abattoir – chacun de nos « adversaires » sachant d'avance où et jusqu'où l'Europe est prête à aller. GF + GN = impuissance. Et, en effet, nous avons frôlé le désastre à maintes reprises. Seules les qualités personnelles de rigueur, d'obstination et de dévouement de ceux qui se sont succédé au poste ingrat de négociateur – et le dernier d'entre eux, Pascal Lamy, n'est pas le moins habile – auront permis à l'Union de s'en sortir sans trop de casse ni de déshonneur. Il faut que ceux qui ont en charge l'avenir de l'Europe aient une marge de négociation plus large, une autonomie politique plus grande. C'est un point que je discuterai dans la suite de ce chapitre.

La seconde délégation est peut-être plus importante encore, tant on a pu vérifier à quel point le contrôle de la concurrence est devenu entre les mains de Bruxelles une arme terrible contre les monopoles – qu'ils soient publics ou privés, européens ou américains. Nous sommes bien, ici encore, dans le strict cadre de la délégation, les administrations nationales (la DGCCRF[1] en France) agissant comme des bureaux locaux de l'administration européenne. Cette situation fut à l'origine de nombreux conflits, à l'occasion desquels chacun s'éleva contre « l'inacceptable ingérence » de Bruxelles dans les affaires intérieures d'un Etat membre – la voix de la France n'ayant pas été la plus faible dans ce concert des lamentations.

Ces deux domaines sont finalement devenus si importants que les commissaires qui en ont la charge (aujourd'hui, respectivement Pascal Lamy et Mario Monti) sont probablement, avec le président de la Commission, les membres les plus importants du collège.

L'harmonisation, vers la cohérence de l'Europe

L'autre instrument d'intégration a été l'harmonisation. Spontanément, c'est l'harmonisation fiscale qui

---

1. Direction Générale de la Concurrence, de la Consommation et de la Répression des Fraudes au ministère de l'Économie, des Finances et de l'Industrie.

vient à l'esprit – alors qu'il s'agit de l'une de celles qui se font le plus attendre.

Sur d'autres sujets, moins médiatiques il est vrai, l'harmonisation a été bon train ; c'est le cas des droits de douane – conséquence de l'adoption d'une politique commerciale commune –, de la normalisation industrielle et de la protection des consommateurs – conséquence du Marché Unique –, des diplômes universitaires ou encore des conditions d'entrée sur le territoire de l'Union, telles qu'elles ont été prévues à Schengen. En bien d'autres domaines cependant, et notamment celui, déterminant, de l'harmonisation sociale, nous n'en sommes qu'aux balbutiements. Cela n'enlève rien au fait que, globalement, l'on ne saurait nier le rôle intégrateur que l'harmonisation a pu réellement jouer.

A monnaie nouvelle, situation nouvelle : l'euro

L'avènement de l'euro, conjugué à l'émergence de nouveaux piliers non économiques – notamment la PESC [1] –, a sensiblement modifié la donne. Il est vrai que la gestion de la monnaie européenne repose sur la délégation – la mise en place de la Banque Centrale Européenne conduisant à une politique monétaire définie au niveau de l'Union qui, de ce fait, s'impose à chacun de ses membres.

Mais pour qu'il y ait vraiment délégation, il eût été légitime qu'une partie du reste de la politique économique (en particulier de la politique budgétaire) fût parallèlement définie en commun. Or il n'en fut rien, et il n'y eut même aucun mouvement, ne fût-ce qu'une velléité, en faveur d'un véritable budget européen : sait-on que le budget de la Communauté Européenne est, toutes proportions gardées, quinze fois plus petit

---

1. PESC : Politique Étrangère et de Sécurité Commune.

que celui de l'Etat fédéral américain? Pire encore :
c'est l'exact contraire qui se produisit, comme on le
vérifia lors de la discussion dite de l'Agenda 2000, singulière palabre lors de laquelle chacun s'est plus soucié
de ses petits comptes personnels que de l'avenir de la
politique économique de l'Union. Pour reprendre la
formule de Pierre Moscovici, l'accord de Berlin a eu le
mérite de permettre l'élargissement mais aussi la faiblesse, « plutôt que de trancher ou d'innover », d'addi-
tionner « une PAC à la française, des fonds structurels
à l'espagnole, des ressources propres à l'anglaise, sans
pour autant satisfaire la revendication allemande » [1].
Pour y avoir participé, sans doute ne suis-je pas le
mieux placé pour formuler de tels reproches, mais
enfin... La leçon vaut pour tous. Bref, nous nous
retrouvons aujourd'hui avec une espèce non réperto-
riée, sorte d'animal hybride qu'il s'avère bien difficile
de faire entrer, même de force, dans aucun des bocaux
de la tératologie bruxelloise ou internationale : il ne
s'agit pas à proprement parler de délégation (nous
sommes loin d'une politique économique qui serait
définie et appliquée au niveau de l'Union), mais il ne
s'agit pas non plus d'une harmonisation (qui, en ce
domaine, n'aurait guère de sens).

C'est une pratique nouvelle qui s'instaure – ou qui
devrait s'instaurer : la *coordination*. Celle-ci n'ayant
été ni préparée, ni pensée, ni même véritablement voulue, l'on ne saurait être surpris de ses résultats, dont le
moins que l'on puisse dire est qu'ils se révèlent plutôt
incertains. Le Pacte de Stabilité et de Croissance a
constitué une tentative de coordination. Il fut très
décrié en France parce qu'il imposait une politique
budgétaire rigoureuse, même si en réalité, et bien plus
que les principes qu'il énonce, c'est sa rigidité qui me
semble digne de critiques. Toujours est-il qu'il ne saurait constituer une base sur laquelle fonder la politique

1. Pierre Moscovici, *L'Europe, une puissance dans la mondialisation*,
Seuil, 2001, p. 50.

économique de l'Union. Et c'est la raison pour laquelle la France a si fortement insisté, après juin 1997 et la victoire de Lionel Jospin, pour qu'un Conseil de l'euro voie le jour. Appelé Euro 11, puis Eurogroupe, il a finalement été créé et réunit à peu près tous les mois, en comité restreint – moins de trente participants –, les ministres des Finances de la zone euro, auxquels se joignent la Commission et le président ou le vice-président de la BCE. Personne n'en conteste plus aujourd'hui l'utilité, quand bien même chacun s'accorde à penser qu'il ne répond que très insuffisamment à ce que l'on pourrait attendre d'un organe de coordination fonctionnant à plein.

La situation est donc entièrement nouvelle. Il faut dire que l'événement est historique : songeons seulement que, pour la première fois, un ensemble de peuples ont décidé de renoncer démocratiquement et délibérément à leurs monnaies respectives – lesquelles constituent pourtant une part de leurs identités nationales. Faire disparaître les droits de douane, cela s'était déjà vu. Créer un marché intérieur en rapprochant les législations, voilà qui était déjà plus original. Mettre en œuvre des politiques communes (la PAC, par exemple), voilà un exemple de volonté dont l'Histoire s'est montrée plutôt avare. Mais accepter de se fondre dans un même espace monétaire, non par la puissance du feu mais par la seule force de la raison soutenue par la conscience d'un avenir commun : voilà bien de l'inédit. Pour la première fois, des millions d'hommes et de femmes libres ont accepté de brûler leur idole monétaire souvent séculaire, de sauter vers l'inconnu, et de créer quelque chose de totalement nouveau. Pour bien comprendre ce qui peut se passer dans la tête et dans la culture d'un peuple qui tourne ainsi définitivement le dos à sa monnaie historique et traditionnelle, il suffit de penser à l'Allemagne. Quand on sait ce que le deutsche Mark a pu représenter dans l'identité allemande de l'après-guerre et ce qu'il représente aujourd'hui encore comme motif de fierté, on mesure à quel renoncement les Allemands ont dû consentir. Cette rupture – les spécialistes de la psychanalyse de l'argent diraient peut-être cette *émancipation* – marque un tournant dans l'histoire de l'Europe qui, pour moi, est plus profond et plus fécond encore que le traité de Rome et la création de la Communauté Economique Européenne.

C'est pourquoi je consacrerai plus loin des développements importants, que d'aucuns jugeront peut-être excessifs, aux conditions de préparation et de démarrage de cette période nouvelle. Car c'est dès la création de l'euro que l'ensemble des problèmes que nous connaissons aujourd'hui – et pour un certain temps encore sans doute – se sont posés. Sa gestation, ses faiblesses, seront donc longuement relatées et analysées. Que le lecteur accepte de lire ces lignes comme le récit de la quête passionnée des solutions aux difficultés que nous rencontrons, bien plus que comme des « mémoires » – dont il serait alors permis de discuter le caractère prématuré.

Quels Européens ?

L'autre caractéristique de la méthode qui préside à la construction communautaire réside dans sa marque de naissance : l'Europe s'est faite *par le haut*. Ce sont en effet les élites politiques et administratives qui, dès les premiers temps, ont élaboré les règles et les solutions (généralement bonnes) qui nous servent encore de socle commun, règles et solutions dont les peuples n'eurent souvent connaissance et conscience que fort tardivement. Le fameux « déficit démocratique », exquise tarte à la crème des commentateurs du jour, ne date pas d'hier. Il découle en droite ligne de la méthode originelle – mais après tout, il fallait bien commencer par quelque chose : je laisse le soin de le déplorer aux esprits rétrospectifs, à ceux pour qui l'Histoire, ses rythmes, ses non-dits, ses accélérations, ses timidités, ses contextes enfin, n'importent pas.

Mais aujourd'hui les peuples n'en veulent plus – voilà, précisément, qui fait un contexte. Et on les comprend : après quarante années de construction en catimini technocratique, comment seraient-ils satisfaits ? L'on ne peut à la fois clamer que l'Europe est un avenir possible du monde et poursuivre sur la voie du secret et de la confection dans la coulisse. Les peuples n'ont pas été suffisamment associés à la construction européenne, trop rarement en tout cas, et de façon trop confuse et partisane. Ils ont le sentiment, juste, raisonnable, légitime, que les grandes décisions qui engageaient leur avenir ont été prises dans leur dos. On objectera vainement que tout cela s'est fait sous l'impulsion de gouvernements démocratiquement désignés et avec l'aval de parlements qui ne l'étaient pas moins. Mais ce qui compte (et cette leçon vaut en bien d'autres matières), c'est la puissance du sentiment qui s'est inexorablement développé, en l'espèce un sentiment d'éloignement, de mise à l'écart, de contournement de la démocratie – que n'atténuera pas, loin s'en faut, une *subsidiarité* mal conçue.

Une bonne part de l'avenir de l'Europe repose pourtant sur la qualité de la subsidiarité que nous saurons ou non mettre en œuvre. Le principe en est simple : chaque sujet sera traité au niveau le plus décentralisé, sauf s'il est prouvé qu'il serait plus efficace de le gérer à un niveau supérieur [1]. Les débats autour de ce mot d'apparence absconse furent homériques, largement relayés, pour le coup, dans les médias. Et pourtant,

---

1. La doctrine française est, bien entendu, que la subsidiarité ne s'applique pas entre l'État et les collectivités locales. République oblige !

quoi de plus naturel que de considérer que la politique d'immigration sera d'autant plus intelligente qu'elle sera coordonnée entre chaque pays européen ou, *a contrario*, que les décisions en matière de rénovation de lycées ou d'aménagement urbain seront d'autant plus simples à mettre en œuvre qu'elles seront l'apanage des régions ? Cela veut dire, en ces temps où l'on entend gloser à satiété sur les vertus de la proximité, que les questions d'intérêt local doivent être débattues et traitées localement – quel progrès... ! Bien entendu, la question n'est d'aussi simple apparence que parce qu'elle est truffée de pièges et de complexités : la difficulté procède notamment de la manière dont on apprécie le caractère plus ou moins local d'un problème. Ainsi, et pour ne prendre que cet exemple, il n'est pas illégitime de considérer que les dates d'ouverture et de fermeture de la chasse à tel oiseau migrateur relèvent d'une appréciation d'autant plus locale qu'il s'agit là d'une histoire et d'une tradition à forte résonance régionale ; d'un autre côté pourtant, l'on s'explique mal en quoi une diversité des politiques de préservation des espèces volatiles et de protection de leur reproduction serait plus efficace, selon que l'on réside de part ou d'autre d'une frontière nationale. Qu'il s'agisse d'un combat entre la lutte pour la diversité des espèces et le maintien de la diversité des cultures, chacun le pressent bien ; mais ce n'en est pas moins, aussi, un combat entre la volonté normalisatrice d'une administration qui comprend mal qu'on lui reproche de faire son travail et la lassitude grandissante de citoyens qui constatent qu'un certain nombre de questions relatives à leur vie quotidienne persistent à être tranchées loin d'eux, sans même que leur avis ait seulement été sollicité. Je ne vois d'autre manière de résoudre ces contradictions que de redéfinir la subsidiarité et d'approfondir la démocratie européenne. Mieux dire qui décide, où, sur quelles bases, sous quel contrôle : cette série de questions constitue une contrainte dont nous avons cru trop longtemps pouvoir nous affranchir. Il est bien temps de revenir à la politique.

Mais nous n'avons plus de méthode. Avancer sur le chemin de l'Europe en empruntant des voies concrètes et sectorielles est une méthode qui peut encore servir, en aucun cas suffire. Quand l'horizon est toujours plus difficile à discerner, quand souffle toujours plus fort le grand air du large et du lointain, il faut changer d'embarcation, gonfler la voilure, muscler les équipages. Il ne s'agit plus seulement d'établir des « solidarités de fait » pour limiter les risques de conflit, décourager les flambées nationalistes, ou rationaliser le système productif, mais bien de fonder en actes le territoire et la culture démocratique d'un continent en devenir. C'est pourquoi la construction de l'Europe dans une quasi-clandestinité est derrière nous – ne *peut être* que derrière nous.

Le mouvement s'est ralenti, presque arrêté ; il faut le pousser, aller plus loin encore – jusqu'à l'inverser. Comme disait Picabia : « Notre tête est ronde pour permettre à la pensée de changer de direction. » Eh bien nous y sommes. Nous sommes au carrefour. Nous pouvons opter pour la perpétuation de méthodes qui, en leur temps, eurent leur évidente utilité – mais dont on ne peut plus rien attendre d'autre que l'enracinement dans une Europe végétative et purement fonctionnelle ; ou alors nous nous décidons à passer à autre chose, nous prenons acte de ce que le moment est neuf, nous parvenons à redonner un sens à la construction engagée voilà quarante ans, et nous optons, en un mot, pour le courage et pour la volonté. Car dans l'histoire des peuples, jamais un si grand nombre de nations, regroupant un si grand nombre de femmes et d'hommes, n'avait engagé un tel rapprochement : cela exige une détermination et une compréhension de l'histoire au moins égales de la part des élites européennes. Seul le vacarme des bottes avait pu, jusqu'alors, ouvrir la voie à la création des empires, jamais le cri de la raison, ni celui de la volonté de mettre la guerre hors la loi – comme le souhaitait, déjà, Aristide Briand. Cette tentative est unique, et sans doute est-ce ce qui peut nous la rendre si désirable. Encore faut-il que nous sachions redonner à la politique ce que nous attendons d'elle, et que les peuples se reconnaissent enfin dans ce choix librement consenti d'une communauté de destin.

.Mais pour quoi faire ? demanderont les sceptiques. Qu'avons-nous besoin de construire un tel empire ? Pour parvenir à quoi ? Voilà bien un nouveau délire ravageur ! De ces délires qui, tout au long de notre histoire, coûtèrent plus en vies humaines que bien des épidémies ! Pourquoi vouloir à tout prix enrôler sous la même bannière l'Italien de Rome et le Finlandais d'Helsinki – demain le Chypriote de Nicosie et le Letton de Riga ? Qu'avons-nous à gagner à une telle aventure, nous qui voyons bien ce que nous avons à y perdre. Tout ce qui fait notre vie quotidienne et qui a fait celle de nos pères : notre culture.

CHAPITRE 9

Bismarck et Beveridge
sont toujours vivants

Une culture européenne existe ; et c'est elle qui définit le modèle européen. Les pays qui en dessinent le contour, et dont les livres d'histoire ne retracent généralement que les conflits, ont façonné une culture commune qui n'est semblable à aucune autre. Chacun sait toujours où est l'Europe : n'importe quel voyageur atterrissant sur un aéroport inconnu de lui sait, au bout de quelques kilomètres parcourus en voiture, qu'il est en Europe. La qualité des services publics, les traces laissées par l'Histoire sur les paysages et les bâtiments, le parallélisme de certains noms de rues ou de grand-places, une certaine harmonie des formes, des couleurs et des regards, une présence commerciale qui ne verse ni dans le dénuement ni dans l'agression, à Stockholm comme à Madrid, à Vienne comme à Paris, mille indices lui signalent, sans possibilité d'erreur, la présence de l'Europe.

En tant que telle, la culture européenne n'est pas plus riche qu'une autre, ni plus glorieuse, ni plus noble – mais pas moins non plus ; et elle n'est réductible à aucune autre. Forgée dans cet alliage particulier où se fondent l'individualisme et l'universalisme égalitaire, elle incarne et revendique plus que toute autre ce que le philosophe allemand Jürgen Habermas nomme une « solidarité citoyenne », quand il écrit par exemple que « le fait que la peine de mort soit encore appliquée dans d'autres pays est là pour nous rappeler ce qui fait la spécificité de notre conscience normative ».

De cette culture, nous sommes tous dépositaires, pour partie au moins – que nous en ayons conscience ou pas, que nous en cultivions sciemment ou non l'héritage. C'est une longue histoire, une formation longue de dizaines, de centaines d'années, une succession de douleurs parfois, de grandeurs bien sûr, et de conflits aussi, entre nous, entre frères européens. Nous avons dû et su dépasser ces rivalités, d'une violence parfois inouïe, sans jamais les oublier. Je ne sais si nous sommes sortis plus forts de ces épreuves européennes qui ont contribué à modeler l'histoire du monde ; ce dont je suis persuadé en revanche, c'est que nous y avons acquis un penchant particulier pour une société solidaire. L'Europe, c'est Michel-Ange, Shakespeare, Descartes, Beethoven, Marx, Freud, Picasso. Ils nous ont appris, eux et tant d'autres encore, à comprendre et à fonder le partage entre la nature et la culture, entre le religieux et le séculier, entre la foi et la science, entre l'individu et la communauté. C'est parce que cet héritage nous est commun, qu'il est inscrit au plus profond de notre être collectif, qu'il n'en finit pas d'irriguer les œuvres dont nous avons été, dont nous sommes et dont nous serons capables, que nous avons su mettre fin à nos guerres intestines.

Que ce fond culturel distingue l'identité des Européens de celle des Indiens, des Chinois ou des Japonais, chacun en conviendra sans doute aisément. Mais sommes-nous donc différents des Américains ou des Australiens ? Faut-il, comme le suggère une thèse dont les événements du 11 septembre ont accru l'audience, raisonner sur de grandes civilisations et, donc, nous considérer comme des Occidentaux ? L'Amérique, d'ailleurs, ne partage-t-elle pas notre héritage culturel, ne baignons-nous pas dans les mêmes références ? Je ne sous-estime ni notre proximité avec les Américains, ni la solidarité qui nous unit à eux dans les moments difficiles. Mais je suis persuadé que le sentiment, j'allais presque dire l'*instinct* de solidarité, est devenu une valeur commune à tous les Européens et, à ce degré-là, une valeur qui n'appartient qu'à eux. N'est-ce pas ce qu'affirme aussi Lionel Jospin, lorsqu'il dit de l'Europe qu'elle est « porteuse d'un modèle de société, fruit de l'Histoire qui se déploie au travers de liens toujours plus intenses qui unissent aujourd'hui les peuples européens. Il existe un " art de vivre " à l'européenne, une façon propre d'agir, de défendre les libertés, de lutter contre les inégalités et les discriminations, de penser et d'organiser les relations de travail, d'accéder à l'instruction et aux soins, d'aménager le temps. Chacun de nos pays a ses traditions et ses règles mais celles-ci composent un univers commun [1] ».

Cet univers commun, nous le devons beaucoup à ceux qui, de Bismarck à Beveridge, ont forgé les instruments de la solidarité sociale. Que le premier n'ait pas été à proprement parler un progressiste sur tous les sujets, voilà qui est incontestable. Qu'il ait combiné la répression contre les socialistes avec une certaine forme de socialisme d'Etat importe peu pour mon propos. Qu'il ait présenté enfin ses lois sociales (assurance-maladie votée en 1883, assurance-accident votée en 1884, assurance-vieillesse votée en 1889) comme une tâche de politique conservatrice destinée à détourner les ouvriers des tentations révolutionnaires ne change rien à l'affaire [2]. Bismarck accouche l'Europe

---

1. In « L'avenir de l'Europe élargie », discours prononcé à Paris le 28 mai 2001. *Les Notes de la Fondation Jean-Jaurès*, n° 25, octobre 2001.
2. Dans un discours du 18 mars 1882, Bismarck écrivait : « J'estime que c'est pour moi un avantage extraordinaire d'avoir 700 000 petits rentiers, précisément dans les classes qui, sans cela, n'ont pas grand-chose à perdre et croient à tort qu'elles auraient beaucoup à gagner à un changement. » Cité par Elie Halévy, *op. cit.*, p. 239.

de ce qui deviendra l'Etat-providence – auquel les trois « U [1] » de Beveridge donneront, soixante ans plus tard, un contenu normatif.

Ces institutions de solidarité sont nées d'une histoire sociale bien différente de celle des Etats-Unis. Dans la seconde moitié du XIXᵉ siècle, l'ouvrier est, en Amérique, une denrée rare. Il gagne plus que son cousin demeuré en Europe, il place son espoir dans l'expansion de l'économie et dans celle du territoire. Sur notre continent, au contraire, les prolétaires sont légion, et ils connaissent le chômage. Ils n'ont pas de frontière vers laquelle tourner les yeux – sauf, précisément, l'Amérique. C'est de ce monde – celui de Zola – qu'émergent nos dispositifs de solidarité.

Essoufflé, assurément moins efficace qu'il ne l'a été et moins égalitaire que nous pourrions l'espérer, l'Etat-providence est désormais volontiers décrié – personne ne niant, d'ailleurs, qu'il ait besoin d'un certain toilettage. Mais ce que l'on ne saurait décemment nier non plus, c'est que ce même Etat-providence a façonné une société européenne élevant la cohésion sociale au rang de valeur à la fois centrale et dominante. Du diptyque symbolisant l'initiative individuelle et les ambitions collectives, il est courant de dire que les Etats-Unis ont choisi de privilégier la liberté, l'Europe la solidarité. Mais ce faisant, sans doute avons-nous excessivement étouffé le goût du risque – notre tâche, précisément, devant être de lui donner une nouvelle inspiration. Dans ce nouvel alliage où devront se conjuguer le risque et la protection, le précipité européen conserve un équilibre que l'on ne retrouve nulle part ailleurs. C'est aussi parce que cette chimie nous est familière que nous devons construire l'Europe.

Nombre de pays accèdent aujourd'hui en même temps à la démocratie et à l'économie de marché. Si vraiment nous refusons que le seul modèle qui s'offre à

---

1. Universalité d'application, Uniformité des prestations, Unicité des structures.

eux s'accommode de marginalisations et d'exclusions en tous genres, si vraiment nous voulons continuer à maîtriser notre destin, si vraiment nous voulons peser sur l'évolution du monde, alors il nous faut construire ce que, faute de mieux, j'ai nommé un « empire ». Si vraiment nous croyons aux vertus humanistes du modèle européen, alors il faut édifier l'Europe.

CHAPITRE 10

Monsieur Euro n'est pas encore né

Qui, aujourd'hui, exprime en Europe de manière audible une volonté politique commune ? Qui donne voix à l'euro ? Personne, hélas.

Nuançons : depuis le printemps 2000, des responsables politiques de premier plan se sont exprimés sur l'avenir de l'Europe. Quelques discours importants sont venus signaler que ceux qui ont une conscience aiguë de ce grand vide à combler sont de plus en plus nombreux. Le besoin de politique se fait sentir, et les politiques tentent, tant bien que mal, d'y répondre. Certains le font avec éclat : ce fut le cas de Joschka Fischer au mois de mai 2000, puis de Lionel Jospin en mai 2001. D'aucuns, dont Pierre Moscovici, s'attachent à proposer un modèle cohérent de développement de l'Union. D'autres le font plus sournoisement, tel Jacques Chirac qui ne dit pas à Paris ce qu'il dit à Berlin. D'autres encore s'avancent à titre personnel : c'est la démarche retenue par Gerhard Schröder dans le texte d'orientation du Parti social-démocrate allemand présenté le 30 avril 2001. Les dirigeants politiques commencent donc peu ou prou à s'engager, quand tant d'intellectuels demeurent dramatiquement inscrits aux abonnés absents.

Que retenir de ces initiatives ? Ici encore, laissons le philosophe de Francfort apprécier. L'on peut lire sous la plume de Jürgen Habermas que « le discours prononcé par Joschka Fischer le 12 mai 2000 à l'Université Humboldt, et qui a donné lieu à un débat sur la Constitution européenne, mérite [...] d'être souligné. En réponse à la question du ministre des Affaires étrangères sur la meilleure façon d'unir l'Europe des Etats-nations et l'Europe des citoyens, MM. Chirac, Prodi, Rau et Schröder ont fait chacun des suggestions. Mais c'est M. Jospin qui le premier a souligné que la réussite d'une réforme des processus et des institutions passait obligatoirement par une définition plus claire du contenu du projet politique [1] ».

Pourtant, c'est bien d'une vision politique globale dont nous manquons encore. Ou plutôt, pour être tout à fait précis : nous sommes toujours en attente de l'affirmation publique d'un projet politique d'ensemble. Peu de responsables européens s'y risquent franchement, face à une « opinion publique » qui, à tort ou à raison, leur apparaît hésitante, pour ne pas dire réticente. Mais le cercle est vicieux : l'opinion publique sera d'autant plus réservée que sa circonspection ne rencontrera d'autre écho de la part des dirigeants européens que celui de l'attentisme.

Puisque les peuples hésitent, puisqu'il est heureusement hors de question de faire sans eux, et puisque les politiques semblent convaincus, alors nous devons à notre tour les persuader. La politique a-t-elle d'ailleurs un autre sens ? Pour ma part, je suis un convaincu de l'Europe et je suis certain que nous n'avancerons en Europe que si nous sommes capables de sortir de la logique fonctionnaliste, c'est-à-dire finalement technocratique, pour y faire de la politique. Non seulement parce que nous n'avons pas d'autre voie (position

---

1. Jürgen Habermas, « Pourquoi l'Europe a-t-elle besoin d'une Constitution ? », Francfort, 2002.

minimale sur laquelle nous pouvons être nombreux à nous retrouver) mais parce que nous ne pouvons rester immobiles. Rester immobile, en la circonstance, c'est condamner l'Europe pour très longtemps, et même peut-être la faire reculer. Quand l'instant politique est propice, la qualité du politique est de savoir saisir l'occasion. Rien ne serait plus erroné que de croire à l'opportunité d'une pause.

Combien de fois, pourtant, ai-je entendu cet éternel discours de bras ballants, selon lequel il importerait d'« attendre un peu », estimant que « nous avons déjà beaucoup fait », qu'il faut « digérer les étapes précédentes avant d'aller plus loin », etc. Je ne crois pas à cette politique de gastro-entérologue. Non seulement nous ne pouvons pas nous arrêter pour contempler, satisfaits, l'œuvre engagée, mais nous devons nous dépêcher d'avancer : la stabilité est dans le mouvement.

L'euro : un succès à confirmer

L'euro est un succès. Pour le moment du moins. C'est ce qu'attestent sans ambiguïté la plupart des indicateurs.

Le premier a trait aux économies concernées : rendu nécessaire par la mise en place de l'euro, le long et parfois douloureux processus de convergence vers la stabilité des prix et la discipline budgétaire s'est soldé par un succès sensiblement plus important que tout ce que nous avions pu anticiper. Au moment de la rédaction du traité de Maastricht et encore au milieu des années 90, chacun espérait que la France et l'Allemagne seraient au rendez-vous, tout le monde pensait bien volontiers que le Benelux serait du premier train, mais certains espéraient secrètement que l'Espagne ou l'Italie seraient laissées à la porte ; personne n'avait prévu que onze pays [1], ne représentant pas moins de 300 millions d'habitants, adopteraient la monnaie unique d'un même élan. Il y a fallu un fantastique effort de convergence des économies.

Que cet effort ait été nécessaire, c'est une évidence : il était inimaginable qu'une même monnaie, donc une même politique monétaire, s'accommodât de situations économiques trop hétérogènes d'un bout à l'autre de la zone. Au long du parcours qui les a conduits à la monnaie unique, les Européens ont souvent débattu de cette question. Les Allemands voulaient que l'euro vînt couronner un processus de rapprochement des performances économiques. Les Français, toujours plus volontaristes, voulaient faire l'union monétaire d'abord, et s'en servir pour provoquer la convergence. La méthode retenue a été l'un de ces compromis intelligents que l'Europe sait élaborer quand elle est inspirée : une date fixe – pour satisfaire les Français – mais assortie de critères de convergence – pour répondre aux demandes allemandes.

Mais, diront certains, que la convergence ait été imposée par la volonté de participer à la monnaie unique n'implique pas qu'elle ait été utile en tant que telle. N'a-t-on pas imposé à nos économies une pénitence excessive ? Je ne le pense pas, pour deux raisons.

Tout d'abord, la convergence s'est faite vers le haut. Les efforts produits pour satisfaire aux critères de Maastricht [2] ont assaini nos économies, les finances publiques ont été mieux gérées, et l'inflation a reculé. Pour se comparer aux autres et rester dans la course, les différents candidats ont dû faire d'heureux efforts

---

1. Douze aujourd'hui avec l'entrée de la Grèce le 1er janvier 2001.
2. Même s'il est loisible de penser que ces critères auraient pu être un peu plus sophistiqués. La conséquence est connue : quand la règle est trop rigide pour être intelligente, il faut adapter la règle. Lorsqu'il est apparu, en 1998, que pour certains pays l'effort de redressement des finances publiques était manifeste, on n'a pas trop chipoté sur le niveau de l'endettement qui n'était pas encore satisfaisant. Cela a notamment été le cas pour l'Italie et la Belgique.

de compétitivité et renoncer aux grosses ficelles de la politique économique de jadis. Je pense en particulier aux tours de passe-passe monétaires, illustrés notamment par le recours périodique à la dévaluation sur lequel s'accordaient, en France par exemple, les dirigeants politiques à qui elle épargnait des mesures parfois impopulaires, les chefs d'entreprise qui y trouvaient une compétitivité factice à l'exportation, et les syndicalistes qui voyaient dans l'inflation subséquente une façon simple de résoudre les conflits liés au partage de la valeur ajoutée. Non sans sarcasme, Jacques Delors a pu dire, à l'époque, que nous faisions de la musculation en chambre. Il avait raison. L'économie française aurait pu y succomber.

Les pays qui avaient le plus d'efforts à fournir sont ceux qui auront finalement le plus profité de la période. Faut-il chercher d'autres raisons aux bons résultats d'une économie française aujourd'hui sensiblement plus compétitive que celle de ses voisins allemands – dont on nous vantait il n'y a pas si longtemps encore la puissance et la place dominante ? Si les années 1998, 1999 et 2000 figurent parmi les cinq meilleures du siècle dernier pour la création d'emplois, c'est certainement parce que le gouvernement de Lionel Jospin a, en 1997, donné priorité à cet objectif. Mais, soyons honnêtes, c'est aussi parce qu'ayant achevé la qualification de la France pour l'euro, nous avons permis à notre économie de libérer le potentiel de croissance contenue qu'elle avait accumulé au cours de toutes les années antérieures.

On pourra s'étonner de mon plaidoyer pour la convergence : n'a-t-elle pas, dira-t-on, été pour quelque chose dans la stagnation et le chômage des années 90 ? Mon propos n'est pas ici de porter un jugement sur les politiques qui ont été conduites pour satisfaire à ces conditions, mais de m'interroger sur les résultats. Que la croissance et l'emploi aient souffert des politiques menées au nom de la convergence est certain. Cela ne doit pas nous faire oublier que les objectifs étaient légitimes, et qu'il est heureux que nous les ayons atteints.

Le second apport de la convergence des économies de la zone euro est lié au but même qui était poursuivi. L'objectif du Marché Unique était de créer un grand marché intérieur ; mais l'existence de ce marché, que l'euro est venu parfaire, ne suffit pas à garantir une expansion suffisante des échanges, elle-même facteur de croissance économique. Encore faut-il pour y parvenir que les nouveaux consommateurs potentiels apparus avec la suppression des droits de douane et la disparition des barrières non tarifaires (normes, quotas, etc.) deviennent des consommateurs effectifs, c'est-à-dire qu'ils aient envie de consommer les produits du voisin. Or ceci advient d'autant plus volontiers que les économies, et partant les niveaux de développement, sont proches. C'est ce que l'économiste britannique James Meade appelait joliment « l'heureuse union des concurrents ». En rapprochant nos économies, la convergence voulue par Maastricht, au nom d'impératifs liés au choix d'une politique monétaire commune, aura finalement permis de rapprocher les comportements des consommateurs, de Rome à Helsinki et de Dublin à Berlin : nous bénéficions enfin des avantages du grand marché.

Après la convergence, l'autre indicateur attestant le succès de l'euro est la place que ce dernier occupe sur les différents marchés financiers. Il est frappant de constater que les émissions nettes de titres de dette internationaux en euro (obligations et instruments de dette à court terme) ont été supérieures aux émissions en dollar en 1999, même si elles ont pu évoluer à la baisse ou à la hausse par la suite. Mieux encore : leur part est supérieure à ce que représentait, avant 1999, la somme des monnaies des différents pays qui ont adopté l'euro. Autrement dit, nous représentons plus collectivement que lorsque nous étions séparés. L'existence de l'euro a convaincu certains émetteurs internationaux de choisir cette devise plutôt que le dollar : ne peut-on raisonnablement y voir la preuve d'une entrée progressive de l'euro dans le cercle très fermé des grandes devises internationales ? Et n'était-ce pas le but poursuivi ?

Un troisième élément important est à mettre à l'actif de l'euro – que certains, plus monétaristes que moi, me reprocheront peut-être de ne citer qu'en queue de peloton : c'est que, au bout du compte, la banque centrale doit garantir la valeur de la monnaie et, pour cela, éviter l'inflation. Pour le moment, la Banque Centrale Européenne a rempli cette partie-là de son contrat : les prix sont stables. La question de savoir si le respect de la stabilité des prix est la seule vertu que l'on puisse attendre d'une banque centrale est évidemment une question pertinente, mais c'est une autre question – je l'aborderai un peu plus loin.

Au final, et pour le dire d'un mot, le lancement de l'euro est à mes yeux un succès incontestable – que ne vient même pas ternir l'évolution trop souvent commentée de la parité. Pour ne pas tomber dans le même travers, et parce que les anciens ministres des Finances sont plus que quiconque astreints à une certaine réserve, je limiterai mon propos à quelques remarques d'ordre général.

Nous sommes tout d'abord bien forcés d'admettre que la valeur que l'euro a prise le premier jour où son cours s'est affiché dans les salles de change était trop élevée. Personne d'ailleurs n'a véritablement décidé de sa valeur. Le traité de Maastricht prévoyait que l'euro, à son lancement, équivaudrait à un écu – monnaie de compte essentiellement utilisée dans le domaine interbancaire, et qui servit de grand frère à l'euro. Cette succession à parité permettait d'éviter nombre de complications et, la valeur de l'écu résultant de celle du panier de monnaies le composant, c'est bien la conjoncture des changes entre le dollar et les monnaies européennes à la fin 1998, et non un choix politique, qui fut à l'origine de la « fixation » de la valeur externe initiale de l'euro. Au jour dit et à l'heure dite, c'est-à-dire le 31 décembre 1998 à 11 heures, les banques centrales des différents pays qui étaient de l'aventure ont calculé, vérifié et vérifié encore la valeur de l'euro, avant de la communiquer à la Banque centrale de Belgique, laquelle put ainsi remplir son office d'intermédiaire avec le conseil ECOFIN[1], réuni à Bruxelles à cette occasion.

Non sans un sens certain de la bizarrerie, la Commission avait proposé que la procédure se déroulât par un échange de télécopies – sans doute en raison des congés de fin d'année des ministres des Finances, que pour rien au monde elle ne voulait troubler ; à moins encore, diront les facétieux, qu'il ne s'agît pour la Commission d'être le seul maître à bord. Il est vrai que rencontrer les représentants légitimes des différents peuples constitue un certain encombrement, pour ne pas dire une certaine perte de temps... Il faudra une insistance toute particulière, et notamment une insistance française, pour que l'ECOFIN se réunisse enfin.

Il devait être midi. Je me souviens avoir joint Theo Waigel par téléphone, de la salle même des séances. Je le trouvai dans sa Bavière, au beau milieu d'un champ de neige – symbole non dénué de mystère et d'exotisme, si l'on songe un seul instant à l'antinomie parfaite de décor et d'atmosphère que peuvent inspirer une salle de séance bruxelloise et un herbage bavarois enneigé. Theo Waigel et moi n'étions pas ce qu'il est convenu d'appeler des *amis politiques* : il fut pendant

---

1. Le conseil ECOFIN, comme son nom l'indique, réunit les ministres de l'Economie et des Finances des Etats membres de l'Union.

neuf ans le ministre des Finances d'Helmut Kohl; j'étais, moi, très proche du SPD, qui venait de remporter les élections – Theo Waigel avait donc quitté ses fonctions quelques semaines plus tôt. Mais il était aussi, et en l'espèce surtout, un européen positif et fervent; sa contribution à la mise en place de l'euro, sa foi européenne, sa connaissance du système, tout cela était indiscutable : il ne pouvait pas ne pas être associé, même indirectement, à cet instant symbolique.

Au moment prévu, la valeur de l'euro fut affichée dans les différentes monnaies nationales appelées à disparaître quelques heures plus tard, et partant dans les autres devises, notamment la devise américaine. A sa naissance, l'euro valait 1,17 dollar. Or à la fin de l'année 1998, pour des raisons tout à fait conjoncturelles, les monnaies européennes composant l'écu se trouvaient être sensiblement surévaluées par rapport au dollar; si bien que l'euro a commencé sa carrière à des altitudes assurément trop élevées. Il est difficile de chiffrer avec précision cette surévaluation, mais une estimation qui tournerait autour de 10 à 15 % ne me paraît pas déraisonnable. C'est ce démarrage à niveau trop élevé qui explique en partie, mais en partie seulement, la baisse de l'euro par rapport au dollar, dans les mois qui suivirent.

Un deuxième élément d'explication réside dans des différences de perspectives économiques, en termes de croissance et de rentabilité. La croissance américaine fut particulièrement forte au cours de la décennie 90. Le mérite en revient d'ailleurs largement à Robert Rubin, secrétaire au Trésor, et à son partenaire de la banque centrale (la Fed), Alan Greenspan, qui surent mener rondement une politique économique faisant bien des jaloux à travers le monde. J'insiste sur le mot de *partenaires*, car c'est bien celui qui convient : la politique économique américaine était conduite de conserve par ces deux responsables, dont j'ai pu vérifier à l'occasion de nombreuses réunions du G7 qu'ils ne connaissaient que de très rares désaccords. En vérité, je ne peux évaluer le degré réel de leur accord. Mais cela importe peu : ils se parlaient suffisamment souvent en tête-à-tête et ils œuvraient dans un climat de confiance mutuelle assez franc et explicite pour décider de la ligne à développer en public et pour s'y tenir. Ce « partenariat » passé entre l'autorité responsable de la politique monétaire et celle qui a en charge le reste de la politique économique fut l'une des clefs du succès américain des années 90 et reste, de mon point de vue, une des conditions *sine qua non* de toute bonne politique économique.

De fait, les choix opérés ont permis à l'économie américaine de connaître pratiquement dix années d'une croissance à ce point solide que l'idée même de cycles économiques s'en est trouvée – à tort d'ailleurs – ébranlée. Les gains de productivité engendrés par la diffusion des technologies de l'information ainsi que la croissance très rapide de ce secteur ont sans conteste été un facteur déterminant de cette croissance exceptionnelle. Mais sans l'accompagnement de ce mouvement par l'intelligence concrète de la paire Rubin-Greenspan, il est probable qu'un certain nombre de tensions inflationnistes auraient progressivement vu le jour – avec le risque, donc, d'abréger sensiblement cette période de forte croissance. Par ailleurs, la rentabilité des capitaux investis aux Etats-Unis est en moyenne sensiblement supérieure à ce que l'on rencontre dans le reste du monde, à niveau de risque équivalent. Cette forte croissance, combinée à cette rentabilité élevée, attire vers les Etats-Unis une part importante de l'épargne mondiale dont la conversion en dollars a pour effet mécanique et logique de faire monter le cours de ce dernier.

Doit-on s'en plaindre ? Oui et non. Oui, dans la mesure où cette situation reflète la relative faiblesse de l'économie européenne – que nous n'avons aucune raison d'accepter. Mais l'on peut aussi répondre par la négative. Car au-delà de l'argument un peu simpliste selon lequel un euro faible serait chose favorable à nos exportations, nous devons considérer comme normal et souhaitable qu'une économie en forte croissance voie sa devise s'apprécier. Cette appréciation est même un des mécanismes les plus classiques de retour à l'équilibre. Quant à la part d'appréciation du dollar qui résulte des quelque 120 milliards d'euros [1] d'investissement des pays de la zone euro aux Etats-Unis, elle ne me semble pas plus critiquable : l'on ne peut se désoler de voir des entreprises européennes passer sous contrôle américain et s'attrister que le contraire se produise.

Tout irait donc parfaitement bien dans le meilleur des mondes monétaires possibles si l'évolution de l'euro par rapport au dollar n'illustrait qu'un décalage dans la conjoncture économique, voire une internationalisation des entreprises européennes – dont il est plus que temps qu'elles se préoccupent si elles veulent survivre, sauf à prendre le risque, demain, d'être rachetées les unes après les autres. Malheureusement, ce n'est pas si simple.

L'euro peut encore être un échec : Jean-Pierre Chevènement avait à la fois raison et tort

L'euro n'est pas au bout de ses peines – pas plus que de son accomplissement. Si son lancement s'est déroulé dans de bonnes conditions, cela ne constitue que la première phase de sa mise en place. Le reste se fait attendre. Pour réussir, il faut que la monnaie unique européenne produise tous les effets attendus, et notamment qu'elle donne corps à une politique économique

---

1. En 2000.

adaptée à la zone euro, favorisant la croissance et la création d'emplois. Une condition à cela : que la coordination des politiques économiques devienne réalité.

Le terme de coordination évoque des palabres infinis entre bureaucrates, dont la finalité finit par échapper à ceux-là mêmes qui en sont chargés. Il suggère tout ce que notre culture politique nous fait détester : l'amalgame du politique et du technocratique, l'absence de décision, la dilution des responsabilités. C'est pourquoi nous lui préférons le terme martial de « gouvernement économique », lequel suppose une chaîne de commandement claire. Malheureusement, un gouvernement économique qui ne reposerait pas sur la coordination serait comme un état-major dépourvu de troupes : il commanderait dans la clarté, mais à personne. Pour une raison très simple : aucun des Etats de la zone euro n'est disposé à transférer à Bruxelles la responsabilité de ses décisions budgétaires. Une action commune ne peut ainsi relever que de la coordination des Etats.

Reste à évaluer l'efficacité de cette coordination telle que nous la connaissons. Trois critiques lui sont communément adressées : sa transparence serait nulle, sa capacité de réaction aux événements imprévus ou inattendus quasi inexistante, et la cohérence entre ses paroles et ses actes pour le moins déficiente. Critiques parfois excessives, mais finalement pertinentes. Si nous ne faisons rien, autrement dit si nous ne nous dotons pas d'une capacité réelle de conduire la politique économique de la zone euro de façon coordonnée, il y a un risque sérieux de voir l'union monétaire échouer.

C'est en ce sens que Jean-Pierre Chevènement avait raison. Détracteur passionné (si l'on peut dire) de l'union monétaire, il se faisait fort d'expliquer, en 1992, que celle-ci nous conduirait inéluctablement à d'autres transferts de souveraineté, étant entendu qu'il était inconcevable de faire fonctionner une union monétaire sans une politique économique commune.

Parce que tout transfert supplémentaire de souveraineté faisait pour lui figure d'odieux renoncement à la nation, parce qu'il percevait au loin le pas guerrier du fédéralisme niveleur marchant en direction des terres de France, Jean-Pierre Chevènement a eu raison, de son point de vue, de batailler contre la ratification du traité de Maastricht. Pour moi, il avait grand tort de rejeter toute forme de construction de l'Europe politique, car je ne vois d'autre moyen de perpétuer le modèle français que de construire l'Europe. Et je préfère la réalité de l'exercice d'une souveraineté partagée à l'illusion d'une souveraineté nationale tournant à vide. Mais ceci ne change rien à l'affaire : une monnaie unique sans politique économique commune est un être bâtard dont la survie est incertaine.

Les choses n'en sont pas encore arrivées à ce point de rupture. Mais la croissance européenne de ces dernières années a masqué la nécessité pourtant accrue d'une politique claire, revendiquée, appliquée. Il n'est pas déraisonnable de craindre que nous ne soyons pris au dépourvu lorsque cette croissance se ramollira davantage encore, hypothèse que, cycle économique aidant, nul ne peut écarter.

Seuls ceux qui souscrivent à l'idée selon laquelle la monnaie n'a pas de contenu politique, au sens le plus précis du mot, peuvent se satisfaire du déséquilibre actuel. Karl Polanyi décrivait le système économique de laisser-faire qui prévalait au XIXe siècle en soulignant ses trois aspects caractéristiques : un marché du travail concurrentiel, l'étalon-or, et un commerce international fondé sur le laissez-passer. Certains, en Europe, voient notre avenir ainsi : ils se contentent de remplacer l'étalon-or par l'euro, et attendent que les sociétés fassent preuve de toutes les souplesses qui éviteront à la politique économique d'avoir à se montrer réactive. Je ne crois pas un seul instant qu'une société moderne puisse accepter un fonctionnement fondé sur ce genre de règles intangibles et automatiques. L'euro n'est en aucun cas un instrument neutre dépourvu de contenu politique ; il ne peut être un nouvel avatar de l'étalon-or. Je crois au contraire que toute monnaie est le reflet de sa société. Citant Nicolas Oresme, Hans Tietmeyer disait : « La monnaie n'appartient pas au prince mais à la communauté. » L'euro a été retiré aux princes, mais son avenir dépend de la capacité de notre communauté politique à s'affirmer véritablement et durablement. Il ne survivra pas à une Europe en décomposition mais, à l'inverse, il pourrait bien contribuer à créer un sentiment d'appartenance proche de ce que Jürgen Habermas nomme « le patriotisme constitutionnel », c'est-à-dire un patriotisme qui ne se fonde pas sur une mémoire commune mais sur le sentiment d'un destin partagé.

En somme, la situation est simple : avec la monnaie unique, nous nous sommes engagés sur la voie d'un changement majeur dont les conséquences vont bien au-delà des seules questions ayant trait à la politique monétaire. La capacité de battre monnaie et la puissance que cela procure ont toujours été à la racine, si ce n'est de la politique, en tout cas du pouvoir. Aujourd'hui, il nous faut avancer et accepter d'aller au bout de ce que ce que nous avons entrepris. Ou alors il faut que ceux qui se sont engagés dans cette voie sans en comprendre les conséquences aillent devant leurs peuples respectifs et leur expliquent benoîtement qu'ils se sont trompés – en attendant le jugement dernier du suffrage universel.

La France a besoin d'un euro fort

Aux Etats-Unis, il y a depuis dix ans au moins un consensus autour du dollar fort : il fait partie du paysage. Il faut dire que, pendant le boom des années 90, son niveau élevé ne fut pas étranger au maintien de l'inflation à un niveau modéré. Ceci ouvrit la voie à une politique monétaire souple – véritable clef de la croissance. Ce consensus est aujourd'hui si fort que, pour ne citer que cet exemple, nulle voix ne s'est élevée dans un récent débat relatif aux importations d'acier pour incriminer un dollar trop puissant. Les producteurs américains ont parlé quotas, subventions, rétorsions, mais jamais dollars.

Cet accord tacite, reconduit et non discuté, découle largement de l'insertion réussie des Etats-Unis dans le mouvement de mondialisation ou, pour parler plus classiquement, dans la nouvelle division internationale du travail. En 2000, l'industrie manufacturière ne représentait plus que 14 % de l'emploi total – et encore faut-il noter que ce chiffre inclut les industries *high tech*. D'où viennent alors les biens matériels consommés par les Américains ? De l'étranger, et de manière croissante : en dix ans, les importations ont été multipliées par deux, notamment en provenance du Mexique et de Chine. Plus le taux de change du dollar est élevé, plus les importations sont bon marché, plus le pouvoir d'achat du salarié américain est important.

L'on comprend dès lors que le dollar fort ait la faveur des consommateurs. Mais comment ces biens sont-ils achetés ? D'où vient la richesse américaine ? Ou, comme diraient les économistes : de quoi est composé le PIB ? Principalement de services. L'économie américaine est devenue une économie de services (pas seulement de services liés aux technologies de l'information, mais aussi de services financiers et commerciaux) et ce sont ces services qui fournissent l'emploi et engendrent la valeur ajoutée. Une économie de ce type a besoin d'une devise forte – même si tout ne se passe évidemment pas aussi simplement que dans le schéma que je viens d'esquisser. Les exportations de services peuvent en effet ne pas suffire à équilibrer l'énorme masse des biens acquis à l'extérieur. C'est précisément ce qui se produit aux Etats-Unis – d'où un déficit commercial abyssal que la chronique économique et financière ne se prive pas de commenter. Reste à savoir comment ce déficit est financé. C'est là que la confiance dans l'économie américaine, largement soutenue par la forte rentabilité des capitaux investis sur son sol, joue pleinement son rôle : c'est en pompant une large fraction de l'épargne mondiale que les Etats-Unis équilibrent leurs comptes extérieurs.

Un tel système peut-il être pérenne ? Je serai, sur ce sujet, légèrement dubitatif. Mais pour le moment il fonctionne, et l'on peut comprendre la récurrence de cette formule qui sonne comme un slogan dans la bouche des responsables économiques américains – démocrates et républicains confondus : « Un dollar fort est dans l'intérêt des Etats-Unis. »

La situation du Royaume-Uni est en maints aspects comparable, notamment en raison du rôle qu'y joue la place financière de Londres. Nous ne saurions donc être particulièrement surpris de voir les Britanniques se satisfaire, et plus encore, d'une livre forte. La situation française est de son côté assez largement identique : notre pays est le deuxième exportateur de services au monde après les Etats-Unis, et son économie semble s'être définitivement engagée dans ce virage « post-industriel » qui débouche sur un paysage où les services jouent le rôle dominant dans la formation de la valeur ajoutée. L'économie du tourisme en fournit le meilleur exemple, notre pays étant classé au premier rang mondial des destinations de loisir.

Le cas de l'Allemagne est sensiblement différent. Voilà un pays qui a toujours incarné, et qui incarne encore, *le* grand pays industriel. La compétitivité du secteur a d'ailleurs toujours été un motif de préoccupation majeur pour ses dirigeants, surtout depuis l'unification : en raison d'abord du poids mécaniquement plus élevé du secteur industriel, et ensuite des sérieuses insuffisances en matière de compétitivité des nouveaux Länder. Aussi n'est-on pas surpris, chaque fois que l'euro remonte, d'entendre les dirigeants allemands, jusqu'au chancelier lui-même [1], prendre la parole pour expliquer qu'il ne faudrait quand même pas en venir à une situation où la compétitivité européenne (comprenez allemande) serait en cause.

Quel paradoxe! Et quel retournement dans cette histoire trop bien connue des économistes et des dirigeants politiques français! Alors qu'une des causes de la réticence allemande à l'endroit de la monnaie unique résidait dans l'incertitude de l'attitude française, eu égard à nos vieux démons (entendez par là notre immémoriale attirance pour une monnaie faible nous évitant d'avoir à fournir l'effort de productivité imposé par la concurrence), nous voilà maintenant dans une situation où les rôles tendent à s'inverser. Je n'irai certes pas jusqu'à dire que les Allemands dans leur ensemble forment le vœu d'un euro faible : ils ont tant souffert de l'hyper-inflation que le souhait d'une devise forte est pour ainsi dire inscrit dans leur code génétique. Mais même s'ils continuent de jurer la main sur la Bible qu'ils veulent un euro fort, ils en ont un besoin objectif bien moindre que nous.

Résumons.

Les dangers d'un euro faible sont évidents. Il est tout d'abord néfaste pour la croissance. Car au-delà de l'illusion très passagère que peuvent constituer des exportations stimulées, le renchérissement des importations réveille la hausse des prix et conduit la Banque Centrale à relever ses taux afin de lutter contre l'inflation. Le ralentissement économique est alors inévi-

---

1. Après une période de remontée de l'euro entre juin et août 2000, une nouvelle tendance à la baisse apparaît fin août. Le 4 septembre, le chancelier Schröder déclare que cette baisse est favorable aux exportations allemandes. La presse lui attribue alors unanimement la responsabilité de la chute du 6 septembre. L'*International Herald Tribune* n'hésite pas à écrire que les « commentaires négatifs » de Gerhard Schröder auraient « miné » la monnaie européenne.

table : il est même la condition d'une stabilisation des prix[1]. Les responsables politiques et les commentateurs n'ont pas encore bien pris conscience de cet enchaînement, car il est nouveau. Il tient au fait que la Banque Centrale a pour objectif la stabilité des prix – et non, comme la Banque de France avant l'euro, un objectif de change – et que tout supplément d'inflation importée la conduit à durcir sa politique monétaire pour être sûre d'atteindre sa cible.

En second lieu, un euro affaibli est nocif à l'économie mondiale. A euro qui s'affaiblit, dollar qui s'apprécie – ce qui convient d'autant plus aux Américains, dans le court terme au moins, que cela les dispense de se préoccuper de l'équilibre de leurs comptes extérieurs à long terme. Mais chacun admettra qu'en enflant, le problème ne se simplifie pas.

Un euro fléchissant est enfin une bien mauvaise nouvelle pour l'Europe lorsqu'il traduit une défiance des investisseurs à l'égard de notre capacité à créer les conditions macro-économiques d'une croissance forte et durable. C'est cette défiance qui représente pour moi le plus grand risque : ce serait l'échec de l'euro. Si nous ne sommes pas capables de mettre en place une conduite crédible de l'économie européenne, nous ne pouvons réussir. La faiblesse actuelle de l'euro montre que nous n'y sommes pas encore parvenus. C'est que l'euro, comme l'Europe, ont besoin d'un pilotage politique.

---

1. Cet enchaînement néfaste est l'exact symétrique de celui que les Etats-Unis ont connu au cours des années 90.

CHAPITRE 11

Monsieur Europe se fait attendre

Depuis que Jacques Delors, ce grand européen, peut-être le plus grand, s'est retiré de la scène politique, nul n'entend plus de voix assez forte pour accoucher d'une dynamique qui associerait une ambition politique aux moyens de son accomplissement. Nous aurions pourtant grand besoin de la voix d'un leader qui, quand bien même il n'en aurait pas le tempérament *par nature*, pourrait le devenir *par destination*. Les institutions n'ayant confié à personne ce rôle éminent de propulseur, nous nous retrouvons encalminés, aussi bien dans le domaine économique que pour tout ce qui touche à l'élargissement.

Pour un gouvernement économique européen

S'il est un sujet qui a fait couler quelques jets d'encre et blanchi quelques cheveux de crânes ministériels et financiers, c'est bien celui du gouvernement économique de la zone euro. L'idée en a déjà été exposée : puisque nous disposons d'une monnaie unique, la politique économique doit être décidée en commun. A la suite d'une Convention du Parti socialiste au printemps 96, Pierre Moscovici, son organisateur, n'eut aucun mal à faire inscrire la mise en place d'un tel gouvernement parmi les quatre conditions que nous avions définies et qui nous semblaient nécessaires au lancement de l'euro [1]. C'est probablement ce sujet qui a créé les dissensions les plus vives entre les différents Etats membres.

Cela a commencé tout de suite. Le gouvernement de Lionel Jospin a été nommé le mercredi 4 juin 1997. Le dimanche soir suivant, l'ECOFIN de préparation du sommet d'Amsterdam, prévu quelques jours plus tard, se réunissait à Luxembourg. Tout le monde nous attendait au tournant, regards en coin et fusils armés : les libéraux (allemands en tête) parce que nous étions censés avoir le couteau entre les dents et que nous étions susceptibles de tout faire capoter, les sociaux-démocrates parce que, passés sous les fourches caudines des premiers (notamment au sommet précédent, à Dublin, fin 1996), ils ne voyaient pas d'un très bon œil que nous puissions rappeler leur alignement [2]. Quant à nos amis britanniques du New Labour, comme nous fraîchement élus, et sur le fond assez convaincus de la pertinence de nos propositions, ils savaient déjà qu'ils n'entreraient pas dans l'euro en 1999 : ils n'en combattaient qu'avec plus de vigueur tout ce qui pouvait renforcer un groupe dont ils ne seraient pas.

---

1. Les trois autres conditions concernaient la présence des pays fondateurs (en particulier l'Italie), l'établissement de relations fondées sur un pacte de solidarité et de croissance et non uniquement de stabilité et une politique de change veillant à ce que la parité ne soit pas surévaluée.
2. De surcroît, un biais systématique, étranger à notre culture politique, vient troubler l'équilibre politique de l'ECOFIN. Il y a en Europe de nombreux gouvernements de coalition qui rassemblent des partis de gauche et des partis de droite. Presque toujours, dans ces gouvernements, c'est à un ministre conservateur qu'échoit la responsabilité des Finances. Les facétieux diront qu'il n'y a pas que dans les gouvernements de coalition qu'il en est ainsi, mais je suis sûr qu'ils font référence à des périodes plus anciennes ou plus récentes que celles où j'ai exercé cette responsabilité.

Il fallait réagir. C'est donc dans une ambiance studieuse que la position française fut préparée, à Matignon d'abord à la Lanterne [1] ensuite, pendant tout le week-end. La difficulté principale venait de ce que nous étions déjà engagés, le président de la République ayant donné l'accord de la France au traité d'Amsterdam lors du sommet de Dublin. Il s'était borné à faire renommer le Pacte de stabilité pour l'appeler « Pacte de stabilité et de croissance », sans en changer une ligne, ce à quoi les Allemands avaient consenti dans un grand éclat de rire : ce n'était donc que cela !

Comme de coutume, la réunion programmée aux Pays-Bas n'avait d'autre objet que d'entériner des accords déjà obtenus : nous étions liés. Aussi, contrairement à ce que nos partenaires européens ont pu craindre, n'avions-nous nullement l'intention de rechercher le blocage. Notre ambition n'était certainement pas d'entamer la législature avec une crise dans la cohabitation, et à plus forte raison avec une crise européenne. Il fallait donc manœuvrer finement pour obtenir ce que nous voulions, et pour cela parier sur le sentiment d'incertitude dans lequel nous laissions nos partenaires. Les « buts de guerre » étaient clairs : nos quatre conditions. Comme les questions de l'Italie et de la parité ne se poseraient que plus tard, les négociations se limiteraient aux conditions d'une politique de croissance et à ce fameux gouvernement économique. Nous fîmes monter la pression autant que faire se peut, les quelques jours précédant la tenue du sommet. J'eus trois entretiens préalables : le premier avec mon homologue allemand, Theo Waigel, auquel je tenais à livrer la primeur de mes déclarations, le deuxième avec Gordon Brown qui me semblait pouvoir être un allié potentiel et le troisième avec Gerrit Zalm, le ministre

---

1. C'est le nom de la résidence de week-end des Premiers ministres, près de Versailles. Outre moi-même, qui allais porter cette position, Lionel Jospin avait convié à Matignon Hubert Védrine et Pierre Moscovici, puis à la Lanterne Martine Aubry.

hollandais qui présidait l'ECOFIN. Sur ce point de l'ordre du jour qui était évidemment le plus attendu, la séance fut assez brève – et, il faut bien le dire, assez glaciale. L'accueil réservé à mes déclarations correspondit en tous points à ce que nous subodorions, et chacun comprit que Lionel Jospin tiendrait le cap. Les journalistes, rarement en retard d'une approximation mais toujours enclins à forcer les traits catastrophistes, annoncèrent que les choses risquaient de très mal se passer. L'hebdomadaire britannique *The Economist* publia en « Une » un dessin figurant le démontage de l'euro. Sur la clef à molette, on pouvait lire *Made in France.*

La seconde scène de cette mini-tragédie se déroula quelques jours plus tard quand, le 13 juin, la ville de Poitiers accueillit le traditionnel sommet franco-allemand. Dans l'entretien que j'avais eu avec Theo Waigel, il me sembla que j'avais assez bien identifié ses craintes, d'ordre essentiellement budgétaire : les Français, et plus encore les dirigeants de cette « gauche plurielle » qui venait de remporter les élections, ne pouvaient qu'être dépensiers. Pierre Bérégovoy, avec lequel Waigel s'était plutôt bien entendu, n'était probablement qu'une exception ; la cause était entendue : socialistes français = hausse des dépenses publiques = déficit budgétaire. L'équation était gravée dans le marbre de la mémoire libérale. Adieu donc, le fameux Pacte de stabilité auquel il tenait tant.

Il serait fastidieux d'énumérer les arguments déployés pour l'inciter, si ce n'est à changer d'avis, du moins à examiner l'avenir sous un angle à la fois moins tourmenté et plus coopératif. Toujours est-il qu'après deux heures de discussion en allemand, nous étions loin d'être d'accord, excepté sur l'essentiel : pour l'avenir de l'Europe, il fallait permettre la signature du traité d'Amsterdam. A chacun de faire l'effort nécessaire : il s'agissait pour nous de signer, pour les autres d'accepter nos propositions. Les jours suivants, l'intensité des négociations fut telle que, en arrivant à Amsterdam, le texte de l'ECOFIN – qui se tenait parallèlement au sommet des chefs d'Etat et de gouvernement – était pratiquement ficelé : la nécessité de mettre en œuvre une politique de croissance en Europe y était largement évoquée, et le principe d'une discussion sur la création d'un organe de coordination de la politique économique de la zone euro était entériné, à condition toutefois de renoncer à l'appellation de « gouvernement économique » – question de maturation des esprits. Une algarade avec mon collègue néerlandais plus tard (je ne suis pas absolument sûr qu'il n'agissait pas à l'instigation de l'excellent Gordon Brown, mon homologue britannique), et le texte fut adopté. Rejoignant le Premier ministre dans les bureaux de la délégation française, où il s'était installé pour travailler, je fus un peu surpris par l'accolade dont il me gratifia – geste rare qui révèle la conscience qu'il avait d'échapper tant à la crise politique française qu'à la crise européenne. Il venait de réussir ses premiers pas à la tête du gouvernement.

Ainsi donc est née, dans les esprits sinon encore dans les faits ou dans le vocabulaire, cette ébauche de gouvernement économique qui allait devenir, fin 1997, ce que j'aime à nommer le Conseil de l'euro. L'enjeu peut paraître mince : un forum de plus, dira-t-on ! Pour moi, il était et demeure essentiel, et ce pour trois raisons. La première est qu'en adoptant l'euro, les Etats qui participent à la monnaie unique ont créé entre eux des formes d'interdépendance totalement nouvelles : ils partagent désormais une monnaie, un taux d'inflation, un taux de change, un solde extérieur. Je crois indispensable que cette réalité économique trouve une traduction institutionnelle, c'est-à-dire que les ministres des pays participant à l'euro puissent se réunir afin d'étudier les questions que suscite cette interdépendance. La seconde raison est que la mise en œuvre d'une politique économique commune, qui fasse pendant à la politique monétaire, ne peut reposer que sur le dialogue entre ceux qui ont en main les instruments de cette politique : les ministres des Finances. Sans Conseil de l'euro, ou sans Eurogroupe comme on dit maintenant, il n'y avait aucun espoir de déterminer des réponses conjointes aux événements. La troisième raison enfin peut paraître accessoire, mais elle ne l'est pas : l'ECOFIN se réunit avec tout un appareil de fonctionnaires dans une salle si grande qu'on peine parfois à identifier celui qui parle. Tout y porte à l'expression de positions prédéfinies, plutôt qu'au dialogue entre les responsables. A l'Eurogroupe, les ministres ne sont accompagnés que d'un collaborateur. Ils peuvent se parler et même, parfois, s'écouter.

L'avènement du Conseil de l'euro exigera toutefois une étape supplémentaire, dont l'occasion sera fournie par la tenue d'une des rencontres périodiques entre ministres des Finances français et allemand, à Münster, le 14 octobre 1997. C'est à cette occasion que les Allemands acceptèrent définitivement la création du Conseil de l'euro, qui réunirait donc désormais, avant chaque ECOFIN, l'ensemble des ministres des Finances des pays ayant l'euro pour monnaie. Les Allemands ne le firent peut-être pas de gaieté de cœur, mais la logique était avec nous. Un certain nombre de voix commençaient d'ailleurs à s'élever pour considérer que, tous comptes faits et à la dénomination près, tout n'était pas complètement inexact dans ce que les Français racontaient – dont, particulièrement, celles de Jean-Claude Juncker et de Philippe Maystadt, et aussi celles de Rodrigo Rato et de Rudolf Edlinger [1]. L'idée selon laquelle la Banque Centrale Européenne, aussi indépendante fût-elle, gagnait à voir se constituer une sorte de partenaire ou de correspondant avec

---

1. Il s'agit respectivement du Premier ministre du Luxembourg exerçant la fonction de ministre des Finances et des ministres des Finances de Belgique, d'Espagne et d'Autriche.

qui discuter (et disputer) de politique économique faisait son chemin.

L'indépendance, ce n'est pas l'isolement

Dans toutes ces discussions, un soupçon revenait de manière lancinante : les Français voulaient-ils remettre en cause l'indépendance de la Banque Centrale Européenne et lui dicter ses décisions ? Le soupçon s'enracinait dans l'Histoire : à Maastricht, nous nous étions résignés à apporter notre petite offrande sur l'autel de la monnaie unique en consentant à l'indépendance de la banque centrale. Celle-ci n'avait pas, en France (comme au Royaume-Uni), la réputation d'être très indépendante. Elle l'était pourtant largement, dans la mesure où cela faisait belle lurette que les ministres ne se permettaient plus de dicter leur politique aux gouverneurs. Mais la légende était tenace, et la gauche, notamment, s'y accrochait : elle s'imaginait qu'il pouvait s'agir d'un canal dans lequel la volonté populaire viendrait s'engouffrer, et par là même s'imposer aux marchés. Les crises monétaires internationales des années 80, et plus encore celle de 92, avaient beau avoir montré l'inanité d'une telle appréciation, rien n'y faisait : les symboles sont faits pour avoir la vie dure. La vérité est que la Banque de France était en fait bel et bien dépendante, mais pas, comme on le croit couramment, du pouvoir politique : c'est auprès de la Bundesbank, dont le rôle prééminent tenait à la puissance de l'économie allemande et au rôle international du Mark, qu'elle prenait ses indications – de plus ou moins bon gré, s'entend. Le jeudi matin [1], chacun, à la Banque de France, à Rivoli, puis à Bercy, se précipitait sur les téléscripteurs ou les écrans pour savoir ce qui avait été décidé à Francfort et se préparer aux ajuste-

---

1. C'est le jeudi matin que se réunit le Conseil de la Bundesbank.

ments nécessaires. Ce que l'euro nous a donné, c'est précisément la chance de retrouver une part de pouvoir réel au sein du Conseil des gouverneurs de la BCE, en lieu et place du pauvre pouvoir factice dont nous croyions jouir auparavant.

Toujours est-il qu'il a bien fallu en venir à une indépendance, officialisée dans le traité de Maastricht – sous l'influence notoire des Allemands, qui la considéraient sans doute comme un prolongement naturel du modèle de la Bundesbank. Cette question ne me semble plus être l'objet d'un véritable débat en France – ce qui en dit long sur nos polémiques : il n'est pas rare que les plus ardentes soient aussi les plus périssables. En cherchant bien, nous trouverons sans doute quelques fondamentalistes bougons pour qui l'indépendance de la Banque de France fait figure d'absolu repoussoir, mais ils sont peu nombreux, et en vérité totalement aphones. Reconnaissons que nous avons été aidés par les modalités de la fixation de la parité de l'Ostmark par rapport au Deutsche Mark lors de l'unification allemande. A cette occasion, un conflit assez vif émergea entre le chancelier Helmut Kohl d'un côté qui, pour de très politiques raisons, voulait d'une stricte parité entre l'Ostmark et le deutsche Mark, et Karl Otto Poehl de l'autre, président de la Bundesbank, lequel proposait deux Ostmark pour un Deutsche Mark afin de refléter le décalage économique entre les deux parties de la nouvelle Allemagne. On connaît la suite : la parité a été de un pour un, parce que la décision d'unifier par traité les deux Allemagnes avait un caractère essentiellement politique, et qu'en tant que tel elle ne pouvait relever de la banque centrale. Je vois dans cet épisode le rappel de ce que, même en Allemagne la gestion de la monnaie est déléguée à un organe indépendant, où la responsabilité ultime des décisions stratégiques continue de revenir au responsable politique. Nombreux sont ceux (j'en suis) pour lesquels, ainsi conçue, l'indépendance convient parfaitement !

A Münster, Theo Waigel admit qu'il arrivait au ministre des Finances allemand de rencontrer le président de la banque centrale ; mieux : il concéda que leurs conversations pouvaient porter sur autre chose que les prévisions météorologiques ou les résultats sportifs du week-end. Même en Allemagne, où l'indépendance est sainte et sacrée, la banque centrale possède, en la personne du ministre des Finances, un correspondant privilégié avec lequel elle discute de sa politique monétaire et de sa cohérence avec la politique économique du gouvernement. Même en Allemagne, une coordination de fait est pratiquée entre politique monétaire et politique budgétaire, sans que cela remette le moins du monde en cause l'indépendance de la Bundesbank. Dans ces conditions, on voit mal pourquoi et comment il en serait autrement au niveau européen : nous avions bien besoin d'un Conseil de l'euro.

A vrai dire, comme pour tout bon compromis européen, le couple Eurogroupe-BCE implique pour tous des adaptations culturelles. Aux avocats du primat du politique, il impose de renoncer à leurs fantasmes et d'accepter que si les ministres détiennent le pouvoir budgétaire, il doivent désormais négocier avec un pouvoir monétaire qui leur échappe. Aux gardiens sourcilleux de l'indépendance de l'institution monétaire, il impose de reconnaître qu'indépendance n'est pas isolement, et que s'il s'accompagne de disciplines – l'obligation d'expliquer, d'argumenter, de préciser ses analyses, parfois celle de s'engager pour l'avenir –, le dialogue avec les responsables politiques peut aussi servir la banque centrale. Rien ne la menacerait en effet davantage que de se trouver un jour accusée à tort ou à raison d'avoir failli à sa mission, et de devoir alors, privée du soutien des responsables politiques, faire face seule aux critiques de l'opinion publique. Croire que les garanties d'indépendance qu'offre le traité suffiraient à la protéger relève d'une dangereuse illusion

Je ne saurai jamais si l'affaire du seigneuriage a joué ou non un rôle dans le ralliement des Allemands au Conseil de l'euro. Pour la comprendre, il faut savoir que les banques centrales s'enrichissent en émettant des billets. Ceux-ci constituent en effet une dette non rémunérée de la banque centrale à l'égard des ménages et des entreprises qui détiennent de la monnaie. Chacun d'entre nous, lorsqu'il conserve des espèces dans son portefeuille ou sous son matelas, fait ainsi crédit à taux zéro à l'institution monétaire [1].

Le traité de Maastricht a pris en compte la situation nouvelle et prévu que le seigneuriage de l'euro serait redistribué aux différentes banques centrales nationales proportionnellement au Produit Intérieur Brut de chaque pays, ce qui, comme première approche, peut sembler satisfaisant. Il se trouve cependant que les Allemands ont, pour la détention et l'utilisation d'espèces, un goût bien supérieur à celui des autres Européens (et notamment des Français, grands adeptes des cartes bancaires). Par ailleurs, les billets en marks sont beaucoup plus utilisés à l'étranger (et notamment en Europe de l'Est) que ceux libellés en francs ou en lires par exemple. Aussi le seigneuriage dont bénéficiait la Bundesbank était-il bien supérieur à ce que lui attribuerait une part du total réparti proportionnellement au PIB. En bref, le système prévu par le traité aurait abouti à un transfert annuel de plusieurs milliards de francs de l'Allemagne vers la France.

Cela eût été totalement injustifié, et il était normal de trouver une solution plus équitable. Mais cette erreur dans la rédaction du traité de Maastricht n'avait pas encore été révélée lorsque les Français, quelques jours avant Münster, soulevèrent la question. Une certaine gêne, pour ne pas dire un certain malaise, appa-

---

1. Ce phénomène prend le nom de seigneuriage en référence aux pratiques anciennes qui concernaient les pièces métalliques rognées par les seigneurs pour récupérer du métal précieux tout en leur conservant leur valeur faciale.

rut alors chez nos interlocuteurs, et notamment chez Hans Tietmeyer, président de la Bundesbank – et au titre de fonctions antérieures, négociateur du traité de Maastricht. J'ai le sentiment que ce grand gouverneur, ce grand européen, apprécia la bonne volonté que les Français mirent à régler ce problème sans fracas, et par là même à sortir son pays d'une bien mauvaise passe.

C'est donc à Münster que fut approuvée la proposition, désormais franco-allemande, d'un Conseil de l'euro. La seule remarque que trouva à me faire Hans Tietmeyer ne laisse de me surprendre par son détachement pour le moins pittoresque : désignant les flèches de la cathédrale de sa ville natale, il me rappela que c'était l'endroit même où les anabaptistes, et notamment Jean de Leyde, furent suspendus en 1535 dans de sordides et solides cages en bois, jusqu'à ce que mort s'ensuive. Je me demandais si c'était là le sort que l'on aurait pu me réserver.

Des institutions ne font pas une politique

Les institutions sont essentielles. Mais elles ne suffisent pas. Rien ne l'illustre mieux que notre situation actuelle : nous avons aujourd'hui un Conseil de l'euro, mais nous n'avons pas de gouvernement économique. La politique économique n'est en rien décidée en commun, elle n'est pas même concertée. Et les exercices rituels – l'analyse des grandes orientations de politique économique (les GOPE, dans le jargon bruxellois), la programmation triennale des finances publiques – ne changent rien à l'affaire.

S'il en fallait un exemple, un seul parmi cent et plus, je m'étendrais sur celui de la réforme fiscale engagée par les Allemands au printemps 2000. Je n'entends pas la commenter sur le fond – et encore moins la critiquer : je la trouve excellente – mais seulement insister sur le fait qu'elle n'aura donné lieu à aucune espèce de concertation avec aucun autre membre de la zone euro. Il serait très injuste, et très injustifié, de faire ici le procès des Allemands. Tous les gouvernements de tous les autres pays auraient malheureusement fait de même. Nous n'échappons pas à la règle. La baisse de la TVA, décidée en mars 2000 pour calmer la crise de la « cagnotte », s'est faite sans consulter nos partenaires européens. Pire : elle entrait en contradiction avec les conclusions d'une réunion de l'ECOFIN à laquelle Christian Sautter avait participé quelques jours auparavant. Ce qui est en cause, ce que je veux déplorer ici, c'est la persistance de cette maladie infantile de l'euro qui nous interdit de penser coordination et concertation, quand toute l'histoire de nos relations communes renvoie à dissimulation et compétition.

La question aujourd'hui posée est simple. Nous avons en Europe de grandes ambitions en matière de croissance et d'emploi. Avons-nous une politique économique à mettre au service de nos ambitions ? Ou, plus exactement, disposons-nous de la panoplie d'instruments – structurels, budgétaires, fiscaux, monétaires – nécessaire à la réalisation de nos objectifs, et, pour parler comme les militaires, d'une doctrine d'emploi pour les utiliser au mieux ?

Commençons par le structurel. L'Europe a, depuis dix ans, accru son retard sur les Etats-Unis en matière d'innovation, de productivité et donc de croissance. La « nouvelle économie » suscite certes quelques doutes depuis que les faillites de *dotcoms* se sont multipliées, mais l'accélération de la productivité outre-Atlantique reste une réalité, tandis que rien de tel n'apparaît encore en Europe. Alors que notre rattrapage avait été impressionnant au cours des quatre premières décennies de l'après-guerre, nous avons recommencé à décrocher des Etats-Unis depuis 1990. Quels sont nos moyens de réponse ? Pour m'être attaché à acclimater la « nouvelle économie » en France, je serai le dernier à nier que les Etats doivent y œuvrer chacun de son côté. Mais c'est à l'échelle européenne que nous pourrons développer un réseau de centres de recherche d'excellence, mettre en place des marchés financiers capables de faire émerger les projets porteurs, établir les normes industrielles des produits de demain, faire circuler la technologie et, de plus en plus, les hommes.

Les Européens les plus libéraux donnent à ces questions une réponse toute faite : le marché unique. Ils ont à la fois raison et tort. Raison, parce que la fragmentation des marchés est un handicap pour l'Europe. Nous avons organisé le marché unique des biens, mais de multiples obstacles subsistent pour les services, qui sont autant de freins au dynamisme de l'Union. Mais ils ont tort lorsqu'ils font mine de croire qu'il suffit de déréglementer puis de se croiser les bras. Pour les services davantage encore que pour les biens, il n'est pas de marché qui fonctionne correctement sans régulation publique bien conçue. C'est particulièrement clair pour les banques ou les assurances, en raison des risques inhérents à ces activités, mais c'est tout aussi vrai pour les télécommunications, les transports ou l'énergie. Les déboires des chemins de fer britanniques ou la crise de l'électricité en Californie nous rappellent quelles catastrophes une libéralisation peut produire lorsqu'elle est mal conçue ou ne s'accompagne pas des régulations indispensables.

L'affaire de l'UMTS illustre les défis qui nous attendent. Tout commence avec un succès européen, le GSM, qui a assuré une diffusion du téléphone portable beaucoup plus rapide en Europe qu'aux Etats-Unis. Pour une fois, nous étions en tête ! Forte de cette réussite, la Commission a proposé aux Etats membres de se lancer sans attendre dans les mobiles de troisième génération, qui combineront le téléphone et l'Internet. La proposition était aventureuse, parce que la technologie était loin d'être au point. Les Etats l'ont tout de même acceptée, mais en refusant de voir que si les entreprises raisonnaient à l'échelle européenne, il fallait que les pouvoirs publics fissent de même. Ils ont donc tenu à procéder de façon autonome à l'attribution des licences. Le résultat est triple : le prix des licences est très variable d'un pays membre à l'autre ; certains Etats – les plus agiles – se sont fortement enrichis ; quant à ceux qui ont préféré limiter le prélèvement opéré sur leurs champions nationaux, ils ont indirectement subventionné les contribuables des pays voisins.

Cet exemple montre bien les erreurs auxquelles peut conduire une politique à demi coordonnée : la Commission a fait des propositions sans assumer la responsabilité de l'exécution, et les Etats se sont souvent davantage souciés de leurs intérêts budgétaires que de leurs devoirs de régulateurs. Dans l'enchevêtrement des prérogatives, la logique économique s'est perdue.

J'en conclus que la construction d'un marché unique doté de régulations fortes est une priorité pour les années à venir. Je ne veux pas que demain, l'Europe porte la responsabilité d'une crise bancaire ou d'une pénurie énergétique parce que des choix décisifs auront été laissés au hasard de marchandages de boutiquiers.

De bonnes politiques structurelles ne fabriquent pas automatiquement de la croissance. Il y faut aussi un accompagnement macro-économique, et particulièrement monétaire. Or la Banque Centrale Européenne ne croit manifestement pas que l'Europe ait beaucoup de réserves de croissance. Depuis la tour de Francfort où elle siège, elle scrute le paysage et ne voit rien qui justifie un optimisme excessif. Pas de réveil de la productivité, dit-elle, et des marchés du travail trop rigides pour que l'on puisse espérer réduire le chômage bien en deçà du niveau actuel. Au total, selon Francfort, la zone euro est vouée à croître à un train de sénateur. La Banque Centrale Européenne gère donc la monnaie en conséquence.

Je ne peux reprocher aux banquiers centraux d'être prudents : c'est leur vocation. Mais je crois indispensable de les convaincre qu'ils peuvent, sans se départir de leur circonspection, faire davantage confiance à l'économie européenne. Pour cela, il faut d'abord que les responsables de la politique économique leur parlent – d'où, une fois encore, l'Eurogroupe. Il faut ensuite qu'ils leur montrent ce qu'ils font, ou ce qu'ils sont prêts à faire, pour accélérer la productivité et améliorer le fonctionnement des marchés du travail. Qu'ils fassent cette démonstration de concert, parce que la BCE ne s'intéresse très légitimement qu'à ce dont elle est chargée, c'est-à-dire à la zone euro prise dans son ensemble. Et qu'ils obtiennent, non un engagement, mais au moins un accord tacite de la BCE, par lequel celle-ci signifierait aux Etats qu'elle est prête à miser sur la croissance, pourvu qu'on lui donne des raisons d'y croire.

Tout cela ressemble fort peu à notre vision martiale de la politique. Mais ce sont les nouvelles règles du jeu européen. Mieux vaut les connaître.

Or ce jeu est objectivement difficile. Il ne faut pas beaucoup se forcer pour imaginer l'Europe continuant à se mouvoir à un rythme lent. C'est certainement ce qu'anticipent beaucoup d'observateurs, et c'est sans doute l'une des raisons de la faiblesse de l'euro. Car vouloir la croissance implique de prendre des risques : risques politiques pour les gouvernements, parce qu'ils devront prendre des mesures parfois impopulaires; risque de crédibilité pour la Banque Centrale, pour laquelle il serait évidemment plus confortable d'en rester à ses hypothèses circonspectes. Quand les acteurs doutent réciproquement de leurs bonnes intentions, la solution la plus simple est de ne rien faire. Mais ne rien faire, c'est prendre son parti d'un chômage de 8 ou 9 % et se résigner à voir l'Europe rendre chaque année un peu plus de terrain aux Etats-Unis. Briser ce cercle vicieux de la résignation est pour les responsables politiques une tâche prioritaire. Il s'agit de savoir si nous avons créé l'euro simplement pour réduire l'instabilité de nos économies, ou également pour les dynamiser. Je soutiens la seconde thèse, mais je sais parfaitement que ce n'est pas en haranguant les banquiers centraux qu'on les fera changer d'avis. C'est en les convainquant.

Le jeu est tout aussi complexe en matière budgétaire. J'en ai fait l'expérience à l'automne 1998, moment où la crise russe suscitait de vives inquiétudes quant à l'avenir de l'économie mondiale. Lors d'une réunion du G7 à Washington, Alan Greenspan, le président de la Réserve fédérale, et Michel Camdessus, le directeur général du FMI, nous avaient dit leur préoccupation et leur désir de voir les Européens participer au soutien de la croissance mondiale. Mais à l'époque, la Banque Centrale n'avait pas encore été installée – elle ne le sera qu'au 1er janvier de l'année suivante – et l'Eurogroupe était en rodage. Bref, personne n'était en charge de la croissance européenne.

Face à ce vide, je choisis de dire clairement quel était mon diagnostic sur les choix de politique économique dans la zone euro. C'est à Londres, où j'avais été invité par le Centre for Economic Policy Research, que je développai mes idées. Voulons-nous, expliquai-je, combiner la politique budgétaire de Clinton – la réduction du déficit – et la politique monétaire de Greenspan – la baisse des taux d'intérêt – ou préférons-nous l'option inverse, un *policy mix* à la Reagan-Volcker associant laxisme budgétaire et restriction monétaire ? La première option était à mes yeux cent fois préférable, car le choc subi étant le même pour tous [1], la politique monétaire constituait l'instrument approprié. Ce que je voulais surtout traduire par l'opposition de ces deux périodes caractéristiques de la politique économique américaine, c'est que nous devions faire un choix explicite de politique écono-

---

1. Les économistes parlent dans ce cas d'un choc symétrique.

mique, en nous fixant simultanément une orientation budgétaire et une orientation monétaire.

L'image fit mouche et suscita des discussions avec mes collègues européens, en particulier mon ami Oskar Lafontaine qui présidait alors l'Eurogroupe. J'en parlai aussi avec Wim Duisenberg, le président de la BCE, que je trouvai très accessible à une réflexion commune – pourvu que l'indépendance de son institution ne soit pas en cause. Cahin-caha, la réponse européenne au ralentissement économique se mit en place.

L'épisode ne dura pas longtemps, parce que la croissance américaine reprit rapidement : ce ne fut qu'un trou d'air. Mais il avait eu valeur de test. Il montrait clairement que la politique économique de la zone euro ne pouvait se résumer à un ensemble de disciplines, aussi utiles soient-elles, ou à une collection de dispositifs de pilotage automatique. Il nous fallait un cerveau collectif.

La leçon vaut pour aujourd'hui. Le freinage de la croissance mondiale apparu au cours de l'année 2000 pose un problème beaucoup plus sérieux : Etats-Unis, Japon et Europe n'ont pas été simultanément en récession ou en fort ralentissement depuis vingt ans. Or la zone euro tarde beaucoup à réagir. Elle s'est longtemps fiée à des prévisions rassurantes selon lesquelles le choc américain ne l'affecterait presque pas, puis à des scénarios lénifiants prévoyant un rebond immédiat. De tranquillisants en sédatifs, elle s'est ainsi dispensée de répondre aux questions qui se posaient avec acuité. Mais les entreprises et les ménages n'ont pas besoin qu'on leur chante des berceuses : ils attendent des responsables économiques qu'ils prennent la mesure des risques et élaborent des stratégies adéquates. La seule chose qui peut vraiment les rassurer est de savoir que même si le choc est grave, la politique économique saura y répondre.

De ce point de vue, les Etats-Unis et l'Europe rencontrent des difficultés exactement symétriques.

Outre-Atlantique, Alan Greenspan jouit d'une confiance si grande qu'elle finit par lui poser problème. Chacun pense qu'il sait ce que les autres ne savent pas et qu'il peut piloter l'économie à travers toutes les embûches, si bien que la Bourse finit par refléter la foi aveugle du marché en ses capacités de magicien. De ce côté-ci de l'océan, l'attitude est inverse, aussi la crainte que la politique économique ne soit pas adaptée s'ajoute-t-elle aux effets propres du choc économique. Là-bas, les anticipations stabilisent presque trop l'économie et les marchés; ici, elles les déstabilisent, parce que nos principes d'action ne sont pas clairs.

Je crois donc qu'il nous faut aller plus loin dans la définition des règles du jeu de l'euro. Il ne suffit pas de dire que le déficit ne doit pas dépasser 3 % et que l'inflation ne doit pas excéder 2 % : il faut que nous élaborions, ensemble, une doctrine de politique économique. Il ne s'agit pas de nous enserrer dans un carcan, en disant par avance ce que nous ferons en toute circonstance, mais simplement de rendre notre système plus intelligible. Romano Prodi, le président de la Commission, a récemment proposé que nous nous donnions quelques principes d'action. C'est exactement ce qu'il faut faire.

J'ai la conviction que cette construction d'une doctrine de politique économique pour la zone euro ne se fera pas sans un apport substantiel de la France. D'abord parce que la taille compte : les petits pays n'ont pas, en matière de politique économique, la même tradition que les grands. Ils ne participent pas au dialogue avec les Américains, et reconnaissent qu'influer sur les choix de leurs voisins est au-dessus de leurs moyens. Quant aux grands, on ne peut probablement pas en attendre grand-chose à court terme : le Royaume-Uni est malheureusement toujours hors jeu, et l'Italie comme l'Espagne se gardent de prendre trop d'initiatives. Reste l'Allemagne, qui craint de porter seule le fardeau d'une relance collective depuis qu'à la demande pressante de Jimmy Carter, elle mit en 1978 son économie en porte à faux au nom de la « théorie de la locomotive ». Elle peut, j'en suis sûr, entrer dans la danse, mais elle n'en sera pas l'initiatrice. C'est donc à la France qu'il revient de porter ce projet.

Mais la France ne pourra le faire que si elle n'est pas soupçonnée de jouer la macro-économie contre les réformes structurelles, ou de prôner la coordination afin de justifier son appétence pour la dépense publique. Pour faire avancer ces idées, nous devons être exemplaires dans les réformes comme dans la gestion de nos finances publiques.

Vous avez dit « harmonisation » ?

Que la construction d'un marché intérieur intégré ait progressé en maints domaines, voilà qui est devenu évident – que l'on s'en réjouisse ou que l'on s'en afflige. Mais il en est un où il ne fait plus que du surplace, alors même qu'il conditionne notre devenir politique et social : je veux parler de l'harmonisation fiscale.

Faut-il harmoniser la fiscalité en Europe ?

Oui, l'harmonisation fiscale est indispensable. Il ne s'agit cependant pas pour moi de prohiber toute forme de compétition fiscale entre les Etats. Nous nous faisons concurrence dans bien des domaines et je ne vois pas en quoi et pourquoi la fiscalité ne serait pas traitée comme un domaine de concurrence, au même titre que la qualité des infrastructures ou du système éducatif. Après tout, les régions ou les agglomérations françaises le font aussi entre elles. En second lieu, je connais trop les vertus de tout ce qui peut inviter les Etats membres à se comparer les uns aux autres ; en l'espèce, la concurrence fiscale peut les conduire à rechercher le meilleur ratio qualité/prix pour la fourniture des services publics. Rien de surprenant, donc, à ce que les pays tôt engagés dans des réformes de modernisation de leurs services publics soient aussi ceux qui sont capables d'en faire bénéficier leurs contribuables par des baisses d'impôt parfois substantielles.

Ces deux observations n'enlèvent rien au fait qu'une concurrence sans limite n'est acceptable ni socialement, ni économiquement. Socialement, parce que les gros contribuables, entreprises ou particuliers, seront toujours mieux armés que les autres pour bénéficier des différences entre les systèmes fiscaux. Economiquement, pour trois raisons au moins. La première vient de ce que la plupart des systèmes spécifiques ont été mis en place afin d'attirer les investissements, ce qui conduit à une mauvaise répartition de la production en Europe. Quel sens cela a-t-il, d'un point de vue économique, de localiser toutes les multinationales du secteur des technologies de l'information en Irlande quand la plus grande partie de leur production sera transportée en Europe continentale ? – sauf à se résigner à une augmentation des coûts, pour ne rien dire de la pollution. La seconde raison est que la concurrence fiscale n'a souvent rien à voir avec la promotion de l'efficacité. Lorsqu'une multinationale établie dans plusieurs pays d'Europe déploie des trésors d'ingéniosité pour localiser ses profits là où la législation fiscale est la plus favorable, il n'y a pas de gain d'efficacité économique. La troisième contradiction économique tient à ce que le capital est toujours le grand bénéficiaire de ces avantages fiscaux, simplement parce qu'il est plus mobile que le travail. Or le principal problème qui se pose aux économies européennes concerne le travail – et particulièrement le travail non qualifié ; il y aurait donc une vraie logique à ce qu'il soit le premier bénéficiaire des attentions fiscales.

Il est donc essentiel, du point de vue de l'équité comme de celui de l'efficacité, de clarifier les règles qui régissent notre concurrence fiscale. Comment peut-on prétendre avoir un marché unique quand la rentabilité d'un investissement dépend à ce point d'un calcul infiniment complexe, prenant en compte à la fois le pays d'origine de l'entreprise, le lieu où l'investissement est réalisé, les méthodes de financement, et une foultitude d'autres variables encore ?

Les champions de la concurrence fiscale tous azimuts seraient mal venus de prendre les Etats-Unis en exemple pour soutenir qu'un grand marché peut se passer de régulation fiscale. Un remarquable rapport du FMI, rédigé par Vito Tanzi, montre qu'il n'en est rien : le poids de la fiscalité fédérale est tel aux Etats-Unis que les différences entre Etats sont le plus souvent marginales. D'autre part, l'assiette des impôts fédéraux et des impôts locaux est la même, ces derniers faisant surtout figure de taxes additionnelles. *A contrario* les différences d'assiette entre les pays européens font le malheur des comptables et les délices des conseillers fiscaux. Enfin, et c'est peut-être le plus important, les différents impôts américains sont collectés par la même administration, quand la coopération entre les administrations fiscales européennes est pour le moins sporadique – comme on l'a vu lors de la négociation précédant l'adoption de la directive sur la fiscalité de l'épargne.

Les Etats membres de l'Union Européenne ont fini par admettre que l'harmonisation fiscale était chose indispensable – non, il est vrai, sans grincements de dents. C'est que les mots peuvent être trompeurs : « harmonisation » en français comme en espagnol, ou *Harmonisierung* en allemand, est un concept dynamique. Il traduit une volonté d'œuvrer pour une fiscalité plus homogène, et impose que les évolutions se fassent dans le sens du rapprochement, non de la divergence. Dans l'esprit de nos amis britanniques, il me semble que le même mot se réfère plus à la fin qu'au mouvement. L'harmonisation fiscale renvoie alors à une uniformité fiscale, résultat que personne ne souhaite et qu'il leur est facile de dénoncer. Cette divergence idiomatique m'est apparue, et à plusieurs reprises, comme un obstacle important dressé sur la voie de l'entente cordiale. A moins que, là encore, il ne se soit agi d'une ruse un tantinet perfide de nos amis britanniques afin de nous embrouiller un peu plus encore – hypothèse que nous ne saurions trop hâtivement écarter, tant la qualité de l'administration du Trésor de Sa Majesté est époustouflante.

C'est avec Mario Monti, qui était alors le commissaire chargé du dossier, qu'au deuxième semestre 1997, une impulsion nouvelle a pu être donnée [1]. Son « paquet » de Luxembourg permettait d'enregistrer deux avancées que, dans ma naïveté, je crus décisives : la volonté d'adopter un minimum de règles sur la fiscalité de l'épargne des résidents, et l'analyse des régimes d'impôt sur les sociétés manifestement dérogatoires – afin, semblait-il, de les corriger. Las : quatre années ont passé, et il nous faut bien admettre que si quelque chose brille un peu dans les avancées enregistrées, ce n'est que de l'éclat de la modestie.

En matière de fiscalité de l'épargne, la démarche retenue est bonne : que chacun taxe ses résidents comme il le veut, à condition que les revenus de l'épargne fassent l'objet d'une information mutuelle. L'idée est que le Français qui place son épargne au Luxembourg doit être taxé selon la législation française, et qu'il faut pour cela que notre administration fiscale ait connaissance de ses revenus luxembour-

1. Bien entendu, de très nombreuses étapes avaient été franchies préalablement, qu'il s'agisse de la TVA ou des accises sur les carburants, les alcools ou le tabac

geois. L'opposition du Luxembourg, précisément, a cependant suffi à réduire la portée de l'engagement souscrit par les Européens au printemps 2000. L'intention est affichée, mais sa réalisation est probablement lointaine puisqu'elle est, de fait, soumise à l'accord d'autres partenaires, notamment les Suisses.

Le problème vient de ce que l'harmonisation fiscale ne peut se décider qu'à l'unanimité des Etats. Dans une telle configuration, qui donne à chaque pays le pouvoir exorbitant d'exercer son droit de veto, on voit mal quels chemins de traverse emprunter pour parvenir à des progrès concluants. J'allais oublier de préciser que, lorsqu'un seul oppose son veto, la belle unanimité des quatorze autres ne vaut le plus souvent que pour sa façade, chacun attendant de son voisin plus intransigeant que lui-même qu'il bloque le processus – s'octroyant ainsi, et sans risque, le rôle flatteur de celui qui pousse à la réforme. Eu égard à la fiscalité de l'épargne, les Luxembourgeois[1] savaient pouvoir compter, *in fine*, sur le soutien des Anglais, lesquels ne sont pas près de toucher à un cheveu des avantages que leur procure la place londonienne. Ce sujet peut sembler technique, mais il est d'une importance cruciale : rappelons-nous seulement la fuite massive des capitaux d'Allemagne vers le Luxembourg lorsque Bonn, en 1993, décida de mettre en place une retenue à la source (pourtant bien modeste) sur les revenus de l'épargne, dans ce pays où, la fiscalité des revenus du capital étant déclarative, elle est pour ainsi dire pratiquement inconnue.

Quant au code de bonne conduite en matière d'impôt sur les sociétés auquel nous sommes parvenus

---

1. Jean-Claude Juncker n'avait pas la tâche facile, puisque c'était au tour du Luxembourg de présider l'ECOFIN et que, Premier ministre du Luxembourg, il présidait de surcroît le Conseil Européen à la fin de 1997. Il fut d'une grande habileté. Alors qu'on l'attendait réticent, il prit tout le monde à contre-pied en proposant d'avancer vite. Pour ma part, « bleu » au sein de l'ECOFIN, je n'y vis que du feu. Tout ceci se perdit dans les marécages.

après de longues négociations [1], il relève bien 66 régimes dommageables, et comporte l'engagement de les démanteler, ce qui est évidemment un progrès, mais son caractère non contraignant lui ôte beaucoup de l'efficacité espérée.

Le vote à la majorité qualifiée

La conclusion de tout cela s'impose d'elle-même . rien ne sera possible tant que prévaudra le principe de l'unanimité. Ce principe n'est plus défendable. D'abord parce qu'il n'est pas acceptable que les pays qui bénéficient le plus largement des subsides de l'Union Européenne pour stimuler leur développement – objectif parfaitement légitime – soient également ceux qui se refusent à toute discipline fiscale. Je pense à l'Irlande en matière d'impôt sur les sociétés, mais aussi à l'Espagne qui bloque toute tentative d'introduction d'une fiscalité écologique. Or nous ne pouvons pas attendre. Comment parviendrons-nous demain à réaliser à vingt-cinq, lorsque l'élargissement sera accompli, ce que nous ne parvenons déjà pas à faire à quinze ? Comment sera-t-il possible de nous mettre d'accord avec la Pologne ou l'Estonie, quand nous ne parvenons pas à le faire avec le Luxembourg ou l'Irlande ? Il nous faut donc revenir à l'épineuse question du processus décisionnel et adopter en matière fiscale le principe du vote à la majorité qualifiée.

Il y a plusieurs manières d'y parvenir. Doit-on limiter le vote à la majorité qualifiée aux seuls cas où le fonctionnement du marché intérieur est menacé, comme le propose la Commission ? Doit-on le limiter à certaines catégories d'impôt ? Doit-on considérer les assiettes différemment des taux ? Tout ceci demande à

---

1. L'Irlande était particulièrement hostile à son adoption.

être discuté. Pour ma part, à ces trois questions, je réponds : non, oui, oui. Les éventuelles menaces sur le marché intérieur ne peuvent que difficilement servir de critère parce que cela donnerait lieu à des problèmes d'interprétation sans fin ou à de savantes exégèses pour savoir si, dans tel ou tel cas, le marché intérieur est vraiment en cause. Par ailleurs, s'il y a des impôts qu'il faut harmoniser, comme l'impôt sur les sociétés par exemple, il en existe en revanche pour lesquels la subsidiarité doit jouer et dont le sort ne saurait être tranché par un vote majoritaire à Bruxelles – c'est le cas par exemple des impôts communaux. Enfin, c'est bien l'assiette qu'il faut harmoniser en première instance, avec un taux minimum – liberté étant donnée à chaque pays de l'agrémenter, s'il le souhaite, d'une fiscalité additionnelle.

Je suis bien conscient du caractère titanesque d'une telle réforme sur le plan institutionnel. Chacun sait combien le consentement à l'impôt fut au cœur de la formation des démocraties européennes. Mais qu'un pays accepte de modifier certains aspects de sa fiscalité contre son gré, voilà qui poserait un jalon majeur dans la construction de l'Europe.

Problème : que peut-on faire si un ou plusieurs pays refusent d'adopter le vote à la majorité qualifiée ? La marche à quinze étant à beaucoup pénible, pour ne pas dire laborieuse, il s'agit de savoir s'il est possible à un groupe limité de pays de se donner des règles spécifiques pour prendre les décisions qui les concernent. C'est la question, fameuse, de l'avant-garde – qui sera évoquée à la fin de ce chapitre.

Mais avant d'en terminer avec la question fiscale, il me faut préciser ce que j'entends par majorité qualifiée. Jusqu'à présent, nous avons fonctionné avec le pire des systèmes pour toutes les questions qui pouvaient faire l'objet d'un vote – ce qui n'est pas le cas de la fiscalité qui relève encore de l'unanimité. Ce système attribue un certain poids à chaque pays [1], lequel n'est pas le strict reflet de sa démographie ou de son PIB – seule leur hiérarchie est préservée. Cela pose un premier problème important : si l'on conçoit bien que l'influence du Luxembourg, Etat membre à part entière, ne puisse se limiter à son seul poids démographique (ou même économique), il est à l'inverse peu satisfaisant d'envisager que des situations puissent être bloquées par des coalitions démographiquement très minoritaires. La bonne solution est sans doute celle de la double majorité : la décision serait acquise dès lors qu'elle réunirait une majorité d'Etats représentant une majorité de la population [2]. Bonne solution qui aurait pu être adoptée au sommet de Nice... si la France avait pesé en ce sens. Mais le président de la République, obnubilé par la demande allemande de voir son nouveau poids mieux pris en compte, et prêt à tout pour éviter de rompre la parité franco-allemande, a préféré que, sur ce plan-là aussi, il ne se passe rien [3] : Cochin n'est jamais loin [4].

---

1. Avant Nice, ces pondérations allaient de 2 pour le Luxembourg à 10 pour l'Allemagne, l'Italie, le Royaume-Uni et la France. Depuis Nice, elles s'étagent de 3 pour Malte à 29 pour l'Allemagne, le Royaume-Uni, l'Italie et la France.

2. Même si, comme l'a écrit Pierre Moscovici, « cette méthode bouleverserait la philosophie du système inventé par le traité de Rome », *op. cit.*, p. 111.

3. Ou plus exactement, il a cédé sur le fond en acceptant à la fois que l'Allemagne bénéficie d'une sur-représentation accrue au Parlement, et qu'un vote au Conseil puisse faire l'objet d'une vérification démographique, mais a obtenu que les apparences restent sauves : la France et l'Allemagne continuent de disposer des mêmes voix au Conseil.

4. L'« appel de Cochin » du 6 décembre 1978 a été lancé par Jacques Chirac contre Valéry Giscard d'Estaing, président de la République, à Paris, lors de son séjour à l'hôpital Cochin où il était soigné pour une jambe cassée. Ce texte resté fameux pour son caractère outrancier et ridicule commence ainsi : « Il est des heures graves dans l'histoire d'un peuple où sa sauvegarde tient toute dans sa capacité de discerner les menaces qu'on lui cache. L'Europe que nous attendions et désirions, dans laquelle pourrait s'épanouir une France digne et forte, cette Europe, nous savons depuis hier qu'on ne veut pas la faire. Tout nous conduit à penser que, derrière le masque des mots et le jargon des technocrates, on prépare l'inféodation de la France, on consent à l'idée de son abaissement. En ce qui nous concerne, nous devons dire non. »

Tant et si bien que nous avons élevé à Nice une sorte de nouvelle tour de Babel, l'harmonie de l'ordonnancement en moins. Nous voilà donc dotés d'une nouvelle grille de pondération intégrant les pays candidats – ce qui était l'objectif visé. Mais il nous aura fallu pour cela céder aux chantages intempestifs et successifs des uns et des autres qui, cela va de soi, ne se jugeaient pas suffisamment représentés : les Espagnols ont obtenu un accroissement de leur représentation, les Belges une compensation symbolique consistant à opter plus fréquemment que par le passé pour la ville de Bruxelles comme lieu de séance du Conseil Européen. Le tout enrobé dans un maquignonnage qui, au bas mot, ne nous aura pas grandis – et nous aurons beau jeu, ensuite, de nous émouvoir de la défiance des peuples à l'endroit des institutions européennes. Les simulations qui ont été effectuées montrent qu'avec ce nouveau système, il sera nettement plus difficile qu'auparavant d'aboutir à la moindre décision. Ma crainte, aujourd'hui, est que ce charivari institutionnel n'aboutisse à un blocage généralisé – le consensus n'accouchant, comme chacun le sait, que des décisions molles.

Le processus lancé par Mario Monti en 1997 n'a donc produit, pour le moment, que des résultats ambigus. La responsabilité n'en incombe d'ailleurs pas à ce commissaire qui, dans ses fonctions actuelles, démontre assez sa parfaite connaissance des rouages communautaires et sa capacité à maîtriser l'action. Elle résulte d'un décalage consternant entre les paroles et les actes, entre l'engagement européen cent fois réaffirmé et les intérêts nationaux mille fois privilégiés. D'un mot : entre les rodomontades et la volonté politique.

Depuis 1997, les Français ont beaucoup fait pour qu'avance le dossier fiscal. Mais je dois bien le dire : moi qui ai porté la politique économique de notre pays pendant la moitié de cette période, je ne peux ressentir tout cela autrement que comme un échec personnel.

« Quel est le numéro de téléphone de l'Europe ? »

Ce jugement en forme d'interrogation est traditionnellement attribué à Henry Kissinger. Je ne sais s'il
l'a vraiment prononcé, mais ce mot dépeint à merveille
l'attitude des Américains à l'égard de l'Europe.

Les Américains ont toujours su jouer des différences, pour ne pas dire des divergences, entre Européens. Soutenant tour à tour les positions anglaises,
allemandes et françaises – et celles-là plus souvent que
celles-ci – ils savent spontanément choisir l'allié qui
leur permettra d'imposer leurs vues. Longtemps, ils
n'ont pas voulu croire que l'Europe pourrait être autre
chose qu'une vaste zone commerciale, faussement
libre-échangiste et effectivement protectionniste, une
entreprise destinée à maquiller une distribution généralisée de fonds publics sous forme de subventions
diverses. Dès lors, la Politique Agricole Commune,
l'acier, Airbus et autres dossiers devenaient des cibles
sur lesquelles concentrer les attaques.

Quand le projet de monnaie unique a commencé à
prendre corps, leur réaction prit la forme d'une moue
dubitative dans les bons jours, d'un immense éclat de
rire dans les moins bons. J'ai en tête, écrivant cela, une
conférence sur l'Europe que je donnai à Berkeley, en
1986. Sur la question de la dissuasion nucléaire, nous
étions des interlocuteurs écoutés ; sur celle d'une éventuelle monnaie unique, le commentaire tombait sans
phrases ni froufrous : « Impossible. » Les universitaires, l'administration, les milieux d'affaires semblaient s'être passé le mot : « Vous ne la ferez pas »
– ils parlaient un peu de la monnaie unique comme
d'une bonne blague.

Quelques années plus tard, après l'adoption et la
ratification du traité de Maastricht, le discours évolua
un peu ; du « Vous ne la ferez pas », il aboutit à un
« Vous le ferez peut-être, mais ce sera très mauvais

pour vous ». Et encore tous ne nous créditaient-ils pas aussi facilement. N'est-ce pas en 1996 que Milton Friedman, grand économiste s'il en est, déclarait qu'il ne verrait pas la monnaie unique de son vivant ? Quand l'euro fut en place et que chacun put vérifier que non seulement il ne nuisait pas aux pays qui l'avaient adopté, mais qu'il contribuait à une croissance saine en Europe, les Américains, pragmatiques, commencèrent à s'y intéresser.

C'est alors que la question du numéro de téléphone commença à se poser. Qui était responsable de l'euro ? Qui devait être le correspondant du secrétaire d'Etat au Trésor ? Cette question, connue des spécialistes sous le doux nom de REZE [1], n'est à ce jour toujours pas résolue. Je ne doute pas que l'absence de réponse constitue l'une des causes de la confiance encore hésitante suscitée par la monnaie unique.

Le problème est simple. L'euro est une monnaie, et une seule. De là, deux évidences : une seule personnalité doit pouvoir s'exprimer en son nom – problème : il n'y a pas de ministre des Finances de la zone euro; c'est cette personne, d'autre part, qui doit représenter l'euro dans toutes les instances idoines – le G7, par exemple, ou le FMI.

Concédons que la question du porte-parole est difficile à trancher. Sans surprise, les monétaristes diront que le président de la BCE est tout désigné pour cela (c'est d'ailleurs ce qu'il dit lui-même : « Ne cherchez pas plus loin, je suis M. Euro »). Même les plus extrémistes d'entre eux savent pourtant, ou au moins pressentent, que cette réponse n'est pas suffisante. Comme l'a dit Tommaso Padoa Schioppa, qui est le membre de la direction de la BCE en charge des questions internationales : « Dans toutes les réunions internationales, les autres banquiers centraux parlent à leur ministre [des Finances]. Qui est mon ministre ? » Lors des premières réunions du Conseil de l'euro avait été élaboré

---

1. REZE pour Représentation Extérieure de la Zone Euro.

un petit vade-mecum des *termes de référence,* autrement dit une petit bible dont il fallait respecter le scru-
puleux lexique européen. Il était demandé à Hans
Eichel, puisque nous étions sous présidence allemande,
de les exposer en notre nom. Malheureusement, on
empêche difficilement un ministre des Finances de parler, surtout lorsque, de retour de Bruxelles, sa presse
nationale l'interroge sur ce qu'il *faut* penser. Et je sais
d'expérience qu'il n'est pas toujours facile de répondre
systématiquement qu'il n'y a *pas de commentaires à
faire,* ou qu'il suffit de se reporter à ce qui a été dit par
l'excellent collègue qui préside le Conseil de l'euro.
Soyons francs : l'ego des ministres des Finances n'est
pas inférieur à celui de la moyenne de leurs contemporains, et il leur est parfois difficile de refréner leurs avis
– comme on laisse s'échapper un soupir. Cela fut
notamment le cas des petits pays, dont la devise n'inté-
ressait jusqu'alors que bien peu de monde, et qui se
sont soudainement retrouvés sous les feux de la rampe.
Il en est résulté une cacophonie d'autant plus difficile à
éviter que nul n'était investi du rôle pourtant crucial
de porte-parole.

Le problème s'est avéré plus complexe encore, parce
que plus formel, pour ce qui est de la représentation
dans les différentes instances internationales – et
d'abord dans les G7, où la délégation de chaque pays
est composée du ministre, de son directeur du Trésor
et du gouverneur de la banque centrale. En bonne
logique, les gouverneurs français, allemand et italien
auraient dû céder la place au gouverneur de la BCE,
Wim Duisenberg. Mais cette éviction aurait constitué
une telle injure aux princes de la finance mondiale que,
si chacun y avait songé en son for intérieur, personne
n'osa la suggérer. Personne, excepté les Américains,
disposés à une telle solution – ce qui, précisément,
nous fit hésiter, leur acceptation intervenant avant
même que proposition leur fût faite. Cela donnait un
certain poids à l'argument de Jean-Claude Trichet,

gouverneur de la Banque de France, lequel expliquait, non sans habileté, que tout ceci n'aboutirait qu'à affaiblir les Européens du continent face aux Anglo-Saxons. Un compromis, certes claudicant, fut dégagé à la satisfaction générale : les gouverneurs continueraient de participer à la partie du G7 traitant des questions nationales (la surveillance bancaire par exemple), tandis que le président de la BCE serait présent pour tout ce qui relève de la partie internationale.

Si j'évoque cette question, un peu longuement, ce n'est que pour mettre en évidence l'état d'impréparation dans lequel se sont trouvés les Européens. Aucune de ces questions n'ayant été résolue avant la mise en place de l'euro, il leur fallut improviser, et pas toujours de la façon la plus heureuse – on n'improvise bien, même sans partition écrite, qu'avec une grille claire à l'esprit. D'autant que si une solution a pu finalement voir le jour pour les gouverneurs, nous étions toujours confrontés à une belle aporie au niveau politique, aucun des trois pays concernés n'envisageant de céder sa place.

À Vienne, fin 1998, plusieurs propositions s'étaient affrontées sous l'œil aiguisé des Britanniques. La Belgique avait alors fait preuve de bon sens en avançant l'idée selon laquelle il ne serait pas inutile, pour représenter l'euro dans les arènes internationales, d'instituer une sorte de vice-président du Conseil de l'euro choisi à tour de rôle parmi les trois pays membres du G7 [1]. Quant à l'expression « générale », je veux dire les grandes déclarations sur les perrons, les entretiens avec des ministres de Finances de pays tiers et autres réjouissances cérémonieuses, une troïka serait instituée, regroupant le président en exercice du Conseil de l'euro, son prédécesseur et son successeur.

Cette proposition avait deux avantages. Sa simplicité ouvrait tout d'abord la voie à une certaine écono-

---

1. Allemagne, France et Italie.

mie de moyens, puisqu'en usant d'un des ministres des pays du G7 comme chef de file, elle n'introduisait pas de nouvel intervenant dans le système – de quoi accéder, donc, à l'une des requêtes de nos amis nord-américains, qui ne souhaitaient pas que croisse le nombre de représentants européens. Cette proposition répondait ensuite à l'autre problème posé par les Américains, le seul qui leur parut vraiment sérieux – quand bien même il ne fut jamais exprimé publiquement : celui de la responsabilité. Le secrétaire d'Etat américain au Trésor, ou à défaut le secrétaire-adjoint, est en contact régulier (c'est-à-dire au moins hebdomadaire) avec ses six homologues du G7, ministres ou directeurs du Trésor. Qu'il s'agisse un jour des mesures à prendre par le FMI pour circonscrire la crise coréenne, un autre jour du risque de débâcle bancaire au Brésil, un autre encore des crédits à débloquer pour la Russie, la concertation est constante. Mais pour être efficace, encore faut-il qu'elle soit un tant soit peu contraignante : il faut d'abord que les individus se connaissent ; il faut aussi qu'ils aient une responsabilité politique – et le sens de cette responsabilité ; il faut enfin que leur administration ait l'expérience de la gestion monétaire et financière internationale.

La première contrainte rendait difficile l'introduction d'un représentant de l'euro qui « tournerait » tous les six mois au sein d'un groupe de onze membres [1] La deuxième, relative à la responsabilité politique, excluait que la fonction soit remplie par le représentant de la Commission européenne [2]. Celui-ci avait bien été tenté de rentrer par la fenêtre, arguant que ce qui avait été prévu par le traité de Rome pour le commerce – la représentation de tous par la Commission – devait également valoir pour la monnaie. Personne ne voulait de cette solution : les Américains,

---

1. 11 hier, 12 aujourd'hui, combien demain ?
2. En pratique, le commissaire chargé des questions économiques et monétaires.

parce qu'ils ne considèrent pas qu'un commissaire européen puisse avoir la même responsabilité politique qu'un membre d'un gouvernement; les ministres européens parce qu'ils sont jaloux de leurs prérogatives – ce qui en définitive revient au même. Le commissaire européen de l'époque, Yves Thibault de Silguy, sans doute légitimement lassé de voir son rôle dans les grandes réunions internationales limité à servir d'huissier aux Russes [1], amorça une vague tentative de passage en force. Non sans intelligence, il y renonça, devant la bronca que son audace avait soulevée.

Comme nombre de bonnes solutions, la solution belge avait tous les avantages, mais aussi son inconvénient, et de taille : pour huit des onze pays représentés, elle signifiait que s'envolait leur espoir d'accéder un jour, fût-ce de loin en loin, et pour six mois seulement, au *nirvana* que constituent ces réunions très fermées – très fermées, donc très alléchantes pour celui qui n'en est pas. *Exit* la solution belge.

A Vienne, le Conseil de l'euro était toujours *in utero*. Je sentais bien que cette question de la représentation extérieure, à moins d'être résolue sans heurt, risquait de donner à l'Eurogroupe le statut peu engageant d'institution mort-née – tant la France, l'Allemagne et l'Italie étaient soupçonnées de vouloir mettre les huit autres sous tutelle. Il n'est d'ailleurs pas impossible que certains, froissés de ne pas détenir leur carton d'invitation dans la communauté des Onze, aient quelque peu attisé cette crainte. Toujours est-il qu'il fallait sortir de cette impasse – sauf à tout perdre. Prenant mes conseillers de court, je m'engouffrai bille en tête,

---

1. Contrairement au G8 des chefs d'Etat et de gouvernement, les Russes ne participent pas au G7 Finances. Pas tellement parce qu'il s'y discuterait de choses plus sérieuses qu'ailleurs, mais parce que la situation financière de la Russie ne l'y autorise pas : ils y seraient à la fois juges et parties. Ils viennent toutefois présenter la situation économique de leur pays, l'espace d'une heure environ, et une tradition (dont j'ignore la justification) veut que ce soit le commissaire européen qui les introduise, en entrant et sortant avec eux.

dès l'ouverture de la séance, dans une grande proposition démagogique. Présentant la France comme le premier défenseur de la collégialité au sein même de l'organe dont elle avait recommandé la création, me faisant fort par ailleurs de convaincre les Américains, je proposai simplement que le président du Conseil de l'euro participât aux réunions du G7, voyant en cela l'expression éclatante de notre affirmation récente. Le succès de cette sortie fut immédiat : Albion déconfite et le Conseil de l'euro définitivement en orbite.

Les Américains finirent par se laisser convaincre d'accorder au président de l'Eurogroupe un statut équivalent à celui du président de la BCE, et l'affaire fut réglée. L'affaire, mais pas l'épineux problème du numéro de téléphone. La solution retenue – que je ne regrette pas, puisque je ne vois pas quelle autre issue politique nous aurions pu faire émerger – n'installa donc pas de véritable représentant international de l'euro... et tout continua à fonctionner comme si de rien n'était, le secrétaire d'Etat américain conservant sa grande diversité d'interlocuteurs.

Aujourd'hui, il nous faut avancer : les faiblesses liées à l'absence de porte-parole politique de l'euro sont patentes. Une solution empirique aurait peut-être pu pointer le bout de son nez si l'un des ministres, probablement en provenance d'un des trois grands pays, avait *de facto* tenu ce rôle. Cela n'a pas été le cas.

De même, la zone euro doit désormais s'affirmer dans les enceintes internationales. Ayant la même monnaie, pourquoi parlons-nous encore en ordre dispersé dans l'institution monétaire qu'est le FMI ? Rien ne le justifie, sinon la défense étriquée de nos prés carrés. Si les Etats-Unis dominent de fait les institutions financières internationales, c'est moins par la supériorité de leurs positions que par l'incapacité des Européens à s'unir pour proposer une alternative. Chacun préfère garder sa représentation, le cas échéant en se faisant le porte-parole de quelques pays en développement, plutôt que de se fondre en un ensemble européen cohérent. Collectivement, les Européens sont le premier bailleur de fonds aux pays en développement et le premier actionnaire du FMI et de la Banque Mondiale. Qui le sait, qui s'en rend compte ? Je plaide donc pour la fusion des chaises française et allemande au FMI et à la Banque, symbole de l'intégration politique de nos deux pays et, aussi vite que possible, pour la constitution d'une chaise euro au FMI, traduction politique de l'affirmation de ce noyau dur européen sur la scène internationale.

Qui parle aux marchés ? Qui indique la direction que prend la politique économique européenne ? Qui donne sa cohérence à l'action entreprise ? Qui crée la confiance, chez les entrepreneurs comme chez les consommateurs européens ? D'un mot : qui fait de la politique en Europe ? Personne. Voilà pourquoi le risque que l'euro soit un échec n'est pas conjuré. Voilà pourquoi l'étape politique est maintenant indispensable – c'est-à-dire une dose de supranationalité supplémentaire et, concurremment, une redéfinition de la subsidiarité.

CHAPITRE 12

Pour une avant-garde

Il est devenu inacceptable que les pays qui ont joué le jeu de l'euro, avec toutes les incertitudes que pouvait receler ce pari, puissent être entravés dans leur marche au seul motif que les autres hésiteraient ou ne seraient pas prêts à les rejoindre. Lorsque l'Union sera efficace et dynamique, les pays de la zone euro éprouveront bien moins qu'auparavant le besoin de se singulariser. Mais ils ne peuvent être plus longtemps les otages d'une Union dominée par les égoïsmes nationaux, les pusillanimités particulières ou les narcissismes dix-neuviémistes. La formule peut paraître cinglante, mais la raison en est simple : ils risquent beaucoup plus, précisément parce qu'ils ont mis en commun beaucoup plus.

Certes, toutes les questions économiques ne requièrent pas à ce point un mode de prise de décision plus contraignant. S'il importe d'enregistrer rapidement un certain nombre de progrès substantiels dans des domaines aussi divers que la coordination macro-économique, la représentation extérieure de l'euro, la fiscalité, la réglementation des services financiers ou encore l'harmonisation sociale accompagnant une mobilité croissante des citoyens (je pense notamment au nécessaire transfert des droits sociaux d'un pays à un autre), il n'en va pas de même dans tous les domaines. La plupart des problématiques sociales et des questions qui concernent l'emploi doivent continuer de faire l'objet d'un traitement national. La coordination des politiques de l'emploi n'est utile que parce qu'elle bénéficie de l'expérience acquise par les autres ; mais elle doit s'adapter, presque par définition, à des situations très diverses – ce en quoi elle relève principalement des autorités nationales.

Je propose donc d'avancer en trois étapes.

La première se limite à quelques ajustements marginaux qu'il serait assez aisé de mettre immédiatement en œuvre – pourvu qu'un accord se dégage, cela va de soi. La seconde étape est plus lourde, car elle requiert certains amendements aux traités existants, voire la préparation d'un nouveau traité entre les pays de la zone euro. La troisième, plus lointaine encore, plus incertaine aussi, c'est l'étape politique.

D'abord, faire simple

S'agissant de la première étape, il paraît inutile de s'évertuer à chercher dans la traditionnelle trousse à outils communautaire les solutions qui permettraient d'envisager une quelconque organisation de la politique économique commune. Il nous faut au contraire accepter que le problème ait une forte connotation intergouvernementale, que la BCE soit une création *sui generis*, et que la Commission puisse être un organe de coordination d'autant plus efficace qu'elle aura accepté de troquer ses rêves de puissance contre une véritable influence sur les orientations. Le terme de « gouvernement économique » est trompeur, car il renvoie à quelque chose de connu. Je préfère pour ma part parler de

« gouvernance économique », notion qui implique la présence claire de plusieurs acteurs. Pour en faciliter l'exposition, je regrouperai ces propositions en trois points

Notre premier travail doit tout d'abord consister en une amélioration rapide et substantielle de la cohérence entre les buts poursuivis et les moyens mis en œuvre. Il s'agit de mettre un terme à la perplexité grandissante des observateurs extérieurs, que le doute relatif aux orientations de notre politique économique semble gagner. C'est donc à douze que nous devons définir nos objectifs et indiquer comment les politiques budgétaire, monétaire et fiscale peuvent corriger les effets des chocs extérieurs imprévus qui pourraient frapper notre économie. Nous devons par exemple clarifier nos objectifs de moyen et long termes en matière budgétaire, et dire dans quelle mesure la politique budgétaire sera utilisée pour modifier le niveau de l'activité – en cas de ralentissement comme en cas de *boom* conjoncturel. La régulation budgétaire n'a d'ailleurs aucune raison d'être identique pour chaque pays, mais l'organe coordinateur doit pouvoir définir les principes d'action et vérifier leur mise en œuvre dans chaque pays.

Il faut ensuite nous préoccuper des impératifs de transparence et de visibilité. Commençons par le commencement : ce dont nous avons besoin, c'est d'une base statistique de meilleure qualité que celle dont nous disposons actuellement. En dépit d'une certaine sophistication apparente, de nombreux chiffres demeurent aujourd'hui difficilement comparables; en pratique, il est par exemple impossible de réconcilier les balances extérieures de chaque pays avec celle de la zone euro, les données recueillies et compilées n'étant tout simplement pas cohérentes entre elles. Si bien que, faute d'informations fiables, la tendance des marchés, qui, il est vrai, s'infléchit depuis peu, est de considérer l'Allemagne comme un indicateur approché de l'ensemble de la situation économique de la zone. Une telle estimation est évidemment erronée, et milite pour la définition d'une information plus précise qui permettrait des analyses plus fines – lesquelles pourraient notamment reposer sur des données trimestrielles.

En matière de transparence, il importe également que la stratégie de la BCE soit énoncée de manière plus nette. Une assez grande incertitude demeure sur le lien entre les objectifs de la banque et son maniement des taux d'intérêt, étant entendu qu'elle défend une approche dite « à deux piliers » reposant à la fois sur le suivi d'un agrégat monétaire et sur un plafond d'inflation. Ce dernier point mérite d'ailleurs d'être commenté : la BCE a choisi d'annoncer que son objectif était de maintenir l'inflation au-dessous de 2 %. La conclusion logique de ce choix la conduira donc à prendre toutes les mesures de restriction monétaire qu'elle jugerait adéquates dès qu'elle aurait le pressentiment, à tort ou à raison, d'une inflation risquant de dépasser cette borne. Le problème est qu'elle n'a rien dit de la borne inférieure. Autrement dit, son objectif d'inflation est dissymétrique, et l'on ignore à partir de quel plancher de hausse des prix la BCE considère qu'elle doit relâcher ses conditions monétaires – autrement dit baisser son taux d'intérêt directeur. L'on me pardonnera de considérer qu'il ne s'agit pas là d'une politique très habile. Bien sûr, son mérite est de laisser une plus grande marge de manœuvre à la banque qui, de ce fait, n'est pas enfermée dans des règles de comportement excessivement rigides. Mais le prix de cette liberté, c'est l'incertitude dans laquelle se trouvent les opérateurs. Ce prix est trop élevé ; à tout prendre, je préfère, en ce domaine comme en d'autres, que l'incertitude de la collectivité soit réduite, quand bien même cela induirait une certaine limitation de la liberté d'un des acteurs.

Une ultime amélioration de la transparence et de la visibilité me semble assez aisément envisageable. Je crois en effet souhaitable que les parlements nationaux adoptent les programmes budgétaires triennaux que chaque pays présente à l'Eurogroupe, de manière à mieux les intégrer dans les stratégies budgétaires nationales.

Mon troisième point sera bref. Il en a d'ailleurs déjà été beaucoup question : je veux parler de la représentation extérieure de l'euro. A bien y réfléchir, je crois que l'expérience, depuis 1999, atteste que, en dépit des difficultés politiques qui lui sont liées, la solution proposée par la Belgique et consistant à flanquer le président de l'Eurogroupe d'un vice-président issu d'un pays participant au G7 est la seule viable. Cette proposition est apparue inacceptable à certains à la fin de l'année 1998, mais rien n'assure qu'elle le demeure aujourd'hui : je pense même, après ces trois années de vie commune, qu'elle est devenue concevable, acceptable, et réalisable.

Toutes ces observations conduisent à la conclusion suivante : il faut redéfinir le rôle de la Commission. Celle-ci ne doit continuer à jouer son rôle actuel que pour les pays qui n'ont pas choisi d'avoir l'euro pour monnaie. Pour les autres, il faut que les élus reprennent leurs responsabilités et que les instances politiques soient plus libres de leurs mouvements. De ce point de vue, une proposition extrêmement intéressante, popularisée par Claude Allègre, demande à être examinée avec attention : elle prévoit que chaque gouvernement dispose d'une sorte de vice-Premier ministre [1] qui résiderait à Bruxelles et aurait en charge l'ensemble des questions européennes. Leur réunion constituerait l'instance suprême de décision entre deux Conseils Européens des chefs d'Etat et de gouvernement. La res-

---

1. On notera que Pierre Moscovici (*op. cit.*) ne croit pas l'idée d'un vice-Premier ministre adaptable dans tous les pays en raison, notamment, de l'existence de gouvernements de coalition. Mais il rejoint la même solution, tout en étant plus diplomate, quand il propose « un ministre important placé auprès du Premier ministre ».

ponsabilité politique s'exercerait alors de façon plus visible – donc plus démocratique : elle permettrait de préparer la seconde étape.

Un nouveau traité avant même l'Europe politique

Celle-ci est sans doute beaucoup plus difficile à mettre en œuvre, mais elle n'en est pas moins essentielle. Elle requiert une modification des traités ou, plus précisément, elle implique qu'un nouveau traité soit préparé entre les pays membres de la zone euro. Traité qui devrait selon moi posséder les caractéristiques suivantes.

Donner un pouvoir de décision formel à l'Eurogroupe dans tous les domaines relatifs à la politique macro-économique lui permettant de trancher lorsqu'une solution de consensus n'aura pu être dégagée et disposant, pour ce faire, d'une procédure de vote à la majorité qualifiée. Afin de parfaire le dispositif, il est aisé d'imaginer qu'une assemblée, composée des commissions parlementaires des Finances de tous les pays concernés, puisse être réunie et consultée avant tout vote formel et que, dans certains cas, un avis conforme soit requis.

Prévoir que, lorsqu'une décision a été prise au sein de l'Eurogroupe, l'ensemble des Etats qui en sont membres se voient dans l'obligation de la soutenir – notamment au sein de l'ECOFIN. C'est là une bonne méthode pour mettre en place une procédure de décision un tant soit peu efficace aussi longtemps que le vote à la majorité qualifiée n'aura pas été institué au sein de l'ECOFIN lui-même – heureuse perspective, mais assurément lointaine, et que l'élargissement éloignera encore. Pour compléter et parachever le dispositif, une procédure du type du « compromis de

Luxembourg [1] » pourrait utilement voir le jour, afin notamment de préserver les intérêts vitaux des Etats qui n'auraient pas choisi l'euro.

Alors, et alors seulement, nous pourrons réfléchir à la troisième étape. C'est de cette étape, plus proprement politique, qu'il s'est agi dans le discours tenu par Joschka Fischer à l'Université Humbold [2]. Mais il nous faut préparer le terrain si nous avons vraiment l'ambition d'y parvenir. Et si cela se prépare dans les esprits, cela se prépare aussi dans les pratiques quotidiennes afférentes à la gestion commune d'une économie que nous avons choisi d'unifier. C'est seulement à ce moment que la question de la nature politique de l'Europe et de son choix constitutionnel, éventuellement fédéral, pourra être posée avec efficacité. Bien entendu, je ne prétends nullement que l'Europe économique suffise à fonder l'Europe politique. Il y faudra bien d'autres ingrédients qui touchent à la fois à la défense, à la politique extérieure, à la sécurité, bref aux différentes coopérations renforcées. Mais nous avons toujours cheminé en Europe derrière la bannière des avancées économiques et sans doute faut-il continuer en ce sens.

Comment paver le chemin ? Comment avancer vers l'Union politique ? Je reprendrai ici la thèse que j'ai soutenue avec trois amis dans un article du journal *Le Monde* au printemps dernier [3]. Elle repose sur le

---

1. Le « compromis de Luxembourg » date du 29 janvier 1966. Sans portée juridique, il précise les modalités pratiques de l'adoption des décisions. Lorsque des « intérêts très importants » d'un ou de plusieurs partenaires sont en jeu, la décision ne peut être prise qu'à l'unanimité. Dans la pratique, ce compromis a permis de faire droit aux revendications de la France, qui réclamait que le pouvoir de décision reste entre les mains des Etats (crise de la « chaise vide » du 30 juin 1965 au 29 janvier 1966), contre l'extension de la majorité qualifiée initialement prévue pour le 1er janvier 1966.

2. Même si pour J. Fischer l'étape politique ne concerne pas que les pays de la zone euro.

3. J.-N. Jeanneney, P. Lamy, H. Nallet et D. Strauss-Kahn, « Europe : pour aller plus loin », in *Le Monde*, 20 juin 2001.

constat désolé d'un certain refroidissement des relations franco-allemandes, mêlé à la conviction absolue
que le couple franco-allemand reste l'indispensable
ressort des avancées européennes. Nous avons su forcer les rapprochements économiques quand cela était
nécessaire. Adenauer et de Gaulle, Schmidt et Giscard
d'Estaing, Kohl et Mitterrand ont été les artisans de
cet assemblage progressif. Il faut continuer dans cette
voie et oser aller plus loin. C'est d'union politique
dont nous devons maintenant parler avec les Allemands, en mettant en place à deux pour commencer
les instances communes dont nous avons besoin – de
concertation d'abord, de décision plus tard. Des réunions beaucoup plus fréquentes devraient ainsi se tenir
entre les deux gouvernements – non des grand-messes
comme celles auxquelles nous sommes accoutumés,
mais des réunions de travail portant sur des sujets
concrets. Par ailleurs, au niveau parlementaire, différentes commissions devraient organiser des séances
conjointes, à commencer par les commissions des
Finances lors de la présentation des budgets.

Beaucoup trouveront cela illusoire, ou à tout le
moins prématuré. Pour leur prouver que les idées
cheminent souvent plus vite qu'ils ne le croient, je
veux rappeler ici le projet qu'Oskar Lafontaine, grand
européen et grand ami de la France, m'a présenté en
février 1999 : il ne s'agissait de rien de moins que
d'un nouveau traité franco-allemand, prévoyant que
l'Allemagne et la France voteraient systématiquement
ensemble tant à Bruxelles que dans les institutions de
Bretton Woods. Et c'est à l'occasion d'une bucolique
promenade à Waldeck, dans son Land de Hesse, que
quelques mois plus tard je discutai avec Hans Eichel la
possibilité, qui a déjà été évoquée, d'une fusion des
chaises française et allemande au FMI et à la Banque
Mondiale,

Au fond, tout ceci n'est qu'une nouvelle manière de
nous mettre dans les pas des pères fondateurs : renfor-

cer les proximités politiques à partir de projets
concrets et conduits à leur terme, projets qui créeront
d'irréversibles liens de solidarité.

Que la zone euro devienne le creuset d'une avant-
garde disposant de règles de fonctionnement inscrites
le plus rapidement possible dans un nouveau traité ;
que l'alliance franco-allemande trace la voie d'une
union politique dont l'achèvement demandera encore
beaucoup de temps : voilà pour moi le futur de
l'Europe.

Les objections sont connues. Elles émanent généralement de ceux qui refusent un regroupement autour de
l'euro, qualifiant dédaigneusement cette idée de « thèse
des ministres des Finances ». Ceux-là soutiennent
d'abord qu'en conduisant à l'entrée d'autres partenaires dans la zone euro, l'élargissement fera perdre
une bonne part de son homogénéité au groupe actuellement constitué. Ils prétendent ensuite que ce qui est
important, c'est la politique étrangère et la défense, et
que nulle avant-garde ne saurait dans ces conditions
être constituée sans les Anglais. On l'aura compris :
c'est la position des diplomates.

A ceux-là, qu'il est piquant de voir se réfugier
aujourd'hui derrière l'élargissement qu'ils ont si mal
préparé [1], je répondrai en trois points. D'abord, si
d'autres pays rejoignent l'euro, c'est qu'ils auront au
moins convergé vers nous sur le plan économique – ce
qui n'est pas rien. L'hétérogénéité ne sera donc pas
aussi grande qu'ils le craignent. Je reconnais évidemment que le souhait d'avoir les Anglais « à bord »
est légitime. Mais ceux-ci ne seront vraiment dans
l'Europe que le jour – que je souhaite proche – où ils
auront franchi le nouveau Rubicon : renoncer à la livre
sterling pour choisir l'euro. En attendant, ils continueront d'être des partenaires proches et admirés, mais
seulement des partenaires – dont nous avons beaucoup

---

1. Cf. ci-après.

à apprendre, comme le montrent nos réussites compa-
rées dans la récente intervention militaire en Afg-
hanistan. Au demeurant, la faible existence de l'Europe
diplomatique (et de la France en particulier) sur de
nombreux théâtres, dont le Moyen-Orient, ne me
convainc pas que nous ayons là un pilier solide sur
lequel nous appuyer pour continuer à bâtir l'Europe.
Enfin et surtout, je dis à ces détracteurs d'une avant-
garde européenne fondée sur l'euro qu'ils sous-esti-
ment gravement les risques d'échec de la monnaie
unique elle-même. Resserrer les liens entre les pays de
l'euro n'a pas pour seul objectif de créer une avant-
garde pour le plaisir de le faire : c'est une condition de
son succès. Si celui-ci échoue, c'est-à-dire si la politique
économique et monétaire que nous menons ne conduit
pas à une croissance forte et à une baisse massive du
chômage, alors les tendances centrifuges seront nombreuses et puissantes, et c'est tout l'édifice construit
depuis un demi-siècle qui pourrait s'effondrer. Les Britanniques reprendront le large les premiers, et ce qui
aura pu être élaboré au titre de la politique étrangère et
de la défense communes volera en éclats. L'histoire de
l'Europe est pleine de ces alliances mille fois érigées et
mille fois abandonnées parce qu'elles ne reposaient que
sur la diplomatie.

L'élargissement : un casse-tête mal préparé

Et s'il n'y avait que l'euro ! Car nous devons aussi, et
en même temps, résoudre les problèmes assez inédits
que pose le prochain et déjà programmé élargissement.
Jusqu'à présent, et cela vaut pour tous les élargis-
sements successifs[1], la méthode retenue, *l'unilatéra-*

---

1. De six à l'origine, les Etats membres sont devenus neuf en 73 (Danemark, Irlande et Royaume-Uni), dix en 81 (Grèce), 12 en 86 (Espagne et
Portugal) et 15 en 95 (Autriche, Finlande et Suède).

lisme, avait l'avantage de la simplicité : ce qui a été décidé et mis en place par la Communauté Economique Européenne d'abord, par l'Union Européenne ensuite, constitue un bloc inoxydable. C'est à prendre ou à laisser : on ne fait pas sa mijaurée quand on veut adhérer à l'Union. Toutes les dispositions existantes, prises dans un passé proche ou lointain, doivent être acceptées – fût-ce en négociant une remise gracieuse sur les délais. On appelle cela *l'acquis communautaire*. Pour l'Union, le problème se posait donc de façon relativement simple – et la question se résolvait sans plus de complications.

Par ailleurs, les pays candidats étaient jusqu'alors géographiquement proches. Ce qui était à la fois prévisible et qui est compréhensible, l'élargissement ayant commencé par les pays directement voisins. La minimisation des coûts de transport, la continuité des infrastructures, l'efficacité de l'intégration commerciale, le nécessaire contrôle des frontières externes : autant de bonnes raisons qui justifiaient de commencer par nos voisins immédiats.

Treize pays, pour certains très excentrés, frappent aujourd'hui à la porte [1]. Aussi cet élargissement, abordé avec la même candeur géographique que les précédents, s'en distingue-t-il assez profondément. Deux phénomènes se conjuguent en effet pour accroître singulièrement les difficultés afférentes aux adhésions projetées. Il y a tout d'abord l'écart entre le niveau de développement économique des candidats et celui de la moyenne de l'Union, écart beaucoup plus important encore que lors des adhésions de l'Irlande, de la Grèce, de l'Espagne ou du Portugal. De surcroît, l'Europe a beaucoup progressé et l'acquis communau-

---

1. Hongrie, Pologne, République tchèque, Estonie et Slovénie pour le premier ensemble; Lettonie, Lituanie, Slovaquie, Chypre, Malte plus la Bulgarie et la Roumanie ensuite; et la Turquie, enfin.

taire s'est lourdement enrichi. Si bien que la barre à franchir est sensiblement plus haute ; peut-être même trop [1].

Mais il faut pour comprendre tout cela se rappeler le contexte de l'époque. Quand l'affaire a été lancée, en 1993, l'Europe a été fautive : elle a été prise en flagrant délit d'incompétence stratégique. Chacun souhaitait naturellement aider ces pays qui renaissaient à la démocratie, mais cela aurait dû impliquer un soutien sans faille à leur développement. A la décharge de l'Europe, il faut dire que le pari n'était pas mince, puisqu'il s'agissait de réussir la transition des économies du COMECON vers des économies de marché. L'objectif était donc plus politique qu'économique – ce qui ne signifie pas qu'il fut illégitime. L'idée selon laquelle la meilleure façon de faciliter cette transition était d'accélérer l'adhésion à l'Union Européenne s'est rapidement imposée. En juin 1991, à Prague, François Mitterrand avait tenté une approche sensiblement différente : je crois aujourd'hui qu'il avait raison. Son idée était d'arrimer ces pays à l'Union en créant pour eux un statut intermédiaire, plus politique qu'économique, qui aurait eu l'immense avantage de marquer une direction, de traduire l'intérêt des Européens de l'Ouest pour leurs frères de l'Est, en un mot de témoigner d'une volonté. De toute évidence, cela aurait facilité une intégration certes plus progressive, mais aussi plus réelle, plus profonde, et en tout cas moins problématique. Las ! C'était négliger, une fois encore, l'étrange magie des symboles : ce que les dirigeants de ces pays voulaient présenter à leurs peuples respectifs,

---

1. C'est pourquoi le maintien de l'euro dans l'acquis communautaire n'est pas raisonnable. Les pays candidats doivent entrer dans l'Union, pas obligatoirement ou pas tout de suite dans l'euro. C'est une faute de leur retirer toute possibilité d'ajustement de leur parité alors qu'ils ont un effort d'adaptation considérable à réaliser.

c'était l'adhésion pure, simple et immédiate. L'affaire capota [1].

La voie de l'intégration « rapide » eut donc la préférence [2]. Mais pour s'engager sur une voie express, il faut être sûr de ses propres moteurs, conduire en souplesse, être soucieux de sa sécurité comme de celle d'autrui. Or l'Union ne s'est aucunement donné les moyens, notamment financiers, d'atteindre un tel but. Pour les pays candidats, au-delà des vertiges que peut susciter le rêve occidental, l'adhésion est un long chemin de croix – la reprise de l'acquis communautaire se révélant toujours plus périlleuse qu'attendu. En matière industrielle, pour ne prendre que cet exemple, il importe, passé un certain délai [3], d'être en mesure de satisfaire à l'ensemble de la normalisation dont l'Union s'est dotée – ceci vaut pour la normalisation des produits mis sur le marché, mais aussi pour les processus de production. Ainsi faudra-t-il par exemple ramener toutes les pollutions d'usine en dessous des seuils européens. A soi seule, cette tâche est déjà herculéenne, tant l'appareil de production de ces pays n'a pas été conçu, et c'est peu dire, dans le souci de ses conséquences environnementales. Si bien que l'effort à consentir aujourd'hui est démesuré, quand il n'est pas sous-estimé par les candidats eux-mêmes.

---

1. Cet épisode montre que l'Union n'a jamais eu d'autre instrument de politique étrangère que la perspective de l'adhésion. C'est grâce à elle que nous avons pu, depuis le traité de Rome, stabiliser le continent et y consolider la démocratie comme l'économie de marché. Il faut s'en souvenir quand on réfléchit à l'aide à apporter aux pays qui bordent la Méditerranée.

2. En 1999, après la crise du Kosovo, le problème s'est posé pour les Balkans en des termes analogues. Une initiative très argumentée du Center for European Policy Studies proposait en 1999 l'ouverture de négociations rapides avec l'Albanie, la Bosnie, la Croatie, la Macédoine et la Yougoslavie. L'objectif était de donner un contenu concret au pacte de Stabilité envisagé pour les Balkans.

3. Ce délai a été jusqu'à seize années pour certains secteurs dans le cas de l'Espagne et du Portugal. Il peut difficilement être beaucoup plus long sauf à vider l'adhésion de tout contenu.

Une autre grande difficulté concerne la Politique Agricole Commune. Ces pays devront bien entendu en bénéficier, mais ce sont les membres actuels de l'Union qui, pour l'essentiel, supporteront le poids financier de l'extension de cette politique communautaire. Ceci étant dit, et compte tenu de la faible productivité d'une partie de leur agriculture, il n'est pas impossible que ces pays se révèlent être volontiers importateurs de denrées alimentaires. Dans ce cas, un exode rural est à prévoir qui sera difficile à maîtriser.

On le voit, l'adhésion à l'Union exigera des efforts considérables. Aussi devrions-nous, si ce n'est refuser à certains l'entrée dans le processus, au moins nous donner les moyens de le rendre supportable. Tel était bien d'ailleurs l'objectif de la procédure dite de « l'Agenda 2000 », laquelle visait à fixer un cadre bud-gétaire approprié. Les sommes prévues me semblent malheureusement trop modestes pour permettre de respecter le calendrier initial. Pire : il est probable qu'elles ne suffiront qu'aux premières adhésions, lais-sant le sort des candidats suivants dans une plus grande incertitude encore. Un mot enfin sur la procé-dure de répartition, qui laisse à désirer. Il a en effet été convenu que les aides prenant la forme de fonds struc-turels ne dépasseraient pas 4 % du PIB des pays concernés – pratiquement, cela signifie qu'elles seront proches de 4 %. En conséquence, les candidats les plus riches seront plus aidés que les autres : plus un candi-dat se développera, plus il pourra espérer s'appuyer sur les subsides communautaires.

Sans doute la démarche inverse eût-elle été plus adaptée : déterminer le niveau souhaitable des aides dans chacun des cas et dégager les ressources néces-saires – ou au moins ne prendre d'engagements qu'à hauteur des ressources effectivement dégagées. Au lieu de quoi, tous les dirigeants de l'Union, à commencer par le président de la République française, se sont fait une joie de rendre de très officielles visites aux pays candidats, les uns flattant leurs hôtes en promettant des adhésions rapides, les autres leur donnant même des précisions sur les dates d'adhésion. Tous refusèrent toutefois de prendre les décisions nécessaires à la traduction budgétaire de leurs promesses.

Au-delà de ces sordides questions financières, le problème des institutions reste entier. Cette fois-ci, il ne s'agit pas de deux ou trois membres supplémentaires, mais d'une bonne douzaine. Dès lors se posent les questions du nombre de commissaires et des procédures de prises de décision. L'on me pardonnera de ne pas revenir sur ces dernières, mon sentiment sur la bonne procédure de vote étant connu : la double majorité des Etats et des populations. Je me permettrai juste de noter que cette règle a l'avantage de traverser le temps. Elle ne requiert nul réaménagement préalable à une nouvelle adhésion; *a contrario*, dans la procédure adoptée à Nice, le jeu des pondérations devra être reconsidéré chaque fois qu'un Etat (non prévu par le traité de Nice) nous rejoindra.

Je veux m'arrêter en revanche un peu plus longuement sur le nombre de commissaires. A l'heure actuelle, la règle veut que chaque « grand » pays dispose de deux commissaires, chaque « petit » d'un seul. Outre les désagréments inhérents à l'incessante chicane entretenue par certains pour tenter d'être reconnus comme grands pays, cette pratique a un grave inconvénient : lorsque l'élargissement envisagé sera réalité, pas moins de trente commissaires auront à s'entendre sur les politiques à suivre. Je crains qu'il ne soit difficile de trouver autant de portefeuilles correspondants. Je me souviens d'une visite que je rendis à Romano Prodi, en mai 1999, peu de temps après qu'il eut été choisi par le Conseil Européen pour présider la future Commission. Très aimablement, Romano Prodi m'avait convié à passer le voir chez lui, à Bologne. Au cours de cette journée, il m'avoua tout l'embarras dans lequel il se trouvait d'avoir à définir une douzaine de responsabilités véritables – qu'en serait-il d'une trentaine ? Ceci étant dit, il est difficile de concevoir que certains pays acceptent de renoncer à leur commissaire – juste et compréhensible réticence, au demeurant. Peut-être alors faudra-t-il prévoir l'organisation de participations tournantes aux commissions successives – encore que, à bien y réfléchir, tout système organisé autour de quotas par nation interdit de choisir les candidatures les plus adaptées à la fonction à remplir.

Que dire enfin de la très nécessaire cohésion du « collège des commissaires » ? Une Commission de trente membres ou plus pourra-t-elle, saura-t-elle, continuer à fonctionner sans conflits ? J'entends bien l'objection selon laquelle les gouvernements nationaux sont bien souvent constitués de plus de trente membres. Ceci est malheureusement exact. Mais outre que je ne suis pas convaincu qu'il s'agisse là de la meilleure des pratiques, je note que nous touchons du doigt la principale différence entre la Commission et un gouvernement. Car, sauf exception, les gouvernements sont, sinon homogènes, du moins politiquement cohérents, qui plus est formés par un homme ou une femme démocratiquement désigné(e) à cette fin, et politiquement responsables. C'est ici que nous retrouvons le fil rouge de ce chapitre européen. Les conditions nouvelles dans lesquelles se trouve l'Europe exigent un véritable pouvoir politique. L'une des pistes à suivre, comme les socialistes le demandent, consisterait en la nomination à la tête de la Commission du candidat choisi à cette fin par la coalition victorieuse aux élections européennes. Le candidat sera annoncé, mènera la campagne, et présidera en cas de victoire. Quoi de plus logique ? Cette proposition, sans doute la plus opportune aujourd'hui, exigera néanmoins que l'on donne à ce président tout pouvoir pour choisir ses commissaires, avec l'accord des Etats bien sûr, mais sur sa proposition.

La France fut parmi les premiers Etats à demander qu'une révision institutionnelle précédât l'élargissement. Cela rend d'autant plus amère la lecture des résultats consignés dans le traité de Nice. Sans doute me dira-t-on qu'il s'agit là du meilleur traité possible dans l'état actuel de l'Union. Soit. Les talents de négociateur de Pierre Moscovici – excessivement et injustement attaqué alors – ont évité que ce traité ne soit pire encore. Mais cela en dit long sur l'ankylose de cette Europe, impotente, comme incapable de se mouvoir, alors même qu'elle vit les défis les plus impressionnants qu'il lui ait été donné de relever [1].

Si l'objectif n'est autre que de tendre vers une grande zone de libre-échange [2], alors tout cela n'est pas grave. Mais si c'est bien de la construction de l'Europe dont nous parlons ; si ce que nous voulons, c'est créer dans cette partie du monde une puissance et pas seulement un espace, alors il faut retrouver une impulsion politique.

1. Comment comprendre que nous ne puissions avancer dans des domaines pratiques qui relèvent du simple bon sens. Pour ne prendre qu'un exemple, pourquoi est-il si difficile de fusionner nos représentations diplomatiques ainsi que Lionel Jospin y invitait dans son discours du printemps 2001. Partout, nos consulats pourraient être regroupés, et, dans de nombreux pays, il pourrait en aller de même de nos ambassades. Qu'avons-nous besoin de quinze ambassades au Honduras ou au Mozambique ! Libérons ces pays du fardeau que constitue la coordination d'un corps diplomatique aussi pesant.

2. Doit-on s'étonner de ce que les Etats les plus réticents face à toute évolution politique soient aussi ceux qui sont le plus proches de cette conception de l'Europe réduite à une zone commerciale ? Pour aller plus loin, ne peut-on pas voir dans leur engagement en faveur de l'élargissement accompagné de leur hostilité à tout aménagement institutionnel l'instrument qu'ils ont choisi pour contraindre l'Europe à renoncer à toute ambition fédérative ?

Demain, la Méditerranée, mer intérieure de l'Europe

Un mot, un dernier, mais de grande importance. Il est pour moi majeur même s'il est de conséquence lointaine. Nous assistons à l'apparition des grandes zones géographiques et économiques appelées à se répondre et à se concurrencer sur la surface de la planète pour des décennies, et peut-être pour des siècles. En effet, les zones d'influence qui se dessinent, les regroupements qui s'opèrent risquent de durer longtemps. Certes, rien ne garantit que le gigantesque jeu de quilles dont le monde a été le théâtre au cours des derniers siècles soit définitivement derrière nous. J'incline toutefois à penser que les interdépendances économiques croissantes liées à la mondialisation vont avoir un effet stabilisateur à l'échelle de la planète comme elles en ont eu un en Europe. Dans ces conditions, le paysage qui apparaît a probablement de belles années devant lui.

Chacun voit bien se dessiner la plaque nord-américaine. Elle regroupera, autour des États-Unis, ses satellites canadien et mexicain. Nul ne sait aujourd'hui si l'Amérique du Sud, autour du Mercosur, saura accéder à une forme d'autonomie, ou si elle sera vassalisée. Je veux croire à la première hypothèse – mais rien ne permet d'en être assuré. En Asie, deux ou trois zones peuvent se dégager, selon qu'en sus de l'Inde et de la Chine, le Japon saura ou non créer autour de lui une solidarité suffisante. Le court terme ne plaide pas en ce sens mais, là encore, rien n'est définitivement joué.

L'Europe sera un de ces joueurs – et parmi les plus importants. Mais, pour moi, sa vocation, son ambition, ne doivent pas s'arrêter à son périmètre actuel, ni même à celui que dessine l'élargissement projeté. Sa vocation est de regrouper tous les territoires compris entre les glaces du Nord, les neiges de l'Oural, et les sables du Sud. Ce que je veux dire, c'est que nous devons envisager la Méditerranée, à l'horizon de quelques décennies, comme notre mer intérieure.

La logique historique, la cohérence économique, la sécurité démographique, auxquelles j'ajouterai une proximité culturelle issue de la diffusion des religions du Livre, nous montrent la voie. C'est à un élargissement à tout le pourtour de la Méditerranée qu'il faut nous préparer. Nous sommes loin d'en avoir pris conscience. Et, tout à nos amours vers l'Est, nous négligeons le Sud. C'est lui pourtant qui est le berceau de notre culture. C'est lui qui apportera à la vieille Europe le sang neuf des jeunes générations. C'est lui qui fera de l'Europe le point de passage obligé entre l'Occident et l'Orient. Alexandre, Napoléon, nos folles ambitions coloniales ont cru construire cette unité par la force des armes. La méthode, cruelle et souvent détestable, a échoué mais l'ambition était fondée. Elle le demeure.

Qu'on se rassure : cette unité retrouvée de la Méditerranée n'est pas pour aujourd'hui – ni même, vraisemblablement, pour demain. Notre tâche immédiate est plus modeste, mais tout aussi impérieuse : sortir l'Europe de la léthargie, lui permettre de jouer son rôle dans la maîtrise de la mondialisation, en un mot, refaire de la politique.

Sur l'exception française

« Nous ne vivons pas dans la légende et c'est la France de notre temps que nous devons contempler, connaître et aimer. »

Pierre Mendès France, *Pour une République moderne* (1962).

Il y a bien une exception française. Forgée sur un mélange de traditions et de textes, de légendes et de réalités, de héros mythiques et de figures historiques, elle coule dans les veines et irrigue les pensées de celles et de ceux qui se sentent héritiers de Charlemagne, d'Henri IV et de la Révolution. Descendants de Charlemagne, leur regard embrasse l'Europe ; enfants d'Henri IV, leur chair vibre à l'appel de la Nation ; fils de la Révolution, leur esprit ne connaît que la Liberté. En reliant l'irréductibilité gauloise à l'appel du 18 juin, en passant par Voltaire et les armées de Valmy, cette chaîne dessine un territoire dont les habitants aiment à cultiver leur singularité : ils sont français.

Pourtant, direz-vous peut-être, la pâte historique, la légende commune, tout cela se trouve aussi ailleurs. Partout elles sont particulières, et partout elles existent ; les Français ne constituent en rien une exception : ils sont un élément de la diversité.

Je ne le crois pas. L'exception française naît d'une combinaison particulière de la raison et de l'Etat, ou

266   La flamme et la cendre

plutôt du rôle particulier joué par cette combinaison dans la formation de la nation française. Descartes et Napoléon distinguent notre manière de penser et de vivre – les autres Européens, d'ailleurs, ne s'y trompent pas [1].

La volonté d'organiser méthodiquement la société, d'en faire un objet de raison et de le faire par le haut, en nous fondant sur l'autorité de l'Etat, voilà qui nous distingue de nos voisins les plus proches. En dérivent ces mille et un traits de notre identité nationale : la laïcité, le Code Civil, l'administration préfectorale, la prééminence de Paris, la République sans cesse refondée, la faiblesse syndicale.

Loin de moi l'idée que cette exception française n'aurait que des avantages. Ce sentiment de supériorité, chaque peuple l'éprouve, et il n'en est pas moins ridicule partout. Sans doute le Français se sent-il « supérieur » mais cette tare l'atteint-elle plus qu'elle ne frappe ses voisins ? Probablement pas [2]. Ce que je veux dire, c'est qu'aucune nation n'a poussé cette logique étatique et ne l'a codifiée aussi loin que nous avons su le faire – pour le meilleur, et parfois pour le pire.

Sans doute cette rigidité formelle n'est-elle pas étrangère à la difficulté de la réforme en France. Les révolutions, certes, nous savons les conduire. Mais les réformes ? Tenter de tout remettre à plat, détruire ce que l'on ne veut plus garder en l'état pour repartir de zéro, voilà bien le génie français. Mais réformer progressivement et sans heurts ce qu'il faut adapter à une donne nouvelle, introduire petit à petit des inflexions qui changent le jeu sans drames et sans pleurs : très peu pour nous. C'est ainsi que nous en sommes à notre

---

1. Ils nous renvoient comme en écho ce mot de Valéry : « La particularité des Français, c'est de se croire, de se sentir, *hommes d'univers* », *Regards sur le monde actuel.*

2. « Je remercie les dieux d'avoir fait de moi un homme et non un animal, un homme et non une femme, un Grec et non un barbare », continue de s'écrire dans toutes les langues.

cinquième République quand d'autres n'ont jamais changé de Constitution, que nous avons besoin de lois pour réduire le temps de travail ou instaurer la parité là où d'autres s'en passent, que le débat sur la propriété publique encombre notre vie politique depuis des lustres alors que nos voisins s'en soucient comme d'une guigne.

Ce sont quelques aspects de cette singularité française que je voudrais commenter dans les chapitres qui suivent. Je ne dirai donc rien des sujets sur lesquels notre situation ne se distingue pas notablement de celle des autres Européens. Ce à quoi je veux m'intéresser ici, c'est aux spécificités proprement françaises. Nous y sommes attachés et, en même temps, nous sentons que nous devrons renoncer à certaines d'entre elles – non sous la pression de quelque déferlante culturelle, mais parce qu'elles nous rendent parfois moins efficaces. Savoir ne garder que le meilleur de cette exception française, renoncer à ce qui nous gêne sans sacrifier notre originalité – toujours « la flamme et la cendre » – : voilà bien une tâche trop longtemps négligée.

CHAPITRE 13

Une politique économique singulière

A-t-on besoin d'un ministre de l'Economie et des Finances? J'aurais tendance à répondre oui. A une condition : que ce ministre ne corresponde plus à la caricature qui en est traditionnellement faite – quand bien même elle n'a pas toujours été sans fondement. Plutôt que de se mêler de tout, il doit être celui qui détermine les orientations des finances publiques, qui facilite les restructurations industrielles – et, surtout, celui qui rend confiance au pays en son avenir économique. Deux moyens d'action principaux sont à sa disposition : le premier, le budget, est classique ; le second, la politique industrielle, est plus spécifique à la France.

D'abord, le budget

Pour tout gouvernement, le vote de la loi de Finances revêt un caractère symbolique : à travers ses choix financiers, c'est sa politique qu'il demande au Parlement d'approuver. La stratégie budgétaire ne se limite pourtant pas à la détermination des charges et à l'évaluation des recettes : le budget exerce en effet son influence sur l'ensemble de l'économie nationale.

Réinventer la politique budgétaire

La stratégie budgétaire adoptée en 1997, comme d'ailleurs celle qu'il nous faudra mener demain, s'inscrit au croisement de deux ruptures. A gauche, il s'agit de rompre avec le *tax 'n' spend* qui a longtemps marqué, si ce n'est la pensée, du moins l'image socialiste. L'expérience des responsabilités nous en avait heureusement éloignés après 1983 ; entre 1993 et 1997, quatre années d'opposition avaient suffi à nous en rapprocher, sous la poussée de l'inépuisable enthousiasme pour la dépense publique de quelques-uns de mes amis socialistes.

L'autre rupture est moins visible, mais certainement plus profonde : il s'agit de renoncer à l'orthodoxie en vigueur depuis le début des années 1980, selon laquelle la politique budgétaire doit, comme la politique monétaire, relever toujours davantage du pilotage automatique. La thèse, à double tiroir, est simple : elle repose d'une part sur la priorité absolue donnée aux réformes structurelles et d'autre part sur l'inefficacité supposée du réglage conjoncturel et du soutien à la croissance. Thèse simple, thèse pauvre. Je n'ai rien contre les règles de bon sens, mais je défends fermement l'idée qu'il y a parfois de bons déficits budgétaires – tout comme il y a de bonnes dépenses publiques. Aussi est-ce le devoir du politique que de juger de la qualité de la dépense et de son opportunité. Vertu budgétaire ne rime pas toujours avec abstinence.

Pour mener à bien ces deux révolutions, il nous faut d'abord réviser nos principes de politique budgétaire. Je voudrais en la matière contribuer à éclairer un tant soit peu nos lendemains, en énonçant quelques leçons issues de mon expérience personnelle.

J'ai déjà raconté, à propos de la construction européenne, comment le gouvernement de Lionel Jospin a été très vite conduit à accepter le Pacte de stabilité. Dès juin 1997, la « déclaration d'Amsterdam » activait également son volet « pacte de croissance ». A mes yeux, il s'agit bien plus que d'un équilibre symbolique : en réduisant les déficits lorsque la conjoncture le permettait, loin de sacrifier au dogme, nous préparions la croissance de demain. En attendant, le critère du déficit budgétaire permettant à la France de se qualifier pour l'Union Economique et Monétaire fut respecté à la décimale près : fin 1997, le déficit français avait été ramené à 3,0 % du PIB. Nous étions donc loin des chiffres alarmistes (4,2 %) qui avaient été mis en exergue pour justifier la dissolution de l'Assemblée Nationale par Jacques Chirac neuf mois auparavant : *felix culpa*... Nous étions loin aussi d'avoir freiné la croissance, laquelle repartait à 1,9 % en rythme annuel. Rigueur et croissance n'avaient pas été réconciliées par miracle ; ce n'était que le premier résultat d'une politique budgétaire active.

L'étape suivante est passée plus inaperçue : fin 1998, je transmettais à Bruxelles le premier plan triennal de finances publiques – comprenant aussi nos finances sociales. Il contenait une vraie révolution : l'affirmation que la politique budgétaire devait être guidée non par des objectifs de déficit, mais par une norme de dépenses fixée à l'avance. Autrement dit, il ne faut pas avoir les yeux rivés sur cette « ligne bleue des Vosges » que constitue le déficit : celui-ci n'est que le solde de la politique conduite. Ce qu'il faut, c'est déterminer le bon niveau de croissance de la dépense publique, et s'y tenir ; selon la conjoncture économique et l'évolution des recettes fiscales, le déficit constaté sera plus ou moins élevé. Cette idée doit beaucoup aux travaux des économistes de Bercy, à Jean Pisani-Ferry (alors mon conseiller économique) et à la direction de la Prévision. J'ai voulu mettre leur théorie en pratique, et, avec Lionel Jospin, nous avons retenu une norme de croissance des dépenses publiques de l'Etat de 1 % en volume sur trois ans – norme qui a été respectée. J'ai acquis alors deux convictions fortes.

Je pense tout d'abord que cette politique constitue le moyen adéquat de soutenir la croissance. Si la conjoncture s'avère meilleure que prévue, les recettes fiscales supplémentaires doivent être affectées à la réduction des déficits ou à la baisse des impôts, et non au gonflement des dépenses. Si à l'inverse la croissance fléchit, il ne faut pas l'affaiblir davantage en procédant à des coupes claires dans les dépenses – ce que Bercy, avec le sens de l'euphémisme qui lui est propre, qualifiait jusqu'à ces dernières années de « régulation budgétaire ».

En second lieu, il faut bien reconnaître que la prévisibilité de la dépense publique est la condition même de sa qualité. On ne peut demander à un gouvernement, à un ministre ou à un patron d'administration de mieux gérer ses ressources s'il est chaque année exposé à des « coups d'accordéon » budgétaires. Mon pari était, et demeure, de gagner en visibilité pour réaliser plus d'économies. « Voir loin pour voir juste », aimait à répéter Pierre Bérégovoy – formule avec laquelle je suis en complet accord : l'argent public doit être géré dans la durée pour être géré au plus juste.

Ce « keynésianisme revisité », je le partageais également avec Christian Sautter, secrétaire d'Etat au Budget et technicien plus averti que moi. Je crois pouvoir dire que nous avons, pendant deux ans et demi, constitué une équipe exceptionnellement soudée ; à l'inverse, les couloirs de Bercy bruissent encore des tensions qui avaient opposé Edmond Alphandéry et Nicolas Sarkozy, Edouard Balladur et Alain Juppé, voire Jacques Delors et Laurent Fabius. Animés par une conviction commune, avons-nous réussi ?

Il ne me semble pas déraisonnable de revendiquer deux succès. Nous sommes tout d'abord parvenus à casser le rythme de progression de la dépense de l'Etat. Entre 1993 et 1997, lorsque la droite était au pouvoir, la dépense publique étatique progressait de 1,8 % par an en volume. Entre 1997 et 2002, elle a progressé de 1,8 % au total sur cinq ans – soit 0,35 % en moyenne annuelle. Contrairement aux idées reçues, la dépense peut donc progresser cinq fois moins vite avec la gauche qu'avec la droite.

L'autre succès, c'est d'avoir mis un terme, pour la première fois depuis plus de vingt ans, à la spirale de la dette publique. Il faut comprendre que le plus pertinent des critères de Maastricht est celui dont on parle le moins : le ratio de la dette publique rapportée au PIB. C'est là le vrai thermomètre de l'état de santé de nos finances publiques et de la charge que nous laissons à nos enfants. Jusqu'en 1998, la dégradation a été continue et spectaculaire : le poids de la dette a triplé en vingt ans, passant de 20 % du PIB en 1980 à plus de 59 % en 1997. Depuis 1999, nous avons réussi à réduire suffisamment les déficits pour qu'enfin la dette recule – d'un peu moins d'un point de PIB par an. C'est essentiel pour l'avenir, et c'est important pour le présent : en amorçant ainsi le cercle vertueux du désendettement, nous nous sommes redonné de l'oxygène pour les temps plus difficiles que nous connaissons début 2002. En 1998, face aux critiques des conservateurs de gauche, j'avais justifié la baisse des déficits par la nécessité de « réarmer la fronde » et de « recharger les batteries » en vue de périodes moins fastes ; nous y sommes. S'il nous est possible d'assouplir la contrainte budgétaire afin d'amortir le ralentissement conjoncturel actuel, c'est bien parce que nous avons fortement réduit les déficits au cours de la période antérieure.

Au demeurant, et pour un homme de gauche en tout cas, la dette publique est absolument insupportable. Elle l'est d'abord parce qu'elle limite la marge de manœuvre budgétaire. Pour que le budget permette un pilotage actif de l'économie, encore faut-il que les dépenses prévues ne soient pas totalement contraintes. Si tout est joué d'avance, la politique budgétaire se résume à une très morne comptabilité. Or les marges sont faibles par nature. Lorsqu'on a pris en compte les traitements et retraites de la fonction publique ainsi que leur augmentation, les dépenses militaires enca-drées par une loi de programmation de cinq ans et les « coups lancés » (toutes les dépenses inscrites dans une logique politique pluriannuelle et donc impos-sibles à interrompre), il reste moins de 30 % du total des dépenses. Les intérêts de la dette (environ 15 % aujourd'hui) s'ajoutent à cet ensemble incompressible. Et voilà le libre choix du gouvernement et du Parle-ment réduit à quelque 15 % seulement [1]. Ceux qui pensent que la politique budgétaire a un rôle à jouer, bref ceux qui ne veulent pas laisser le marché être le seul régulateur de l'économie, ne peuvent que déplorer cette contrainte et tenter d'en desserrer l'étau en dimi-nuant la dette publique et, partant, la charge d'inté-rêts.

Une autre raison justifie le combat contre la dette publique : cette dernière est à l'origine d'un trans-fert considérable entre contribuables et épargnants, transfert qui va au rebours de ce que la solidarité commande. En effet, si les épargnants qui ont placé leurs économies en emprunts d'Etat ne sont pas obliga-toirement les plus riches du pays, ils ne sont pas non plus forcément les plus pauvres. Il faut disposer d'un patrimoine déjà rondelet pour s'intéresser à cette forme de placement. Or les ressources qui permettent à l'Etat de payer les intérêts de sa dette viennent du bud-get général ; elles sont donc le produit de l'impôt sup-porté par tous. En caricaturant quelque peu, on pourrait dire qu'une part de la TVA payée par le smi-card sur sa baguette de pain va être reversée à des épargnants beaucoup plus fortunés que lui. Il y a là une aberration qui ne laisse pas de me choquer. J'y vois une raison forte pour limiter l'ampleur de la dette,

---

1. Ces chiffres se réfèrent aux « charges fixes ». Si l'on raisonne à partir des « services votés », la marge de manœuvre de l'Etat est réduite à 3 %.

et par conséquent la charge des intérêts. La dette étant l'ennemie de la gauche, il est légitime que la gauche soit l'ennemie de la dette.

Deux succès, donc, mais aussi un échec relatif qu'il faut avoir l'honnêteté de reconnaître : si la dépense de l'Etat est devenue prévisible, ce n'est pas encore le cas de la dépense sociale, en particulier de l'assurance maladie. Année après année, l'enveloppe pourtant généreuse prévue par le fameux ONDAM[1] a été dépassée, et même enfoncée. Le retour à l'équilibre de la Sécurité sociale, conséquence de recettes florissantes liées à l'amélioration de la situation sur le front de l'emploi, ne doit pas faire illusion : on ne saurait se contenter d'un pur raisonnement en solde, faisant l'économie d'une analyse serrée des masses et de la conjoncture. Martine Aubry a courageusement commencé à prendre les mesures nécessaires, mais nous sommes loin d'être arrivés à bon port.

Sur deux sujets enfin, nous sommes au milieu du gué. Au sein d'une enveloppe globalement maîtrisée, la réorientation qualitative des dépenses de l'Etat a fait quelques progrès : les dépenses « passives[2] », ont diminué, au profit des dépenses « actives » – crédits des interventions économiques, de l'éducation, des fonctions régaliennes de justice et de sécurité intérieure. Il reste que la plus forte croissance, avant 1997 comme après, est celle des dépenses de fonction publique : elles représentent 43 % du budget général, et progressent deux fois plus vite que la moyenne de celui-ci. Nous devons sortir de cette rigidité : non en chassant la « mauvaise graisse », mais en redéployant les effectifs et en payant mieux des fonctionnaires

---

1. Objectif National des Dépenses d'Assurance Maladie.
2. Entre 1997 et 2002, la part des dépenses de dette publique et d' « emploi » – essentiellement traitement social du chômage – aura reculé de 24,1 % à 22,9 % du total du budget.

moins nombreux et plus qualifiés. En clair, l'étape suivante de la réforme budgétaire, c'est la réforme de l'État – que j'aborderai au chapitre 15.

L'autre débat, c'est l'équilibre de ce que j'ai souvent appelé le « triangle d'or » de notre politique budgétaire. Le gouvernement de Lionel Jospin a réussi ce que personne n'avait fait : baisser à la fois, en proportion du PIB, les dépenses, les déficits et les impôts [1]. La combinaison optimale de ces trois mouvements n'est inscrite dans aucun livre : elle dépend de la conjoncture économique, et il faut y veiller continuellement. En matière de fiscalité, c'est d'ailleurs moins le niveau global des prélèvements que leur structure qui me préoccupe. C'est à elle que doit s'intéresser la réforme fiscale.

Conduire la réforme fiscale

En 1997, la gauche n'avait pas ou peu de programme fiscal. Elle a beaucoup appris, et elle a même innové.

Au commencement était l'urgence : en juillet 1997, il fallait redresser nos comptes sans peser sur la croissance. C'est pourquoi, avec Lionel Jospin, nous avons choisi de faire appel aux entreprises – et non aux ménages – par un alourdissement temporaire de l'impôt sur les sociétés. J'avais négocié avec le CNPF de l'époque ce qui était une sorte d' « investissement pour l'euro ». Je crois que personne ne l'a regretté.

Il fallut ensuite mettre en œuvre une stratégie fiscale cohérente avec nos priorités économiques (à commencer par le soutien à l'emploi), en taxant moins le travail et davantage le capital. De cela, deux réformes majeures sont l'emblème : pour les ménages, le trans-

---

1. Ceux qui pensent que le taux de prélèvement obligatoire a quelque pertinence constateront sans déplaisir que ce dernier a baissé de près d'un demi-point entre 1997 et 2002.

fert réalisé par Martine Aubry des cotisations-maladie vers une CSG à assiette élargie, pour les entreprises, la suppression en cinq ans de la part de la taxe professionnelle pesant sur les salaires. Au total, en une législature, nous aurons allégé la taxation du travail de 22 milliards d'euros et alourdi celle du capital de 3 milliards [1].

Est venu ensuite le soutien à la consommation. Le programme des socialistes prévoyait une baisse de la fiscalité indirecte, et en premier lieu de la TVA. Je me suis battu pour qu'elle soit ciblée sur des secteurs bien identifiables, notamment les travaux dans le bâtiment. Mise en œuvre en septembre 1999, cette baisse représenta 3 milliards d'euros. Rarement mesure fiscale a été aussi peu contestée. A l'inverse, on peut s'interroger sur la baisse générale du taux de TVA de 20,6 à 19,6 % décidée en mars 2000 : plus coûteuse, moins visible, déjà oubliée. Sans doute s'explique-t-elle en partie par le vertige sado-masochiste qui avait brusquement saisi la majorité dans l'affaire dite de la « cagnotte ». De cet argent pourtant honnêtement accumulé, il fallait à toute allure se débarrasser.

Le programme initial de la gauche s'arrêtait là – ce qui n'était déjà pas si mal. Mais, en 1999, est survenue la grande affaire de la baisse des impôts, moins simple qu'elle n'en avait l'air. Je l'ai déjà confessé : je ne suis pas un fétichiste de la baisse du taux de prélèvements obligatoires. La Russie a aujourd'hui une pression fiscale parmi les plus faibles du monde et, que je sache, personne n'en fait un modèle de société ; à l'inverse, la Suède continue de prélever plus d'impôts que nous, ce qui ne l'a pas empêchée d'entrer dans l'ère de l'Internet et de la nouvelle économie presque aussi vite que les Etats-Unis.

Si je me suis progressivement convaincu de la nécessité d'une baisse des impôts, c'est au vu de deux

---

1. Source : Rapport Economique et Financier annexé à la loi de finances pour 2002.

constats conjoncturels : d'abord, nos principaux
compétiteurs européens (l'Allemagne, l'Italie, et *a for-
tiori* le Royaume-Uni) ont tous des taux d'imposition
inférieurs aux nôtres, et de surcroît en baisse. Il y
aurait quelque incohérence à plaider en faveur de
l'harmonisation fiscale et à ne pas en tirer les conséquences.

Ensuite et surtout, j'ai été frappé par les attentes de
nos concitoyens. Longtemps, et étrangement, notre
pays est resté à l'abri de la révolte fiscale née en Californie dans les années 1970 avant de traverser l'Atlantique avec Margaret Thatcher en 1979. Mais les
choses ont changé. François Mitterrand avait eu le
mérite de le reconnaître au milieu des années 1980 : la
hausse continue de l'impôt n'était plus acceptable.
L'impôt, historiquement lié au développement de la
démocratie parlementaire, ne vaut que s'il reflète un
minimum de consensus. Autrement dit, un système fiscal imposé par la force est un système fiscal en péril.

Le moment était favorable : après la réduction des
déficits et l'amorce du désendettement, la baisse des
impôts redevenait possible. Attendu par l'opinion, ce
programme fut discuté par les socialistes et leurs alliés
pluriels : pour les uns, il s'apparentait à un renoncement idéologique ; pour les autres, et non sans raison,
il ne pouvait constituer la seule identité de la gauche,
pas plus qu'une fin en soi. Il m'est donc revenu d'expliquer, souvent, longuement, que la baisse des impôts
était un instrument autant qu'un objectif : instrument
au service de la croissance, de l'innovation et de la
prise de risque ; objectif au service de la justice sociale
– les baisses d'impôt pouvant tout aussi bien y contribuer que les hausses de dépenses.

Nous avons donc commencé, dans le budget pour
1999, par le plus consensuel : les simplifications. Plus
de cinquante « petits impôts » ont été supprimés,
notamment ceux qui pesaient sur les cartes d'identité
et les permis de conduire, marquant ainsi une attention

symbolique à la vie quotidienne. Nous avons aussi abaissé les droits de mutation sur les biens immobiliers – les fameux « frais de notaire » – qui constituaient depuis des années une exception bien française et un frein aberrant à la mobilité. Dans le même esprit, Lionel Jospin a accepté de réduire les droits sur les donations : nous favorisions de la sorte la transmission rapide du patrimoine, essentielle dans un pays vieillissant comme le nôtre, et évitions l'accumulation des rentes.

Vint ensuite le temps de la baisse des impôts directs, inauguré par l'un de ces drames microcosmiques qui intéressent tant les médias. Le 27 août 1999, le gouvernement était réuni à Matignon autour du Premier ministre. A l'ordre du jour figurait la présentation du projet de loi de finances pour 2000, lequel contenait déjà une baisse d'impôt record de 38 milliards de francs – concernant principalement la TVA sur le bâtiment, la taxe professionnelle et les droits de mutation. Ce jour-là, j'ai joué de malchance. Le hasard a voulu que la réunion dure un peu plus longtemps que d'habitude et que, parallèlement, le journal *Le Monde* sorte ce matin-là un peu plus tôt que de coutume – c'est-à-dire avant que le gouvernement ait fini de délibérer. Bref, quand les huissiers de Matignon ont apporté aux ministres encore réunis la « Une » affichant la diminution des prélèvements obligatoires pour 2000 et relayant mon annonce d'une baisse de la fiscalité directe pour l'exercice suivant, j'ai essuyé un mauvais quart d'heure... Grâce à quelques confidences savamment distillées, l'épisode se propagea à grande vitesse et donna lieu les jours suivants à maints commentaires sur ma « rentrée ratée ». Je reconnais volontiers que la méthode de communication anticipait à l'excès. Mais elle n'a en rien empêché ou ralenti la poursuite de cette politique, rendue d'autant plus nécessaire qu'elle permettait de soutenir l'activité. On peut penser toutefois que la réforme de l'impôt aurait pu être plus profonde et plus structurelle. S'agissant de l'impôt sur le revenu, elle aurait dû concerner sa structure et son mode de prélèvement.

Et maintenant ? Je ne crois guère à la réforme fiscale avec un grand « R », celle qui s'apparente au Grand Soir et qui, d'un coup, veut tout remettre à l'endroit. Je crois au contraire qu'il nous faut modifier progressivement notre système fiscal pour nous rapprocher de nos partenaires européens. Ayant choisi dans cette partie du livre de me limiter aux seules singularités françaises, je me bornerai à évoquer trois questions précises.

La première concerne notre impôt sur le revenu, trop concentré et globalement trop faible. Unique impôt progressif, il ne représente chez nous, à première vue, que 3 à 4 % du PIB, soit trois fois moins que la moyenne de l'Union Européenne. A première vue dis-je, parce que la CSG est aussi un prélèvement direct sur le revenu (proportionnel, celui-là), et que la somme des deux nous rapproche de la moyenne européenne. Mais si notre situation semble si particulière, c'est parce que nous sommes le seul pays développé à ne pas avoir introduit la retenue à la source, c'est-à-dire le prélèvement de l'impôt au moment même où le revenu est perçu – comme c'est le cas pour les cotisations sociales. Loin de n'être qu'une simple technique fiscale, le prélèvement à la source de l'impôt sur le revenu redonne un sens à la progressivité. Il nous permettrait par ailleurs de piloter efficacement la conjoncture, toute variation du barème de l'impôt actuel n'influençant l'économie qu'un an et demi plus tard. Quant au niveau de l'impôt, je pense que c'est plus par l'élargissement des tranches que par la baisse des taux qu'il nous faut l'aborder. Le résultat – une baisse de l'impôt surtout sensible pour les revenus moyens – est pratiquement le même au bout du compte, mais la difficulté politique est moins grande.

L'autre réforme touche à la fiscalité locale. Héritages de la Révolution française et du cadastre napoléonien, la taxe foncière et la taxe d'habitation sont les plus archaïques de nos impôts. Archaïques, donc injustes. Ma conviction, après avoir il est vrai tenté de le faire, est qu'ils ne sont guère réformables de l'intérieur, c'est-à-dire à partir des bases locatives.

Pour la première, il faut sortir par le haut et s'inspirer du système en vigueur dans nombre d'Etats fédéraux : la liberté fiscale des collectivités locales devenant celle de voter des « centimes additionnels » à l'impôt sur le revenu, nous obtiendrions une taxe foncière avec des taux locaux appliqués sur une base de revenu définie nationalement.

S'agissant de la taxe d'habitation, je le dis brutalement : il faut la supprimer. C'est un impôt d'une totale injustice dont le montant peut, pour un même logement, varier du simple au triple selon la ville. Pire : plus la ville est riche, moins la taxe d'habitation est élevée; les entreprises y étant nombreuses, il lui est moins nécessaire de recourir à l'imposition des particuliers pour couvrir les dépenses communales. On aboutit ainsi à ce paradoxe intolérable : les villes pauvres font peser sur une population généralement peu fortunée une taxe d'habitation rapidement insoutenable. Si les contribuables les plus défavorisés ont été exonérés de cette taxe, l'Etat payant en leur lieu et place, le fardeau s'avère souvent insupportable pour les classes moyennes – ce qui les incite à émigrer vers des villes mieux dotées, et où la pression fiscale est donc moins intense. Le résultat est le contraire de celui que l'on disait rechercher : les banlieues se vident de leurs habitants aux revenus moyens, pour n'abriter que les plus déshérités.

Une solution pourrait résider dans le renforcement de la solidarité entre villes riches et villes pauvres. C'est précisément ce que la gauche a entrepris dès 1992, et avec succès; mais cette dotation de solidarité urbaine s'épuise devant le gouffre à combler. Allons plus loin dans cette voie, mais elle ne suffira pas. Il faut employer les grands moyens. La voie naturelle de la solidarité, c'est de passer par l'Etat. Supprimer la taxe d'habitation pour la remplacer par une dotation d'Etat proportionnelle à la population, voilà la simplicité, et voilà la justice. Alors, et alors seulement, les enfants de Sarcelles pourront bénéficier d'infrastructures scolaires de même qualité que celles dont disposent les enfants de Neuilly.

J'entends bien les deux objections qui ne manqueront pas d'être avancées. La première est que la suppression de la taxe d'habitation se traduira par une diminution des recettes fiscales de quelque 50 milliards. Comment financer cela ? Justement : en considérant qu'il est temps, en une législature, d'effectuer une baisse d'impôt de cette nature.

L'autre objection viendra des élus, qui y verront une nouvelle atteinte à la liberté fiscale des collectivités locales [1]. En France, les élus sont très jaloux de leurs prérogatives en matière de fiscalité locale. En France seulement : dans beaucoup de pays, cette fiscalité n'est que résiduelle, la quasi-intégralité des ressources locales provenant de dotations de l'Etat ; nul ne prétendrait toutefois que les communes n'y sont pas libres. La liberté des communes doit consister à définir la structure de leurs dépenses, non à imposer leurs habitants au-delà du raisonnable. Si l'égalité républicaine a un sens, c'est bien de faire en sorte que les enfants qui vivent sur notre territoire soient traités de manière aussi semblable que possible. C'est loin d'être le cas et je ne me résigne pas à cette inégalité. Supprimer la taxe d'habitation ne suffit pas, mais c'est un pas en avant considérable : s'il faut baisser les impôts, qu'au moins ce soit au nom de la justice.

---

1. La première est venue de la suppression de la partie de la taxe professionnelle assise sur les salaires ; en quelque sorte, je suis donc un récidiviste.

Un dernier point. Notre système fiscal cherche à tenir compte de l'importance du revenu pour déterminer le taux d'imposition qui lui sera appliqué : c'est la progressivité. S'il n'y a rien à redire à ce principe, force est de reconnaître que sa mise en œuvre s'avère pour le moins discutable. De nombreux travaux ont montré que, loin d'être croissant avec le revenu, le taux marginal d'imposition commençait par être très élevé pour les revenus les plus faibles. La raison en est simple. Nous avons, très justement, créé des systèmes de soutien financier aux familles à faibles ressources, mais leur effet s'annule brutalement dès que le revenu tend à s'accroître. Si bien que le fait de disposer aujourd'hui d'un revenu supérieur à celui d'hier conduit parfois à perdre le bénéfice d'un ensemble d'avantages et d'allocations dont le montant peut excéder le supplément de revenu considéré. C'est notamment le cas, au niveau local, d'un certain nombre de prestations ou d'exonérations auxquelles on ne peut prétendre que si l'on est non imposable ; l'effet de seuil est alors dramatique. On dira alors que le « taux marginal d'imposition » est supérieur à 100 %, puisque vous perdez plus que vous ne recevez. Sans toujours atteindre cette extrémité, c'est-à-dire même s'il reste quelque chose déduction faite des allocations auxquelles il a fallu renoncer, le gain est souvent maigre. Et on se lamentera de ce que l'incitation à trouver un emploi ne soit pas assez forte ! Il est urgent de transformer notre système pour sortir de cette situation imbécile en prévoyant des évolutions moins brusques. Le crédit d'impôt institué par le gouvernement de Lionel Jospin sous le nom de prime pour l'emploi répond à cette préoccupation. Mais il faut aller beaucoup plus loin en ce sens.

Une autre anomalie de notre système fiscal mérite d'être corrigée : un même revenu ne devrait pas être imposé de la même manière selon qu'il est plus ou moins aléatoire ou plus ou moins risqué. Si nous voulons encourager la prise de risque et la création, nous devons en tenir compte dans la fiscalité. C'est ainsi que les revenus des artistes ou des créateurs d'entreprise varient notablement selon leur succès du moment. Pour eux, la progressivité de l'impôt se révèle injustement sévère. Des modalités d'étalement ont été mises en place de longue date, permettant d'atténuer ce phénomène, mais elles n'apportent pas de réponse entièrement satisfaisante. Ce problème concerne en réalité tous ceux qui entreprennent et prennent des risques ; aussi me semble-t-il légitime de distinguer, dans la progressivité de l'impôt, entre les revenus risqués et ceux qui le sont moins, une fois encore entre le risque et la rente, c'est-à-dire en pratique entre la part fixe du revenu et celle qui est plus variable.

Résumons-nous : la réforme de l'impôt direct doit concerner tant la taxe d'habitation que l'impôt sur le revenu. Pour ce dernier, il faut agir sur la taille des tranches plutôt que sur les taux, faire disparaître les « trappes à pauvreté », tenir compte de la prise de risque et mettre en place la retenue à la source. Lourde tâche s'il en est, mais indispensable.

De telles réformes ne se feront pas sans changement de méthode. Réformer est toujours difficile, mais c'est particulièrement vrai de l'impôt, qui affecte des sensibilités déjà exacerbées. C'est pourquoi je crois essentiel de respecter quatre règles de base.

La durée. Il ne faut de réforme que pluriannuelle, annoncée et votée en début de législature. La prévisibilité est le seul moyen de concilier changement et stabilité, deux besoins majeurs en matière fiscale. C'est aussi la condition d'une visibilité maximale, donc de l'efficacité [1].

Le débat. Sans rêver qu'il soit pleinement serein, on peut imaginer qu'il soit plus ouvert : passer directement du secret des cabinets ministériels aux délices des

---

1. C'est ce que G. Schröder a obtenu avec la réforme fiscale allemande.

annonces publiques n'est pas sain. Je me suis souvent demandé pourquoi nous n'arriverions pas à transposer en matière fiscale la méthode des « livres blancs », lesquels détaillent les vices et les vertus d'options diverses ; d'autres que nous, dont les Britanniques, y parviennent fort bien. Le Conseil des impôts du côté de l'expertise, les commissions des Finances du côté parlementaire, ont beaucoup moins d'audience chez nous qu'à l'étranger. Tant que la « culture fiscale » restera aussi faible, le débat public sur l'impôt demeurera primaire.

La simplicité. Je crois profondément qu'un impôt plus simple est un impôt mieux accepté. Sur le principe, tout le monde en convient. Dans les faits, il n'en est malheureusement rien : l'imagination fiscale est sans limites. Il devrait donc devenir impossible de créer un nouvel impôt sans en supprimer au moins un, de créer un nouvel article du Code général des impôts ou une nouvelle instruction fiscale sans supprimer d'autres dispositions.

L'Europe, encore et toujours. L'Europe comme méthode, cette fois : il n'est plus concevable d'engager une réforme fiscale sans comparaison préalable ni concertation avec les Etats membres de l'Union. La réforme fiscale dans un seul pays, c'est fini. Et si les entreprises et les ménages français s'estiment plus taxés que leurs voisins, alors ils ont tout à gagner à ce « réflexe européen ». La pratique des gouvernements français et allemand a hélas méprisé cette nécessité : au cours de ces dernières années tout s'est passé comme s'ils cherchaient à compenser leur supplément d'unification monétaire par un surcroît d'isolationnisme fiscal.

« Il défend le secteur public, ce doit être un Français »

Cette phrase, combien de fois l'ai-je entendue ? Convenons que l'importance du secteur public est aussi une singularité française. Mais une fois ce fait énoncé, reprend la foire d'empoigne qui a joyeusement animé ces vingt-cinq dernières années, et qui ressurgit parfois, telle une vieille plaie mal cicatrisée : privatisation *versus* nationalisation ; entreprise publique *versus* entreprise privée. Cette polémique si française risque de se clore sans que la question ait jamais été posée en termes rationnels, ni que le débat ait jamais porté sur les enjeux essentiels. La nostalgie n'est pas mon fort, et ce regret d'un débat tronqué et truqué ne concerne pas le passé, mais bien l'action politique à venir : car derrière les anathèmes et la casuistique idéologique, se nichent, comme toujours, de vraies questions politiques et de vrais sujets de société.

L'histoire commence dans les années 1970. La gauche qui rédigea le Programme Commun restitua à la nationalisation son rôle d'étendard politique, perpétuant en cela une tradition programmatique ancienne – même s'il est probable que la volonté de trouver des points de convergence idéologique avec les communistes joua également un rôle. Quoi qu'il en soit, le recul que donne le temps met en évidence un double paradoxe.

Modelée par les nationalisations du Front populaire, de l'après-guerre, de la social-démocratie des Trente Glorieuses et du gaullisme, des lendemains enfin de la crise sidérurgique, l'économie française était il y a vingt ans fortement dominée par les capitaux publics – plus encore que les économies britannique préthatchérienne, italienne, scandinave et, de manière plus diffuse et décentralisée, allemande. Considérer les nationalisations des années 1980 comme une rupture majeure relève dans ce contexte de l'illusion d'optique.

Cette économie social-démocrate était par ailleurs évidemment capitaliste, pleinement et irréversiblement insérée dans le marché européen et, certes dans une moindre mesure, dans le marché mondial. Le caractère utopique de sa collectivisation allait inévitablement éclater au grand jour.

Entre cette profonde étatisation et l'impossible remise en cause de l'économie de marché, la voie était étroite. Comme souvent, ce n'est pas dans les faits que la rupture a eu lieu, mais dans les discours : rappelons-nous ces débats passionnés, où la définition du seuil de nationalisation était prétexte à parler de rupture avec le capitalisme, d'appropriation collective des moyens de production, ou encore d'atteintes aux libertés et de la fin de la démocratie [1] ! La violence de ces polémiques nous semble à présent aussi étrange que les querelles opposant, au XVIIᵉ siècle, jansénistes et molinistes sur le péché, la contrition et la grâce efficace.

Et pourtant. Comme souvent en politique, la casuistique et les conflits idéologiques affranchis de toute référence au réel ont involontairement façonné une réalité dont, à gauche comme à droite, nous sommes aujourd'hui comptables. C'est cette réalité qu'il nous faut revisiter en toute liberté, afin de dégager des principes d'action.

Les nationalisations de 1981 ont à leur manière revitalisé un capitalisme français endogame et fatigué – ce fameux « capitalisme sans capital » maintes fois décrit. Nombreux sont les grands chefs d'entreprise qui, tout en étant loin d'épargner le gouvernement de gauche sur d'autres sujets, le reconnaissent aujourd'hui. L'effet régénérateur a été puissant : élimination des innombrables liens capitalistiques et personnels qui étouffaient les entreprises et paralysaient toute évolution, restructurations industrielles, maladroites ou

---

1. C'était l'époque où on ne lésinait pas sur les formules. Ainsi Michel Poniatowski avait-il annoncé l'arrivée des chars soviétiques sur la place de la Concorde en cas de victoire de la gauche !

ingénieuses, éphémères ou durables – mais toujours génératrices de désordre et donc de renouvellement.

L'histoire des nationalisations de 1981, acmé de la politique industrielle gaullo-pompidolienne, mériterait d'être écrite. Mais c'est par un autre biais qu'elles s'inscrivent dans le réel.

Faute de pouvoir véritablement innover en matière économique (contrairement au droit du travail, aux libertés publiques, au droit social, aux institutions...), la gauche de 1981 a hypertrophié son discours de rupture, cristallisant les antagonismes politiques sur la question des nationalisations et renvoyant la droite à un libéralisme étranger tant à la part bonapartiste de sa tradition qu'à la réalité de sa base électorale. Faute de s'affirmer libérale au sens quasi libertarien qu'a pris ce terme dans la vulgate économique, la droite française s'est faite « privatiseuse ». C'est ainsi que la privatisation des entreprises publiques est devenue, en quelques années, le credo économique d'une droite pourtant viscéralement dirigiste.

Les années 80 et 90 ont de ce fait été dominées par un débat surréaliste : d'un côté, une gauche « pro-nationalisations », qui avait perdu, avec l'affaiblissement communiste, toute raison idéologique de vouloir étatiser l'économie, mais qui s'accrochait à ce critère de différenciation assez simple ; de l'autre, une droite « pro-privatisations » à qui son programme de cession d'entreprises publiques tenait lieu de projet économique « libéral ». Cette alliance objective des paresses intellectuelles a écarté presque complètement la réflexion et le débat politique du champ économique, au point de conduire à l'extraordinaire « ni-ni » – ni nationalisation, ni privatisation – du début des années 90. Invraisemblance logique, le « ni-ni » s'est imposé comme l'horizon indépassable, la ligne de cessez-le-feu entre combattants zélés d'une guerre virtuelle. Mais derrière le rideau de fumée de ce combat de fantômes se dissimulait une réalité bien moins innocente : l'immobilisme.

Ni les privatisations menées par les gouvernements de droite, ni la gestion au jour le jour du secteur public sous l'empire du « ni-ni », ne répondaient à des projets de politique économique ou à des objectifs clairement identifiés. De ce fait, nul ne peut en dresser un bilan honnête. Tout au plus peut-on relever, ici ou là, ce que la gestion à l'aveuglette a coûté à la collectivité : du désastre du Crédit Lyonnais à la tentative de bradage de Thomson, de la privatisation ratée des AGF au gâchis des années perdues par l'industrie aéronautique française. *A contrario*, la privatisation de la BNP ou celle d'Alcatel ont été des réussites, et France Telecom comme la SNECMA ont, dans un cadre totalement public, été parfaitement gérées. Mais réussites et échecs ont été le fruit du hasard, des circonstances et des hommes – non le résultat de choix politiques.

Or, que nous le voulions ou non, la France demeure l'héritière d'un vaste secteur public. Aucun responsable public ne peut renoncer à en faire un outil de progrès économique et social. Plus que toute autre force politique, la gauche française se doit d'assumer cette responsabilité – et, pour cela, d'en penser les enjeux réels. Le monde capitaliste actuel a été façonné par cinquante années d'interventionnisme étatique. Quant au secteur public, il est devenu, notamment en raison de sa taille, un puissant outil d'action. Si, comme je le crois, il est temps pour la gauche de réinvestir le champ de la production, elle ne peut ignorer l'instrument dont elle dispose ici.

D'abord, la finance

100,2 milliards de francs. Ce soir de juin 1997, le chiffre m'a laissé bouche bée. J'avais encore dans l'oreille la déclaration d'un de mes prédécesseurs, assurant que le Crédit Lyonnais ne coûterait pas un sou au contribuable. Et voilà qu'en guise de cadeau de bienvenue, on m'annonce que le CDR, cette structure créée en catastrophe à la veille des élections présidentielles de 1995 pour gérer les actifs sortis du Crédit Lyonnais, allait lui coûter plus de 100 milliards !

Je n'étais pas au bout de mes surprises. Quelques jours plus tard, j'appelai Karel Van Miert, vieille connaissance de l'Internationale socialiste, devenu le pivot d'une Commission Européenne affaiblie depuis le départ de Jacques Delors. Chargé des questions de concurrence, il s'était fait le pourfendeur des aides accordées par les Etats européens à leurs entreprises. Avec la France, il était servi. Nos retrouvailles téléphoniques ont tourné à la litanie : Crédit Lyonnais, GAN-CIC, Marseillaise de crédit, Crédit foncier, CNP, livret bleu... Sur le secteur financier, la liste des procédures en cours ou à venir à Bruxelles n'en finissait pas.

Au fil de cette énumération, l'ami Karel, d'ordinaire pondéré, prenait un ton exaspéré que je ne lui connaissais pas – mais qui n'était pas injustifié : d'engagements non tenus en silences persistants, les précédents gouvernements avaient accumulé un lourd passif, si lourd qu'il fallait aujourd'hui le solder sans brader nos intérêts.

Pour autant, même s'il détenait avec le Crédit Lyonnais la palme du sinistre, le secteur public n'en avait pas le monopole. Compagnie du BTP, Crédit foncier, Crédit Martiniquais, Europavie : autant de victimes privées de la crise immobilière et de la mauvaise gestion que, d'une manière ou d'une autre, on demandait aux pouvoirs publics de secourir. Au nom du risque systémique ou, plus simplement, de l'indemnisation des déposants et assurés, la majorité qui nous avait précédés avait érigé la nationalisation des pertes en principe.

Plus grave encore : moins de deux ans avant l'introduction de l'euro, le secteur bancaire français présentait toutes les caractéristiques de la société bloquée dénoncée par Michel Crozier en d'autres temps. Alors que la course à la taille critique était lancée en Europe, qu'Axa avait montré la voie en prenant le contrôle de l'UAP, que les noyaux durs chers à Edouard Balladur explosaient, nos banques restaient engluées dans de vieilles querelles.

Peu importait la concurrence croissante des banques étrangères ou les risques d'OPA : nos banquiers rendaient l'Etat responsable de tous les maux. Peu importait le rôle social joué par le livret A ou la Poste : ils n'étaient considérés que comme des distorsions de concurrence. Vu par ses acteurs, le monde bancaire continuait de se diviser en deux catégories : banques capitalistes contre banques mutualistes. A ceux qui, comme moi, considéraient que ce raisonnement était obsolète et que la réussite du Crédit agricole n'avait rien à envier à celle de la Société Générale, on rappelait qu'il s'agissait d'un groupe mutualiste – façon de signifier que son succès avait quelque chose de contestable.

Un secteur public mal en point, un secteur privé assez inerte, un débat fondé sur des idées dépassées, une incapacité à structurer une action collective : tel était le très peu reluisant tableau de ce mois de juin 1997.

Mais c'est paradoxalement lorsque le blocage est total que notre pays retrouve le sens du mouvement. Quatre ans plus tard, on le voit bien : les débats que je rappelle paraissent relever de la préhistoire. Les changements opérés, tant discutés à l'époque, sont devenus évidences. C'est pour moi le meilleur critère d'une réforme réussie : quand elle cesse d'être la manifestation d'une volonté du sommet pour devenir une réalité assumée par l'ensemble des acteurs, quand les obstacles, hier intangibles, ne sont même plus visibles, quand les initiatives politiques deviennent des processus collectifs, alors la partie est gagnée.

Mais cela ne se fait pas tout seul. Jouer le jeu de la négociation, c'est aussi prendre en compte d'autres objectifs, d'autres contraintes et d'autres acteurs. Et c'est évidemment s'interdire de tirer la couverture à soi. Il n'y a pas eu de « loi Strauss-Kahn », pas plus que la réforme du secteur financier que j'ai essayé d'impulser ne peut être portée à mon seul crédit. Si ce secteur a changé de visage, c'est parce que toutes les parties prenantes – Etat, entreprises, syndicats, salariés, Commission Européenne, Parlement – ont accepté de changer d'attitude. Cela s'est fait de manière discrète. Mais, implicitement, c'est un vrai contrat de mutation qui s'est noué – et qui n'a pas fini de produire ses effets.

Le premier volet de ce contrat, qui conditionnait les autres, était de régler les difficultés du secteur public.

Cela impliquait de rompre avec la logique marxiste qui avait curieusement animé les gouvernements de droite pour lesquels la propriété du capital et des moyens de production était, en fin de compte, le seul critère pertinent. La stratégie des entreprises, la qualité de leur gestion, la motivation de leurs salariés étaient tenues, de fait, pour quantités négligeables – pourvu qu'elles ne fassent pas obstacle à la privatisation. Une entreprise publique était forcément coupable. Sa privatisation faisait figure de pénitence nécessaire pour gagner son salut.

C'est conformément à cette approche que les AGF ont été mises sur le marché en 1996, à un prix manifestement trop faible, sans stratégie convaincante et sans actionnariat structuré. Le résultat n'a pas tardé : à l'automne 1997, Generali et Allianz se disputaient à coups d'OPA le contrôle de l'assureur français. Et le président des AGF, qui avait refusé à mon prédécesseur un rapprochement avec un GAN mal en point, venait me trouver pour obtenir du gouvernement qu'il protège son entreprise de cette offensive étrangère en lui « réservant » le GAN. Ceci, tout en négociant en sous-main avec Allianz. Voilà comment les AGF sont devenues une succursale d'une grande multinationale.

Cette affaire a achevé de me convaincre de l'urgence de définir une méthode pragmatique, fondée sur la recherche de la meilleure conciliation possible entre les intérêts de l'Etat, de l'entreprise et des salariés.

A la base de cette démarche : la transparence indispensable au rétablissement d'une confiance durement entamée par les sinistres successifs du Crédit Lyonnais et de quelques autres. C'est au nom de ce principe que j'ai choisi de rendre publiques les prévisions de pertes du CDR. L'Etat redevenait alors crédible pour entreprendre une réforme indispensable. Créé en 1995, le CDR avait été conçu comme une « solderie » : tout devait disparaître en quelques années. Comment s'étonner, dans de telles conditions, de voir les pertes s'aggraver irrémédiablement ? Ce n'est pas en bradant qu'on obtient les meilleurs prix – surtout quand cela s'accompagne d'interventions politiques peu soucieuses de la défense des deniers publics.

Il fallait donc faire disparaître le CDR de la rubrique des faits divers et l'aider à rejoindre celle des entreprises. Sa réforme, lancée en décembre 1997, consistait en trois points : une mission claire, la défense les intérêts du contribuable ; une indépendance consacrée par l'installation d'une équipe de direction et d'un conseil de surveillance à la nuque raide ; et le refus de toute intervention politique, quelle qu'en soit la justification. Les résultats obtenus depuis se passent de commentaire : le CDR a largement contribué à réduire les pertes nées du Crédit Lyonnais.

Dans le même esprit, j'ai tenu un discours de vérité aux syndicats et aux salariés des entreprises publiques. Il ne s'agissait pas de répondre au « tout privatisation » de la majorité précédente par un « tout nationalisation », mais de trouver, au cas par cas, la meilleure solution.

C'est pourquoi j'ai toujours refusé de me livrer au décompte des privatisations respectivement opérées par la droite et par la gauche. Si la position et les perspectives de l'entreprise nécessitent – je dis bien : nécessitent – de la privatiser, il faut le faire. A l'inverse, si la privatisation n'est pas dans l'intérêt de l'Etat actionnaire, de l'entreprise et de ses salariés, il n'est pas question d'y recourir. Dans l'autre sens, s'il est utile que l'Etat entre ou demeure dans le capital d'une entreprise, il n'y a aucune raison d'y renoncer pour de quelconques et finalement futiles raisons idéologiques.

Ont ainsi été privatisés le Lyonnais, le CIC, le GAN, et la Société Marseillaise de crédit. C'était nécessaire pour obtenir l'aval de la Commission Européenne aux aides d'Etat antérieurement accordées à ces entreprises. Mais cela l'était aussi pour faire face au renforcement de la concurrence provoqué par l'introduction de l'euro. A la privatisation devait donc être associé un accroissement de la taille critique de nos entreprises, publiques et privées, pour leur permettre d'affronter le marché européen dans les meilleures conditions. J'ai donc refusé de privatiser ces entreprises en les mettant purement et simplement sur le marché, comme les bébés sur les marches de l'église. Chaque opération a contribué à la restructuration et au renforcement de notre industrie financière : le CIC a été racheté par le Crédit mutuel, le GAN par Groupama, la Marseillaise de crédit par le CCF. Et j'ai espoir que le « groupe d'actionnaires stables » constitué lors de la cession du Crédit lyonnais permette, comme nous le souhaitions, son rapprochement avec le Crédit agricole [1].

Dans le même temps, le secteur financier public a été renforcé. A la confusion antérieure a succédé un pôle

---

1. Des esprits malicieux constateront que dans les cas du CIC, du GAN ou du Crédit Lyonnais, ce sont des institutions à forme mutuelle qui sont devenues le principal actionnaire. On aura garde de voir là un quelconque désir de contribuer au retour du thème des « coopératives » abordé dans la première partie de cet ouvrage. D'abord parce que les mutuelles ne sont pas vraiment des coopératives, ensuite parce que les procédures d'attribution ne sauraient entrer dans de telles considérations. Mais le hasard fait bien les choses.

structuré, réuni par des intérêts communs plutôt que par un héritage historique. Le statut coopératif dont les Caisses d'Epargne ont été dotées les a mises en mesure de se développer : c'est ainsi qu'elles ont racheté le Crédit foncier et qu'elles ont pu se rapprocher de la Caisse des dépôts et consignations, mettant fin à plusieurs années de guerre larvée. Outre ces deux poids lourds, le pôle financier public comprend maintenant la CNP, la BDPME [1] et La Poste.

A la transparence a été associée la négociation avec la Commission Européenne, les chefs d'entreprise et les organisations syndicales. De ces intérêts divergents, il fallait faire émerger un intérêt commun. Nous avons signifié à la Commission Européenne notre souci de minimiser les aides d'Etat – donc les atteintes à la concurrence – en retenant les solutions les plus économes des deniers publics. A la faillite qui, à la satisfaction de certains ayatollahs bruxellois, se serait traduite par l'appel de l'Etat actionnaire en comblement de passif, nous avons opposé le redressement par la privatisation. Avec les chefs d'entreprise déterminés, à de très rares exceptions près, à faire passer l'intérêt de leur groupe avant leur destin personnel, nous avons cherché à assurer le développement à long terme des entreprises. Avec les syndicats enfin, nous avons tenté de faire en sorte que privatisation ne rime pas avec précarisation. J'ai pu, à cette occasion, admirer le sens des responsabilités et la capacité de proposition de mes interlocuteurs syndicaux : une fois dépassé le contentieux de principe sur la décision de privatisation, nous sommes parvenus, du moins je veux le croire, à trouver des solutions réellement innovantes.

Cette dynamique collective a été traduite dans un « cahier des charges » fixant, pour chaque opération, ses objectifs et la procédure à suivre. Ce document n'était pas un vœu pieux susceptible d'être confondu

---

1. CNP : Caisse Nationale de Prévoyance, BDPME : Banque pour le Développement des Petites et Moyennes Entreprises.

avec une mise aux enchères. Ainsi le repreneur retenu pour le CIC n'était-il pas le mieux-disant financier : l'offre faite par le Crédit mutuel était industriellement et socialement la meilleure.

Un dernier mot, un dernier regret. Pendant l'année 1999 s'est noué dans le secteur bancaire français un de ces drames dont nous avons le secret. Alors que les banques espagnoles, par exemple, ont su se regrouper pour former des ensembles qui comptent aujourd'hui parmi les plus importants d'Europe, nous n'avons pas réussi à fondre en un seul groupe la BNP, Paribas et la Société Générale. L'opération de rapprochement lancée initialement par la Société Générale sur Paribas a entraîné une réaction puissante de la BNP qui a réussi à l'emporter, créant ainsi un nouveau groupe : BNP-Paribas. Pendant les neuf mois de cette bataille, tout a été tenté pour essayer de concilier les adversaires. Avec l'aide de Jean-Claude Trichet, gouverneur de la banque centrale, j'ai essayé comme d'autres de faire valoir l'intérêt du pays. Pour moi, il était clair : parvenir à trouver un terrain d'entente autorisant un regroupement des trois entités – seul moyen de créer à l'heure de l'euro un groupe bancaire français dominant en Europe. Les animosités personnelles, les réticences syndicales, les patriotismes d'entreprise mais aussi les logiques de marché, tout a concouru à empêcher ce rapprochement. Je le regrette et je continue de penser que tous les obstacles étaient surmontables dans l'intérêt de la France.

Pourquoi accorder une attention particulière au secteur financier ? Non par favoritisme : mon unique but était d'aider ces entreprises à renouer avec le goût du risque, au profit de la croissance et de l'emploi. Cette motivation est à l'origine des initiatives prises pour mobiliser les capitaux vers les actions, réduire l'attractivité de l'épargne réglementée ou permettre à la place financière de Paris de rester au cœur de l'Europe.

Parce que ces mesures dérangeaient quelques esprits chagrins, nous n'avons pas pu aller aussi loin que je l'aurais souhaité. C'est dommage. Et j'ai la conviction qu'une gauche soucieuse de remodeler le secteur productif devra s'intéresser de nouveau à ces questions, dans le secteur financier comme dans le secteur industriel.

L'industrie aussi

Tentons avant toute chose de comprendre ce qui est en jeu, au travers d'un exemple particulièrement significatif, celui d'EDF. Chacun connaît EDF. Voire !

EDF est d'abord un *service public* chargé d'assurer l'accès de tous à l'énergie électrique : accès physique au réseau jusqu'à l'habitation la plus reculée, tarif abordable pour tous, sécurité d'approvisionnement et indépendance nationale, sûreté, absence d'interruption ou de coupure, etc. Le service public de l'électricité constitue à cet égard un élément aussi essentiel à la vie du pays que les services publics de l'éducation, de l'eau, du téléphone, des transports urbains et interurbains, de la police... ou de la collecte des ordures ménagères. Il doit répondre aux besoins de la collectivité, à laquelle il revient en retour de fixer ses obligations par la loi ou le règlement, d'en supporter le coût s'il y a lieu, et d'en contrôler le respect.

EDF est ensuite un *monopole*. Pour partie monopole local naturel comme les routes, les voies ferrées ou l'adduction d'eau ; pour partie monopole légal, comme, en France, le loto et les courses, les télécommunications fixes jusqu'en 1997, l'importation de gaz, la télédiffusion, ou le transport ferroviaire ; et pour partie encore quasi-monopole de fait comme c'est le cas aujourd'hui de la boucle locale de télécommunications, ou de la fourniture de systèmes d'exploitation pour les ordinateurs personnels. Que le service public de l'électricité soit assuré par un monopole national est fruit de l'histoire, non d'une nécessité : ainsi le service public de la distribution d'eau est-il assumé en France par des monopoles locaux comme du reste la distribution d'électricité en Allemagne ou au Royaume-Uni [1]. Comme tout monopole, il est en mesure d'imposer ses prix : il faut donc le réguler de manière à ce que sa tarification corresponde à un optimum collectif.

EDF est enfin un *établissement public.* Là encore, la détention publique du capital n'est pas un effet obligé du monopole ou de la mission de service public : la collecte des déchets ou les transports urbains sont des services publics, le plus souvent gérés par des établissements privés ; à l'inverse, le quasi-monopole de Microsoft sur les systèmes d'exploitation pour PC est privé.

La détention publique du capital d'EDF ainsi que sa position de monopole ont permis à l'Etat de gérer efficacement le service public de l'électricité pendant la longue période de l'après-guerre où, dans un marché fermé et en situation initiale de pénurie, l'enjeu essentiel était d'accroître à marche forcée la capacité de production. La gestion directe par l'Etat n'était alors à l'origine d'aucun conflit d'objectifs : il fallait fixer les prix de manière à pouvoir financer les investissements en mégawatts thermiques, puis nucléaires – investissements qui répondaient clairement aux besoins de la collectivité.

Aujourd'hui, le contexte est différent. L'outil de production est globalement surcapacitaire. Et pour les entreprises comme pour les particuliers, la priorité est celle du moindre prix et de l'amélioration du service. Afin de répondre à ces demandes, EDF doit optimiser l'emploi de ses capacités, donc vendre hors du territoire français – ce qui suppose des alliances ou des acquisitions. Il lui faut également offrir des services complémentaires à ses grands clients, sauf à les voir produire eux-mêmes leur énergie par cogénération ou

---

1. A l'inverse, le service public de l'éducation n'est pas un monopole, en raison de l'existence d'un secteur privé important.

microgénération ou encore à subir le contrecoup de leur délocalisation. La collectivité nationale elle-même a des exigences nouvelles, liées notamment à la sécurité ou à l'environnement : décentralisation de la production et diversification des énergies primaires. Enfin, les clients particuliers peuvent faire appel à d'autres sources d'énergie (gaz) ou réclamer des prestations de plus en plus perçues comme faisant partie intégrante du service public de base : régulation, installation des matériels, aide à la réalisation d'économies d'énergie.

Dans ce nouveau contexte, et pour peu que l'on prenne un peu de distance, les textes européens ouvrant progressivement la production et la distribution d'électricité à la concurrence font figure de formidable chance pour le service public. EDF était en réalité terriblement bridée par les contraintes du monopole. Bridée tant dans son activité hors de France que dans sa capacité d'offrir des prestations nouvelles, l'entreprise risquait de ne plus pouvoir répondre aux besoins émergents, et de faire payer très cher des services par trop limités aux clients les moins aptes à trouver des solutions alternatives. Appauvrissement et inégalité : le monopole, autrefois instrument du service public, devenait handicap. Ainsi se trouve cassée l'équation entropique « service public = entreprise publique = monopole », à partir de laquelle certains assimilaient abusivement toute remise en cause du monopole ou de la détention publique du capital à une atteinte au service public – interdisant de ce fait toute réflexion sur ses voies et moyens.

Ce détour analytique n'est pas un luxe intellectuel. Car dès lors que la concurrence apparaît à la fois inéluctable et profitable au service public, il faut en déduire quelques règles d'action. Il importe de gérer la fin du monopole, non de la subir. A cet égard, le choix de la progressivité ne doit pas être considéré comme la résistance du dernier des Mohicans mais comme la manière idoine d'assurer la transition dans des conditions optimales pour le service public. L'exemple californien montre à quel point une « démonopolisation » mal menée peut conduire à des aberrations.

Car l'objectif politique légitime consiste en l'amélioration de la qualité du service public. La gauche ne saurait rechercher autre chose qu'un service public de l'électricité adapté aux besoins, sûr, universel et équitable. Le renouveau du service public en univers concurrentiel doit donc être pensé et construit : il s'agit d'identifier les prestations du service de base, de plaider leur insertion dans les textes européens, de créer les mécanismes de mutualisation ou de subvention nécessaires, enfin d'élaborer les cahiers des charges et leurs modalités de mise en œuvre, de contrôle et de sanctions.

Vient alors la question taboue : EDF, opérateur historique et pour longtemps dominant du service public de l'électricité en situation de concurrence, doit-il rester une entreprise publique ? Il existe désormais un conflit d'intérêt structurel entre un Etat actionnaire nécessairement désireux de préserver une situation dominante afin de maximiser les revenus générés par une clientèle captive et un Etat promoteur du meilleur service public possible, assuré au meilleur prix par de multiples opérateurs ; par ailleurs, la recherche de l'efficacité économique, laquelle se traduit par la baisse des coûts et des prix, suppose une extension au moins européenne du « marché domestique » d'EDF. On voit mal comment, dans ces conditions, maintenir plus longtemps un statut d'établissement public à capital fermé – sauf à continuer à user d'expédients (emprunt, ouverture du capital de filiales, etc.) qui affaiblissent l'entreprise sans répondre correctement à ses besoins. En sens inverse, rien ne serait pire qu'une déstabilisation de l'entreprise EDF : à cet égard, la préservation d'un ancrage capitalistique public fort demeure une nécessité pratique. C'est pourquoi un changement de statut suivi d'une ouverture minoritaire du capital assurant une valorisation correcte de l'entreprise, puis d'opérations industrielles avec des partenaires existants ou à venir, est sans aucun doute la solution qu'il convient d'adopter pour EDF, et ce le plus rapidement possible. La part résiduelle de l'Etat devra être suffisante pour assurer un ancrage incontestable, sans pour autant graver dans le marbre le seuil de 50 %. Quant aux sommes ainsi dégagées, je propose deux affectations : le financement d'un plan d'équipement des services publics et l'abondement du Fonds de réserve créé par le gouvernement afin de garantir notre système de retraite. Quoi de plus normal que de faire bénéficier la collectivité de l'investissement qu'à travers l'Etat, elle a réalisé dans EDF pendant des décennies ?

Le cas d'EDF ne diffère finalement guère de la situation qui était celle de France Telecom il y a quelques années. L'exemple de cette entreprise est éclairant. La fin progressive du monopole, comme l'ouverture du capital, ont été des réussites. Créatrice d'emploi et de services nouveaux, l'évolution s'est faite dans l'intérêt évident de la collectivité. Mais il faut, si l'on veut dresser un bilan parfaitement équitable, reconnaître une carence et un regret.

La carence concerne la définition du service public des télécommunications et les conditions de sa mise en œuvre. Des sujets aussi divers que le rôle des collectivités locales dans les investissements en fibre noire, l'étendue et le financement des abonnements sociaux, la place de l'éducation citoyenne dans le service public ou l'étendue du service obligatoire (particulièrement en ce qui concerne l'Internet) ont été largement occultés ou mal traités, tant au niveau français qu'européen. Il en résulte des retards et des insuffisances. Le gouvernement de Lionel Jospin, qui avait hérité de textes négociés à Bruxelles ou votés sous la précédente législature, a bien tenté d'y remédier au cas par cas – mais trop tard, donc imparfaitement.

Mon regret fait écho à un certain manque d'audace. Dans les années 1998-2000, France Telecom aurait eu un impérieux besoin de pouvoir régler ses acquisitions par échange d'actions; au lieu de quoi il lui a fallu s'endetter. Le prix à payer aujourd'hui est celui d'une dette excessive et lourdement handicapante. Le problème était connu et la solution identifiée; nous ne l'avons pas assumée, parce que cela supposait de « casser » le seuil symbolique de la participation publique au capital.

L'exemple de Renault montre pourtant à quel point le schéma que je suggère pour EDF est adapté. Les gouvernements de droite ont légué à Lionel Jospin ce qu'ils appelaient une situation de « privatisation inachevée », l'Etat ayant conservé une participation au capital de 44 % – ce que je qualifierais personnellement de situation de privatisation involontairement réussie. Sans cet ancrage capitalistique, jamais Renault n'aurait pu engager l'opération Nissan aujourd'hui brillamment réussie, mais *a priori* tellement risquée que le seul marché ne l'aurait probablement pas acceptée. Cette puissance d'un actionnariat public mobile et intelligent, ce n'est pas celle d'un Etat dilapidateur de fonds publics, mais d'un Etat investisseur à long terme, capable de poursuivre une stratégie dans la durée. En sens inverse, jamais un établissement public non coté n'aurait pu réaliser l'opération Nissan, dans laquelle la perspective crédible d'une opération symétrique – l'entrée de Nissan dans le capital de Renault –, même inégale, était déterminante aux yeux des Japonais.

Est-ce à dire que la participation publique à 100 %, voire simplement majoritaire, serait condamnée pour cause d'inefficience naturelle? Quelques exemples suffiront à prouver le contraire.

Thomson Multimédia (TMM), déstabilisée par la volonté affichée du premier gouvernement de Jacques

Chirac de la vendre pour un franc, a repris en juin 1997 toute sa place dans le secteur public. Détenue à 100 % par l'Etat, fortement recapitalisée par le contribuable (qui a depuis très largement retrouvé sa mise), elle a repris confiance en elle. L'Etat a joué dans cette opération le rôle d'un actionnaire que personne, en France ou ailleurs, ne voulait ou ne pouvait jouer : une entreprise qui pourrait n'être plus qu'un souvenir, usines françaises fermées, centres de recherche ou de décision disparus, se trouve à présent consolidée, confortée, dotée de partenaires industriels solides et d'un actionnaire public devenu minoritaire. L'emploi, la recherche industrielle, la valeur ajoutée créée en France et le rayonnement de notre pays y ont trouvé leur compte.

ST Microelectonic (anciennement SGS Thomson) est un autre exemple du même type. Lorsqu'en 1992 – j'étais alors ministre de l'Industrie – le gouvernement décida de ne pas laisser disparaître le seul fabricant de microprocesseurs vraiment européen, rares étaient ceux qui pariaient sur sa réussite. Et pourtant : l'Etat actionnaire, à parité avec l'Etat italien, a transformé en moins de dix ans une entreprise menacée de faillite en un leader européen des circuits intégrés, florissant et créateur d'emplois dans les deux pays alliés. Toujours la même histoire : celle d'un Etat assumant sa responsabilité de politique industrielle, sans faire de l'actionnariat public une fin, mais un moyen.

On me dira que je ne raconte que des histoires d'entreprises dont l'Etat, initialement propriétaire, prend le contrôle effectif pour le rendre ensuite aux investisseurs privés. A cela je répondrai deux choses, dont la seconde est de très loin la plus importante.

S'il est vrai d'abord que l'Etat a pu sortir complètement de certaines entreprises, notamment dans le secteur financier, il reste aujourd'hui encore un actionnaire déterminant dans beaucoup d'autres. Son rôle dans l'équilibre capitalistique et les performances de ces entreprises demeure central. Il est resté majoritaire dans certaines entreprises dont il a souhaité ouvrir le capital, sans entendre en sortir : c'est le cas d'Air France. A l'heure où, partout dans le monde, on ne parle que de renationalisation des entreprises de transport aérien, la situation capitalistique de la compagnie française montre la clairvoyance du gouvernement de l'époque ; les plus sévères conviendront au moins que les modes changent vite, ce qui incite à y réfléchir à deux fois avant d'y céder... Mais si les évolutions de la mode comptent peu, les mutations du contexte stratégique importent en revanche beaucoup. En 1998, il est apparu au gouvernement que la situation d'Air France se trouverait mieux assurée, en termes de service rendu au public et de développement de l'entreprise, par le maintien d'une majorité publique dans le capital ; c'est encore le cas aujourd'hui. Peut-être les circonstances changeront-elles un jour, et alors deviendra-t-il souhaitable de privatiser complètement Air France. Si c'est le cas, il faudra alors le faire.

En sens inverse, une entreprise un temps privée peut être nationalisée dans l'intérêt collectif, sans qu'il soit besoin pour autant de parler de collectivisation de l'outil de production ! Fin 1998, la société Matra, propriété du groupe Lagardère depuis sa privatisation au cours de la première cohabitation, est repassée sous majorité publique ; le groupe Lagardère est devenu actionnaire minoritaire d'Aérospatiale Matra, issue de la fusion des deux entreprises. De même, en 1999, la branche nucléaire du groupe allemand Siemens a été nationalisée par fusion avec Framatome, dont Siemens est devenu actionnaire minoritaire.

Il n'est pas de situation à jamais figée. L'Etat est un acteur concret dans un monde d'enjeux concrets. Son premier objectif est la défense de l'intérêt général. Et pour un homme de gauche, il ne doit y avoir aucun tabou à transformer le réel en influant sur l'économie.

Dans tous les pays du monde industrialisé, l'Etat entre et sort du capital des entreprises. Comparée à la nationalisation-sauvetage des caisses d'épargne par le gouvernement fédéral américain dans les années 80 ou à celle du système bancaire japonais dans les années 90, l'intervention des pouvoirs publics français dans le cas du Crédit Lyonnais semble fort modeste. Est-ce par ignorance ou par naïveté que certains paraissent l'oublier ?

Longtemps, je le disais plus haut, la singularité française aura consisté à transformer la question du secteur public en un débat byzantin, surréaliste au sens propre du terme, négligeant au passage ses enjeux essentiels : j'aimerais avoir réussi à montrer, à la lumière d'exemples empruntés à une action ministérielle récente, que la singularité française peut être, doit être et a été, au cours de ces toutes dernières années, de faire du secteur public non pas le résultat contraint et subi d'événements extérieurs, mais bien un outil dynamique et efficace de politique industrielle destiné à favoriser le développement des entreprises, la localisation de centres de décision et de recherche ainsi que la qualité du service public.

Au fond, l'économie de marché présente une extra-ordinaire plasticité. L'intervention publique n'a pas besoin d'être massive pour s'avérer efficace ; il faut qu'elle soit judicieuse et qu'elle porte au moment adéquat sur le bon point d'application. Deux conditions doivent être réunies pour ce faire : en premier lieu, définir des lignes de conduite et des stratégies industrielles claires ; en second lieu, saisir les opportunités, sans craindre de vendre ou d'acheter, de nationaliser ou de dénationaliser.

Prenons l'exemple du secteur aéronautique. La situation qu'il connaissait en 1997 était dramatique, au point que les générations magnifiques qui avaient

construit Ariane, Airbus et Eurocopter se désespé-
raient de l'excellence française comme de l'avenir de
Toulouse. Et elles voyaient aussi les énergies s'épuiser
dans des négociations de couloirs entre notaires, technocrates d'entreprises, intermédiaires divers et cabinets ministériels. L'objectif premier, seul légitime dans
un combat mondial entre entreprises de taille continentale, était de renforcer la main française, en vue de
la constitution d'un acteur européen. L'objectif second
était d'assurer, à chaque stade de la concentration, un
ancrage actionnarial solide, capable de défendre les
intérêts français et de mener des négociations rapides
et efficaces. Avec qui, comment? Là commençait la
partie des opportunités à créer, ou à saisir sans hésiter.

La première manche s'est jouée avec la formation en
1998 d'Aérospatiale Matra, à majorité publique et co-
contrôlée par l'Etat et par le groupe Lagardère. La
seconde manche fut la fusion avec DASA, filiale du
groupe allemand Daimler Chrysler, et la création
d'EADS, co-contrôlé à parité par le bloc français (lui-
même totalement sécurisé par l'Etat à travers un jeu de
droits de préemption et un pacte d'actionnaires avec
Lagardère) et par Daimler Chrysler. La société espagnole Casa est ensuite venue s'agréger à l'ensemble.
L'histoire n'est pas finie : peut-être l'Etat reprendra-t-il
un jour le contrôle de l'ensemble, ou peut-être le
cédera-t-il à d'autres, ou au marché. Toujours est-il
qu'aujourd'hui, l'entreprise aéronautique européenne
existe, devance Boeing sur les marchés civils, et édifie
progressivement sa puissance industrielle à l'abri d'un
actionnariat européen stable.

A l'autre extrême du spectre, j'aime tout particulièrement mentionner les prises de participations
récentes de l'Etat dans des entreprises, très discrètes
celles-là, mais non moins efficaces : lorsqu'en 1997 a
été créé un « fonds de fonds » destiné à prendre, en
partenariat avec des fonds de capital risque privés, des

participations dans des *start up*, personne n'a crié à la nationalisation ! Et pourtant : à travers ce fonds, l'Etat est actionnaire significatif de nombre de sociétés de la nouvelle économie dont il a ainsi permis la naissance ou le développement, tout en prenant sa part de risques et de gains.

Plus généralement, la nouvelle économie, lieu par excellence de la prise de risque et de la gestion du long terme – mais aussi des enjeux économiques et sociaux de demain – me semble être un espace insuffisamment occupé par les participations publiques. Ainsi le calamiteux dossier de l'UMTS aurait-il pu être traité par une simple extension du secteur public. Outre une éventuelle et faible redevance fixe, les licences auraient pu être acquises par attribution à l'Etat d'actions gratuites ou d'options d'achat d'actions représentatives de parts des sociétés exploitantes. L'Etat (donc le contribuable) aurait été associé aux risques, mais aussi aux bénéfices d'une entreprise d'intérêt général. Les ressources des entreprises auraient été employées à construire le réseau, et non à indemniser l'Etat qui se serait rémunéré plus tard sur le marché en cas de réussite. Le schéma finalement retenu, évidemment meilleur que l'esquisse initiale, se rapproche quelque peu de celui-ci.

Nous sommes bien loin du « ni-ni » et du stérile débat entre nationalisations et privatisations. Nous sommes surtout dans l'application concrète de ce qui me paraît être le principe même d'une politique industrielle moderne – disons d'une politique économique de gauche : intervenir, dans le respect des mécanismes efficients de l'économie de marché, au cœur du moteur, là où se forme la valeur, en y insérant ce qu'aucun intervenant de marché ne saurait y mettre : une vision de long terme et une capacité de mutualisation des risques, au service de l'emploi, de la création de richesse et du bien-être commun. Voilà bien le socialisme de la production.

CHAPITRE 14

La loi et le contrat

Le syndicalisme français est un syndicalisme faible, éclaté, peu disposé à sortir de sa fonction de revendication. Il n'y a guère que dans la gestion paritaire des organismes de sécurité sociale que les représentants des salariés et ceux des employeurs se rencontrent pour travailler ensemble. Nous sommes bien loin du paysage qui se dessine dans nombre d'Etats européens, particulièrement en Allemagne et dans les pays du nord de l'Europe.

Un terrain propice

Cette situation n'est pas satisfaisante. La présence de forces syndicales puissantes, organisées, si possible rassemblées, est une condition nécessaire de la négociation. Vouloir mettre en œuvre des réformes importantes dans le domaine social, et notamment dans les entreprises, sans en avoir préalablement discuté avec le monde syndical, c'est augmenter considérablement les risques d'échec – surtout pour un gouvernement de gauche.

J'ai personnellement pu mesurer combien le dialogue social était vecteur de changement. Son rôle s'est révélé déterminant dans les possibilités d'évolution de nos Centreprises publiques, et il a pesé jusque dans la définition de notre politique économique. À mon arrivée à Bercy, je fus surpris de constater l'omniprésence de la culture de la forteresse – comme si l'architecture du lieu avait déteint sur les mentalités. Ainsi les fonctionnaires, même de rang élevé, étaient-ils habitués à dialoguer avec les *lobbies* patronaux, mais ils renvoyaient systématiquement toutes les prises de contact syndicales au cabinet du ministre, induisant ainsi une distorsion injustifiable dans les relations entre l'Etat et les partenaires sociaux [1].

La législature qui s'achève aura vu le vote de nombreux textes et de nombreuses mesures traduisant un progrès social. Réduction du temps de travail, emplois-jeunes, couverture maladie universelle, aide personnalisée à l'autonomie : autant de réformes qui ont marqué les esprits, transformé les comportements et offert de nouvelles perspectives à nos concitoyens. Pourtant, en dépit de ce terrain propice, nous ne sommes pas parvenus à enclencher la dynamique sociale attendue. La volonté de réforme était manifeste, la vivacité de la croissance autorisait des relations apaisées : tous les ingrédients d'une nouvelle dynamique sociale étaient réunis. Elle ne s'est pas produite.

Ce constat récurrent a donné à certains des arguments pour instruire le procès du patronat, des syndicats ou du gouvernement. Ce n'est pas là mon propos. Mon souci est d'essayer de comprendre pourquoi la gauche, qui a placé la solidarité au cœur de ses valeurs

---

1. C'est pour changer d'approche que la Conférence Économique de la Nation a été créée en 1998. Réunissant représentants du patronat et des syndicats, elle a permis l'instauration d'un véritable débat sur notre stratégie économique. Ces discussions, menées en amont de toute décision, sans effets de manche et sans concessions, ont, à chaque fois, apporté leur lot d'idées nouvelles.

et de ses ambitions, ne parvient pas à dialoguer en confiance et à travailler efficacement avec les acteurs sociaux, patronat ou syndicats. Il ne s'agit pas d'une règle absolue, de nombreux exemples attestant en effet le contraire. Globalement pourtant, la méfiance est de mise.

Du côté du patronat, les choses s'expliquent assez aisément. Je ne dirai pas que la difficulté à débattre sereinement avec les représentants des entreprises soit propre aux gouvernements de gauche ; la droite ne s'y est jamais mieux prise, sauf peut-être pendant les campagnes électorales. L'ignorance du monde de l'entreprise qui caractérise les élus politiques de notre pays constitue sans doute la première explication de cette incapacité à établir le dialogue.

Au cours de cette législature, la gauche a, de surcroît, subi le contre-coup de sa propre audace. En choisissant la voie législative pour faire entrer la réduction du temps de travail dans les faits, elle a accepté un conflit dur avec le patronat. La démission le 10 octobre 1997 de Jean Gandois, le président du CNPF, consomma le divorce.

Tout ceci a pris l'allure confortable d'une victoire des forces de progrès sur un patronat rétrograde. Et la stratégie adoptée ensuite par le CNPF (devenu MEDEF) est venue conforter notre bonne conscience : si le patronat s'oppose à ce point au gouvernement, c'est bien parce que nous menons une politique de gauche ; s'il cherche à ce point à s'engager dans le débat politique, c'est bien qu'il s'identifie à la droite.

Le MEDEF est ainsi devenu une boussole singulière qui indique toujours le sud. Dès lors, tout ce qu'il touche doit être combattu – posture évidemment un tantinet excessive. Ainsi la démarche de « refondation sociale », pourtant amorcée par un accord signé entre le patronat et les cinq confédérations syndicales, a-t-elle été condamnée en bloc. De même le plan d'aide au retour à l'emploi (PARE), pourtant assez cohérent avec la stratégie gouvernementale de lutte contre le chômage, a-t-il essuyé une série de critiques pour partie infondées. Et que dire de l'échec de la négociation sur la formation professionnelle, accueilli par certains avec un soulagement à peine dissimulé !

Cette manière de faire méconnaît le blocage du jeu social qu'elle entraîne : elle donne une formidable prime à tous ceux qui, du côté patronal comme, plus rarement, du côté syndical, préfèrent bouder la négociation et l'élaboration de régulations collectives. Façon d'accepter une société qui laisse l'individu seul face au marché et qui confie à des forces de contestation sporadiques le soin de procurer quelques garde-fous.

L'aventure des 35 heures

Depuis un siècle et demi, la durée du travail baisse en Occident. C'est là une conséquence heureuse des progrès de la technologie. Pour les saint-simoniens, la mécanisation de la production pouvait être la meilleure ou la pire des choses. La pire si elle devait entraîner une exploitation accrue des travailleurs, ce qui a d'ailleurs été le cas au début du XIXe siècle ; la meilleure si elle était mise au service du plus grand nombre. C'est cette seconde voie qui, pour l'essentiel, a été empruntée au cours des deux derniers siècles, même si les conditions de travail de beaucoup de salariés ont été et demeurent difficiles.

Notre histoire, depuis la révolution industrielle, est celle du douloureux combat des salariés pour la reconnaissance de leur dignité, l'augmentation de leurs salaires et la diminution de leur temps de travail : et ce combat a été victorieux. Je ne sous-estime ni leurs souffrances, ni leurs frustrations ; mais, au bout du compte, ils ont triomphé. Jamais la condition du plus grand nombre ne s'est à ce point améliorée qu'au cours de ces deux siècles. La clef réside dans le progrès technique et les gains de productivité qu'il a autorisés. D'un niveau inconnu jusqu'alors, ces gains de productivité ont été partagés entre l'augmentation des salaires et la réduction du temps de travail dans des proportions variables d'une époque à l'autre et d'un pays à l'autre. Mais en moyenne sur le long terme, l'évolution a été à peu près la même partout.

Peu de données économiques sont aussi homogènes sur une si longue période. Ainsi, le temps de travail annuel moyen passe-t-il entre 1870 et 1987 de 2 964 heures à 1 608 aux Etats-Unis, de 2 941 à 1 620 en Allemagne et de 2 964 à 1 387 aux Pays-Bas. La France se situe dans une position intermédiaire, avec un temps de travail annuel moyen qui passe de 2 945 heures à 1 543 [1].

Dans le temps même où se produisait cette diminution du temps de travail, de l'ordre de 45 % en cent vingt ans, le pouvoir d'achat était multiplié par 10. Cette formidable évolution n'empêche évidemment pas tous les conservateurs d'expliquer qu'on ne saurait « travailler moins en gagnant plus ». Et ceux-là mêmes qui reprochaient à la gauche de ne rien comprendre à l'économie lorsqu'elle parlait de créer des emplois grâce au partage du temps de travail, au motif – exact – que le travail n'est pas une quantité donnée statiquement divisible, sont toujours tombés dans un piège semblable en considérant que la réduction du temps de travail ne pouvait conduire à rien d'autre qu'à un appauvrissement collectif. C'est à l'occasion du débat de 1936 sur les 40 heures qu'un député [2] déclarait : « Ce projet est certainement le plus grave que nous

---

1. In Angus Maddisson : *Dynamic Forces in Capitalist Development*, Oxford University Press, 1991.
2. M. Pierre Valette-Viallard, séance du 12 juin 1936, à l'Assemblée Nationale.

ayons discuté depuis longtemps. Même s'il ne doit pas être mortel pour nos industries qui travaillent pour le marché intérieur, ce projet causera la ruine de celles qui exportent... »

Il faut conduire le raisonnement jusqu'à son terme. Loin d'être à l'origine d'un désastre économique, la réduction de la durée du travail est, dans une certaine mesure, devenue l'un des moteurs de la croissance. Les services prennent en effet une place croissante dans nos économies. Et parmi ces services, beaucoup ne peuvent être consommés qu'à condition de disposer de temps libre. Il en est ainsi du tourisme, des loisirs en général, ou encore de tous les services qui touchent à l'Internet. Si bien que seule la réduction du temps de travail a permis le développement de secteurs parmi les plus dynamiques des économies contemporaines. C'est là une version moderne du fordisme. On attribue à Henry Ford l'aphorisme selon lequel il faut bien payer ses ouvriers pour qu'ils puissent acheter les voitures qu'ils fabriquent. Il faut aujourd'hui donner aux salariés du temps pour leur permettre de consommer les services mis sur le marché.

La réduction du temps de travail ne s'est pas faite uniquement par la diminution de la semaine hebdomadaire de travail : l'allongement de la scolarité, le départ à la retraite de plus en plus précoce, les congés payés ont également contribué à ce mouvement historique. Il en est de même du temps partiel [1]. Un jeune homme qui entrait sur le marché du travail en France en 1870 devait s'attendre à travailler 140 000 heures en moyenne au cours de sa vie. Ce chiffre est revenu aujourd'hui à près de 60 000 heures ; le premier aura

---

1. Le développement du temps partiel est une des voies privilégiées de la réduction du temps de travail, même s'il n'est acceptable que s'il est voulu par les salariés et non imposé par l'entreprise. Et le retard français dans ce domaine (17 % des emplois en 1997 contre 24 en Suède et 38 aux Pays-Bas) est manifeste.

passé près de 55 % de sa vie éveillée [1] au travail, tandis que cette proportion tombe à moins de 15 % pour le second. C'est ce formidable changement que le monde occidental a vécu en un peu plus d'un siècle, alors même qu'il s'est enrichi comme jamais auparavant. La vie a changé pour beaucoup, et Léon Blum pouvait dire en 1942 : « Tout cela me donne le sentiment que, par l'organisation du travail et des loisirs, j'avais malgré tout apporté une espèce d'embellie, d'éclaircie dans des vies difficiles, obscures, qu'on ne leur avait pas seulement donné plus de facilités pour la vie de famille, mais qu'on leur avait ouvert la perspective d'avenir, qu'on avait créé chez eux un espoir... [2] »

Mais la réduction de la durée *moyenne* du travail peut se faire d'une autre manière, moins agréable. Lorsque la durée moyenne diminue parce que les gains de productivité sont forts et que les débouchés ne croissent pas à la même vitesse, la durée du travail de chacun peut baisser et tout le monde garde un emploi. Il y a malheureusement une autre possibilité : la durée du travail de ceux qui conservent un emploi reste la même, mais le nombre d'individus qui travaillent diminue. Alors se développe le chômage. C'est pour éviter pareil phénomène qu'il faut organiser la réduction du temps de travail lorsqu'elle ne s'opère pas spontanément dans des conditions satisfaisantes. Cela a été le cas de la France.

Dans notre pays, en raison notamment de la faiblesse du dialogue social, et parce que les évolutions qui se passent ailleurs en souplesse ont besoin chez nous de phases quasi révolutionnaires, il a fallu une

---

1. En comptant une nuit de huit heures.
2. Cité par Martine Aubry dans son discours de présentation à l'Assemblée Nationale de la loi sur les 35 heures le 27 janvier 1998.

succession de textes pour imposer [1] des changements auxquels le patronat français s'était toujours refusé. Les arguments n'ont guère varié. Certains semblent datés. Comme celui-ci qui remonte à 1848, quelques années après la limitation à 8 heures de la durée quotidienne du travail des enfants de moins de huit ans. Et les membres de la Société industrielle de Mulhouse de s'interroger : « Au point de vue moral », n'est-il pas dangereux de laisser « sortir les enfants des ateliers avant les autres ouvriers, parmi lesquels sont généralement leurs parents. Le danger est grand, surtout pour ceux de ces enfants qui n'habitent pas la commune même où est située la fabrique qui les emploie. En hiver, après la chute du jour, ces enfants des deux sexes sortent ensemble des ateliers et soit qu'ils retournent seuls à leurs villages, soit qu'ils attendent, pendant quelques heures en ville, la fin de la journée de leurs parents, c'est là une mesure que la morale redoute [2]. » D'autres ressemblent – au style près – à ce que l'on a entendu il n'y a pas si longtemps, si on ne l'entend pas encore. En 1848, la question de la limitation de la durée quotidienne du travail à 12 heures est en débat, et on entend le député Bernard déclarer : « S'est-on bien rendu compte de la situation de l'ouvrier ? Je ne le pense pas. Les bons ouvriers ne sont pas ceux qui réclament le vote de la loi que nous discutons ; les bons ouvriers ont toujours en vue d'avoir du travail, d'en avoir longtemps, d'en avoir beaucoup

---

1. Après les grandes grèves du début des années 1830, la loi du 22 mars 1841 interdit le travail des enfants de moins de 8 ans, et limite la durée de travail à 8 heures par jour entre 8 et 12 ans. Ce n'est qu'en 1906 qu'est instauré le repos hebdomadaire et en 1919 qu'apparaissent la limitation de la durée de la journée de travail à 8 heures et de la semaine à 48 heures. En 1936, la durée hebdomadaire du travail sera ramenée à 40 heures en même temps que seront créées les deux premières semaines de congés payés. La troisième semaine date de 1956, la quatrième de 1969, et la cinquième de 1982 année de la réduction à 39 heures de la durée hebdomadaire du travail.
2. Cité par Martine Aubry, toujours dans son discours du 27 janvier.

[...]. Ils ne se plaignent jamais de l'excès [1]. » L'argumentaire ne changera pas en un siècle et demi.

Ainsi, dans notre pays, a-t-il toujours fallu une décision politique pour faire entrer la réduction de la durée du travail dans les faits. Au cours des années 80, cette réduction a recommencé à se gripper et le niveau du chômage s'en est ressenti. Aussi est-ce à juste raison qu'ont été évoqués les moyens de la relancer. Les bénéfices attendus de cette baisse de la durée du travail ont été au rendez-vous. D'abord, un gain de temps libre apprécié de tous les salariés qui en bénéficient et qui a, au sens propre, changé la vie de certains d'entre eux. Et une création massive d'emplois, estimée aujourd'hui à 400 000.

Mais pour moi, le plus grand bénéfice de cette mesure est peut-être ailleurs. Dans chaque branche, dans chaque entreprise, la négociation sur le passage aux 35 heures a été l'occasion d'un redémarrage – voire, dans certain cas, d'un démarrage – du dialogue social, lequel fait si cruellement défaut à notre économie. J'ai visité nombre d'entreprises dans lesquelles la négociation des 35 heures a été l'occasion de discuter un ensemble de questions mises au jour par la nécessaire réorganisation du travail liée à cette réforme, parmi lesquelles la formation professionnelle et le projet d'entreprise. Or l'adhésion des salariés à ce projet est dans l'entreprise moderne un facteur essentiel de la productivité.

Tout cela ne va bien entendu pas sans coûts. Et sans doute une réduction régulière et plus spontanée de la durée du travail eût-elle été préférable : elle aurait été moins coûteuse pour les entreprises et nous aurait fait perdre moins de temps en débats stériles. Mais puisque rien ne bougeait, il fallait sans doute que le gouvernement, responsable de l'équilibre de la société française, lance le mouvement. Et c'est à Martine Aubry que

---

1. *Ibid.*

revient le mérite d'avoir défendu ce texte devant le Parlement.

Certains penseront sans doute que j'exagère, et que rien n'indique que la réduction du temps de travail soit à ce point nécessaire ni qu'elle ait été à ce point bloquée. Je laisse ici la parole à d'éminents représentants des partis conservateurs. A la première question, Jacques Barrot, ministre de l'Emploi dans le gouvernement d'Alain Juppé de 1995 à 1997, apporte à l'Assemblée Nationale la réponse suivante : « Je suis de ceux qui pensent que, outre la baisse ciblée des charges, l'aménagement du temps de travail est, incontestablement, un levier fondamental, essentiel pour lutter contre le chômage. » Pour la seconde question, je renvoie à Yves Nicolin, rapporteur de la loi dite « de Robien » : « Depuis dix-sept ans, on nous dit que l'on va aboutir et qu'il ne faut pas gêner les négociations. Aujourd'hui, nous considérons qu'il est au contraire temps de trancher et d'agir. »

Tous deux ont raison. Au demeurant, je ne peux m'empêcher de penser que si la réduction du temps de travail avait été aussi dommageable à l'économie française que le prétend l'opposition, nous n'aurions pas eu depuis 1998 une si belle croissance, chaque année supérieure à celle de nos grands voisins européens alors qu'elle leur était traditionnellement inférieure.

Il y a évidemment bien des manières de procéder à la réduction du temps de travail. Lors du lancement de la discussion, à l'occasion de la réunion tripartite (gouvernement, syndicats, patronat) qui s'est tenue le 10 octobre 1997 sous la présidence de Lionel Jospin, la position du gouvernement était très ouverte et très équilibrée. Puisqu'il s'agissait de mettre en œuvre une nouvelle modalité de partage des gains de productivité comportant plus de temps libre et moins d'augmentation de salaires, le texte soulignait la nécessité de la modération salariale. Puisqu'il fallait s'attendre à des difficultés d'organisation, le texte évoquait la possibilité de moduler sur l'année la durée du travail, ouvrant ainsi la porte à l'annualisation du temps de travail réclamée par les chefs d'entreprise et clairement refusée par les syndicats. Si bien qu'en entrant dans la salle de réunion, mon sentiment était que nous risquions fort d'assister à une levée de boucliers... du côté syndical. C'est le contraire qui s'est produit et c'est le patronat qui a rompu. Si chacun peut avoir sur les causes de cette rupture sa propre analyse, tout le monde considère sans doute aujourd'hui qu'elle a été très regrettable : pour la mise en place des 35 heures d'abord, mais surtout parce qu'elle a été à l'origine d'une défiance durable entre le gouvernement et les chefs d'entreprise – défiance qui empoisonnera toute la législature. C'est la France qui y a perdu.

Aurait-il été possible de procéder autrement ? Aurions-nous pu commencer par la négociation, quitte à y inciter fortement, pour ne légiférer qu'en bout de course par une sorte de loi-balai [1] sur la date effective de passage aux 35 heures ? Sans doute, même si notre histoire sociale ne plaide pas en ce sens, la violence de la réaction patronale non plus. Tous ceux qui comme moi pensent que la négociation entre les partenaires sociaux doit être préférée à la loi chaque fois qu'elle est possible ne peuvent que le regretter, ainsi que je l'indiquais à l'avance dans *Le Nouvel Observateur* du 3 septembre 1997 en réponse à une question sur la durée souhaitable du processus : « Cela dépendra des entreprises et des salariés. L'Etat peut inciter les partenaires sociaux à la négociation. Il peut fixer, dans une loi-cadre, les grands principes et la date butoir de cette réduction. Il ne peut ni ne doit, en revanche, régenter l'ensemble des modalités de passage aux 35 heures. La loi d'application, elle, ne devrait intervenir qu'après aboutissement de la concertation. »

---

1. C'est le terme que j'employai dans le journal *Libération* le 26 septembre 1997

Quoi qu'il en soit, la réduction du temps de travail constitue une avancée sociale d'une très grande importance, en accord avec l'évolution de notre société. Pour la première fois peut-être dans l'histoire des hommes, ceux qui occupent des responsabilités élevées sont amenés à travailler davantage que ceux qui exécutent des tâches plus humbles. C'est là un des grands changements de la période que nous vivons. Il n'en est que plus difficile pour ces responsables de comprendre l'intensité de cette revendication dans les couches populaires. Que nos sociétés riches soient capables d'alléger le fardeau de ceux à qui leur activité professionnelle apporte plus de souffrances que de satisfaction n'est, pourtant, que justice.

Quant au problème politique, il est maintenant clair. Les conservateurs n'ont de cesse que de critiquer la loi sur les 35 heures. Des améliorations sont certes toujours possibles, notamment en ce qui concerne les très petites entreprises et la question du double SMIC. Mais si l'on veut véritablement remettre en cause les 35 heures, il faut oser le dire publiquement. Et oser dire à tous les salariés pour lesquels la RTT a, sans mettre l'économie française à terre, représenté un progrès social considérable, qu'on veut y renoncer. Ce serait la première fois dans l'histoire qu'un tel retour en arrière serait annoncé.

Une démocratie plus vivante

Ma conviction est faite depuis longtemps : c'est la force des dynamiques collectives qui permet de changer la société. Et même si elle se révèle parfois maladroite, la gauche demeure à mes yeux le mouvement politique le mieux placé pour les susciter et les structurer. Encore doit-elle pour cela abandonner quelques vieilles lunes.

Première vieille lune : l'assimilation souvent faite du syndicalisme au corporatisme. Ce n'est pas parce que nos syndicats se sont, à des degrés divers, affranchis du politique (rompant ainsi avec la logique ancienne du primat du Parti) qu'ils se réduisent à de vulgaires *lobbies* ou aux avocats obstinés de quelques intérêts particuliers. Représentants de l'ensemble des salariés, les syndicats sont amenés à rendre des arbitrages, à faire émerger des revendications suscitant l'adhésion, et à se poser en authentiques contre-pouvoirs porteurs d'une vision de la société contribuant à la définition de l'intérêt général. Ils jouent de ce fait un rôle essentiel dans notre démocratie.

De même, il faut cesser de stigmatiser dans un même élan les patrons, les entreprises et leurs représentants – c'est la seconde vieille lune. Que leurs intérêts profonds soient opposés à ceux des salariés, voilà qui ne fait pas l'ombre d'un doute. Qu'ils soient toujours inconciliables, je ne le crois pas. On peut avoir conscience du caractère conflictuel du partage de la valeur ajoutée sans considérer la révolution comme le seul moyen de le résoudre. De la même manière, on peut plaider pour l'amélioration du statut et des responsabilités des salariés sans tomber dans l'illusion de l'association consensuelle entre capital et travail. Car c'est souvent de la confrontation que naissent les meilleures solutions : elle garantit que tous les arguments auront été échangés et toutes les alternatives explorées. Mais les illusions ont la vie dure : certains font encore mine de croire que l'économie de marché peut être régulée sans implication des entreprises, ou que les droits des salariés dans l'entreprise peuvent être imposés par la loi sans réflexion sur leurs conditions concrètes de mise en œuvre.

En bons jacobins, nous persistons à penser que la loi peut tout faire – sauf changer un homme en femme, diraient les juristes britanniques soucieux de précision. A ce credo positiviste répond la litanie libérale qui voudrait placer le contrat au sommet de notre organisation sociale, comme si les inégalités qui taraudent notre société pouvaient être résolues par l'affirmation de l'égalité des co-contractants. Ces deux conceptions me paraissent aussi erronées l'une que l'autre. Loi et contrat sont deux instruments, nécessaires, complémentaires, de la régulation sociale : au politique d'organiser leur articulation.

Que l'Etat soit le garant de l'intérêt général ne signifie en aucun cas qu'il en ait le monopole ou qu'il doive jouer les autistes. Par ailleurs, le fait que le mouvement syndical français soit divisé, minoritaire et parfois tenté par le radicalisme n'est pas une donnée intangible. La CFDT, et dans une moindre mesure la CGT, montrent que le syndicalisme peut être le socle d'une dynamique de changement à laquelle l'Etat ne saurait rester indifférent.

En disant cela, je ne plaide pas pour une diminution du rôle du politique. Tout au contraire. Mais la politique ne se réduit pas à la gestion de l'Etat ou de telle ou telle collectivité, et sa mission déborde son cadre institutionnel. Or il y a urgence. Le fossé entre le pouvoir politique et la société commence à se creuser dangereusement. N'est-ce pas ce que nous disent les jeunes dans les quartiers ? Il faut enrayer cette évolution : la redéfinition des rôles respectifs de la loi et du contrat constitue, à n'en pas douter, l'un des éléments de réponse au risque d'implosion sociale dans notre pays.

Les réalités multiples du monde du travail ne peuvent plus être interprétées à la lumière de la seule lutte des classes[1]. Selon qu'ils travaillent dans de grandes entreprises, dans la fonction publique ou dans des PME, les salariés connaissent une grande diversité de situations, quand bien même leurs qualifications de départ seraient identiques. Quelle est la portée réelle de l'égalité des chances si, au hasard des premiers

---

1. Cf. CFDT, *Le Travail en questions*, 2001, Éditions La Découverte.

emplois, le traitement salarial et social des individus est radicalement différent ? De même, le retour de la croissance a paradoxalement renforcé les inégalités face à l'exclusion : dans certains endroits et pour certaines populations, le plein-emploi est devenu en quelques années une perspective réaliste, quand d'autres se sont enfoncés dans la précarité.

Tout aussi grave est le vieillissement de nos garanties collectives. Face aux inégalités, nous avons cru qu'il suffirait de créer de nouveaux droits – répondant en cela aux préconisations des théoriciens des sondages et de l'image : aux « attentes de l'opinion », il faut répondre par des « signaux forts ». Et quel signal plus fort qu'une loi consacrant un droit ? La réalité est souvent aux antipodes des ambitions affichées par les promoteurs de cette stratégie. Trop souvent, des droits d'apparence universelle deviennent au mieux formels (on ne compte plus les lois inappliquées), au pire contre-productifs : ils s'individualisent au bénéfice des plus chanceux ou des mieux nantis. Ainsi de la formation professionnelle : alors qu'elle devrait matérialiser la seconde chance des recalés de l'école républicaine, la voie de la promotion sociale ou du moins de l'adaptation de tous aux nouvelles techniques, elle est finalement utilisée par les hommes plutôt que par les femmes, par les jeunes plutôt que par les salariés plus expérimentés, par les diplômés plutôt que par les travailleurs non qualifiés.

Nous avons besoin d'une démocratie vivante, c'est-à-dire une démocratie qui ne se réduise pas à l'exercice périodique du droit de vote ou aux joutes politiques chères aux chroniqueurs parlementaires. Nous avons besoin d'une démocratie qui sache s'enrichir des propositions et des innovations émanant de contre-pouvoirs sociaux forts et légitimes. Or rien ne peut remplacer dans ce rôle des corps intermédiaires crédibles, représentatifs et démocratiques. Nous ne pouvons nous résigner à une situation où les syndicats seraient faibles et essentiellement contestataires. D'où l'urgence de mettre en place des mécanismes propres au renforcement de leur représentativité. Les moyens sont connus : tant la CGT que la CFDT les ont proposés.

La représentativité et les responsabilités

Aujourd'hui, cinq confédérations syndicales [1] sont considérées en France comme représentatives *a priori*, même si elles n'ont ni adhérents ni voix aux élections ! La première mesure, la plus structurante, consisterait donc à organiser une élection de représentativité des syndicats, le même jour, dans chacune des branches et dans chacune des trois fonctions publiques. Nous saurions ainsi – enfin ! – ce que « pèse » chaque syndicat dans chaque branche, voire dans chaque entreprise. Quoique de bon sens, l'idée soulève de fortes réticences. D'abord de la part des organisations qui risqueraient de faire les frais de cette opération-vérité ; ce que l'on peut comprendre. Mais aussi de la part des conservateurs qui, tel le MEDEF, demeurent des inconditionnels de la bonne vieille formule selon laquelle il vaut mieux diviser pour régner – et de ce point de vue, le paysage syndical français présente bien des avantages.

La représentativité une fois vérifiée, il deviendrait possible d'exiger que les accords collectifs négociés entre le patronat et les syndicats n'entrent en vigueur qu'avec l'assentiment d'organisations représentant la majorité des salariés.

---

1. La Confédération Générale du Travail (CGT), la Confédération Française Démocratique du Travail (CFDT), Force Ouvrière (FO), la Confédération Générale des Cadres (CGC) et la Confédération Française des Travailleurs Chrétiens (CFTC).

Dernier volet de ce renforcement de la représentativité : l'encouragement à l'adhésion. L'Etat s'en est déjà préoccupé, en organisant la déductibilité des cotisations syndicales de l'impôt sur le revenu. Mais, par définition, seuls sont concernés les salariés acquittant l'impôt sur le revenu. Les autres, c'est-à-dire la moitié des Français, sont laissés de côté. Un instrument permettrait d'éviter cet écueil : le chèque syndical. Les entreprises donneraient à leurs salariés un chèque que ceux-ci remettraient à l'organisation syndicale représentative de leur choix – qu'elle soit ou non présente dans l'entreprise. En incitant les syndicats à rechercher sans cesse de nouveaux adhérents, nul doute qu'un tel dispositif contribuerait notablement à l'amélioration de leur représentativité.

La démocratie économique

La représentativité des syndicats ainsi améliorée, rien ne devrait s'opposer à l'accroissement de leurs responsabilités dans l'entreprise. L'entreprise taylorienne, celle qui reposait sur une hiérarchie de fer, celle qui cherchait à parcelliser le travail autant que possible afin de bénéficier de l'intégralité des gains de productivité engendrés par la spécialisation, cette entreprise est en train de disparaître. Une telle organisation reposait sur l'idée selon laquelle seul le délégataire du pouvoir de l'actionnaire, en l'occurrence le chef d'entreprise, dispose des connaissances nécessaires à son bon fonctionnement.

Il n'existe plus aujourd'hui d'entreprise efficace fonctionnant sur ces bases. Les nouveaux principes de l'organisation du travail ont fait table rase de ces pratiques anciennes et mécaniques. La compétitivité se conquiert désormais au moyen d'une décentralisation poussée à l'extrême, laquelle oblige à responsabiliser l'ensemble des salariés. Le chef n'est plus tant celui qui donne des ordres que celui qui propose, conseille, motive, contrôle – et, finalement, assure les synthèses et les indispensables médiations. Dans ces conditions, il lui faut obtenir l'adhésion de l'ensemble du personnel au projet d'entreprise. Il s'agit moins de commander que de convaincre, l'essentiel étant de mobiliser chaque parcelle d'intelligence disponible selon une méthode baptisée « cercle de qualité », et dont la codification a été abusivement attribuée aux entreprises japonaises.

Aussi les relations hiérarchiques cèdent-elles la place, dans une entreprise efficace, à des rapports de coopération : la recherche d'une meilleure compétitivité de l'entreprise passe dorénavant davantage par la mobilisation des salariés que par la contrainte sur eux exercée[1]. C'est pourquoi il est nécessaire de modifier le cadre juridique dans lequel son activité se développe. Dans l'organisation constituée à la fois par les apporteurs de capital et les apporteurs de travail, un nouveau droit doit définir le rôle des parties prenantes. Ce n'est plus le droit du capital ou le droit du travail qu'il faut amender : c'est le droit de l'entreprise qu'il faut commencer à écrire.

Doit-on, dans ces conditions, partager le pouvoir de décision et mettre en place une quelconque forme de cogestion ? Je ne le crois pas. Le commandement d'une organisation humaine ne se fractionne pas. Celui qui prend les décisions doit être identifiable parce qu'il doit être responsable. En revanche, la préparation des grandes décisions doit être collective et concerner toutes les parties prenantes[2].

---

1. Ceci explique une bonne part des *success stories* du passage aux 35 heures. Dans nombre d'entreprises, la négociation conduisant à la mise en place des 35 heures s'est traduite par la définition d'un projet collectif associant l'ensemble des salariés et, au bout du compte, a permis de faire passer ces entreprises d'un mode de structuration périmé à une forme moderne d'organisation.

2. Ceux que les Anglo-Saxons appellent les *stakeholders* (ceux qui ont un enjeu dans l'entreprise) par opposition aux seuls actionnaires, les *shareholders*.

C'est donc dans un organe de gouvernance, de surveillance et de contrôle que les représentants des actionnaires et des salariés doivent se retrouver, et ce dans des proportions qui méritent d'être débattues. Dès lors, les décisions de ce conseil, prises dans la plupart des cas à la majorité simple, pourraient en certaines matières être adoptées à la majorité qualifiée. Ainsi, par exemple, les décisions d'augmentation du capital requerront une majorité au sein du collège des actionnaires ; celles qui touchent aux modalités d'organisation d'un système de retraite complémentaire au sein d'une enveloppe financière donnée dépendront du collège des salariés ; quant aux décisions majeures, elles relèveront d'un vote à la majorité qualifiée de l'ensemble du conseil.

L'épargne salariale

C'est l'autre grand sujet. Il y a deux raisons de s'en préoccuper : la première tient à la juste rémunération du travail, la seconde à la nécessaire accumulation du capital.

Le salaire n'est plus aujourd'hui l'unique source de revenu d'un grand nombre de salariés. Mais la façon dont ces derniers sont associés aux résultats de l'entreprise dans laquelle ils travaillent demeure tout à fait inadaptée : participation, intéressement, plans d'épargne dans l'entreprise, actionnariat des salariés, « stock options » – autant de systèmes peu cohérents qui sont à l'origine d'inégalités considérables entre les salariés et entre les entreprises.

C'est pourquoi il faut reprendre l'ensemble de cette législation et mettre en place un système associant systématiquement les salariés aux résultats auxquels ils ont contribué. Si les anticipations étaient parfaites, le salaire devrait tenir compte des perspectives de profit et représenter exactement ce que le salarié apporte à l'entreprise. Il n'en est rien, et son travail peut se révéler un ou deux ans plus tard beaucoup plus « profitable » qu'attendu. Ceci est particulièrement vrai des sociétés en forte croissance. L'entreprise enregistre alors, avec un certain décalage, un surplus qui peut être très important. Il n'y a aucune raison pour que ce surplus revienne intégralement aux actionnaires. La mise en place de procédures d'épargne salariale, sous la forme d'un fonds partiellement abondé par les bénéfices de l'entreprise, vient corriger cette situation.

Ces fonds d'épargne devront selon moi répondre aux caractéristiques suivantes. Qu'ils proviennent du salarié ou de l'entreprise, les flux d'épargne qui viennent s'y investir ne doivent pas supporter l'impôt sur le revenu. La taxation interviendra à la sortie, que celle-ci ait lieu sous forme de rente ou sous forme de capital. Cette fiscalisation tiendra bien entendu compte de la durée de l'acte d'épargne. La gestion de ces fonds sera assurée par des spécialistes, mais le contrôle de leurs orientations générales devra être confié aux partenaires sociaux. De façon à éviter que les salariés d'une entreprise contrainte de déposer son bilan perdent à la fois leur travail et leur épargne, les fonds ainsi collectés devront être mutualisés au moins au niveau de la branche. Dans ce cas, des procédures de réassurance au niveau national viendront compléter la protection fournie par la diversification des placements dans des entreprises très nombreuses.

La seconde raison qui rend indispensable la création de ces fonds d'épargne salariale tient au mode de financement de notre économie. Fait au lendemain de la Libération, le choix d'un système de retraite tout entier construit sur la répartition est certainement une singularité française. Ce choix était fondé sur un double et légitime désir : assurer d'abord un flux immédiat de ressources des actifs vers les retraités, associer ensuite définitivement ces derniers à la croissance future. L'équilibre ainsi créé entre les générations actives et celles à la retraite a largement contribué à la cohésion sociale du pays au cours du demi-siècle écoulé. Cet équilibre est devenu fragile, en raison principalement de l'allongement de la durée de vie, lequel augmente plus que proportionnellement la durée de la retraite. Présenté comme une catastrophe par de tristes comptables, ce phénomène est l'un des plus heureux que l'humanité ait connu depuis des décennies. Il faut en effet une sérieuse dose de masochisme pour adhérer au raisonnement malthusien qui voit dans l'amélioration de l'espèce une insurmontable épreuve. Reste que la consolidation de nos régimes de retraite par répartition constituera l'une des principales tâches de la période qui s'ouvre. Le Fonds de réserve créé en 2001 y contribuera massivement si lui est affecté, ainsi que je l'ai proposé au chapitre précédent, le produit de l'ouverture du capital d'un certain nombre d'entreprises publiques.

Toujours est-il que le choix de la répartition, fait il y a plus de cinquante ans, n'a pas autorisé la constitution de grands fonds d'épargne similaires à ceux qui existent dans la quasi-totalité des pays développés. La conséquence est connue : 40 % de la capitalisation boursière de Paris est détenue par des fonds d'épargne étrangers, principalement anglo-saxons. Et seule la volonté de diversifier leurs risques retient ces derniers d'en détenir une proportion plus grande encore. Certains ont cru remédier à cet état de fait en développant un petit capitalisme joliment qualifié d'un oxymore lénifiant : le capitalisme populaire. Je ne crois pas que cela puisse fonctionner. Il n'est ni réaliste ni raisonnable de vouloir transformer tous les épargnants français en boursicoteurs du dimanche, et si l'augmentation du nombre de particuliers porteurs de titres boursiers est un objectif louable, elle ne résoudrait en rien le problème du contrôle du capital des entreprises françaises. Je n'y vois aujourd'hui d'autre solution que le développement massif d'une épargne salariale, gérée collectivement et susceptible d'occuper à terme une place suffisamment importante dans le capital des entreprises installées sur notre sol pour que les décisions qui y sont prises ne fassent pas totalement abstraction de leur localisation. La nécessaire canalisation de l'épargne salariale est illustrée par les exemples récents d'usines brutalement fermées par des actionnaires peu soucieux du rôle de ces entreprises dans le tissu économique et social français; on ne peut combattre cette idée et, dans le même temps, se plaindre des risques d'expropriation auxquels nous sommes exposés.

Ainsi renforcés et responsabilisés, les syndicats deviendraient ces corps intermédiaires crédibles, légitimes et démocratiques dont nous avons besoin, et pourraient enfin jouer leur rôle dans la négociation sociale. Sur ce point, la solution la plus simple consiste à reprendre la mécanique du protocole social du traité de Maastricht [1] : les partenaires sociaux sont obligatoirement consultés pour tout projet normatif concernant le domaine social; s'ils le souhaitent, ils peuvent mener une négociation pour régler le problème posé; s'ils ne le font pas ou si la négociation échoue dans le délai imparti, le pouvoir politique prend ses responsabilités et met en œuvre par la loi les dispositions considérées.

Ce dispositif n'empêche évidemment pas les partenaires sociaux de prendre des initiatives auxquelles le pouvoir politique peut ensuite donner force de loi, ni de s'impliquer dans la mise en œuvre concrète des dispositions législatives. Nous disposerions alors d'une série d'accords-cadres périodiquement revisités, formant une architecture sociale adaptée aux réalités de l'entreprise.

Certains beaux esprits ne manqueront pas de trouver cette construction excessivement complexe.

---

1. Devenu les articles 138 et 139 du traité de l'Union Européenne.

D'autres souligneront les risques de la démarche. Les fins juristes déploreront pour leur part ces outrages à l'ineffable beauté de la hiérarchie des normes, qui relie la loi au règlement et le règlement à la circulaire. Peu importe : la France ne peut continuer à opposer la subtilité de sa démocratie politique à la rusticité de sa démocratie sociale.

CHAPITRE 15

L'État est en danger

C'est sans doute la plus marquante des spécificités françaises. Celle en tout cas qui viendra immédiatement à l'esprit de nombreux étrangers, et qui renvoie le plus clairement à notre histoire nationale. La constitution de la France s'est en effet réalisée parallèlement à celle de l'Etat – et même, en bonne partie, grâce à elle. Nulle donnée ethnique ou géographique ne dessinait *a priori* et immanquablement le visage de la France tel que nous le connaissons aujourd'hui.

La place de l'État : un lien démesuré

Cet Etat devenu républicain avant bien d'autres, pensé et voulu par beaucoup comme le garant des libertés individuelles et de l'égalité devant la loi, cet Etat a en France une relation directe avec les citoyens. Il reste alors peu de place pour des structures intermédiaires. En faisant disparaître l'aristocratie et les corporations, la Révolution a permis à chaque citoyen de nouer un lien particulier et personnel avec l'Etat – ce même lien que les protestants ont pu tisser avec Dieu.

Doit-on dès lors être surpris que sa réforme y soit plus laborieuse qu'ailleurs ? Doit-on être surpris que la gauche, qui sacralise l'Etat davantage encore que ne le fait le reste de la société, se sente particulièrement mal à l'aise devant les changements à conduire ? Doit-on être surpris de voir les Français plus désemparés que d'autres lorsque l'Etat est concurrencé par le foisonnement de structures non gouvernementales ? Sans doute pas. Mais l'absence de surprise ne nous dispense d'aucune réflexion. Les raisons historiques et culturelles qui expliquent la situation présente ne sauraient nous autoriser à cautionner un silence honteux et un immobilisme coupable. Et cela vaut d'abord pour la gauche, qui a visiblement mal à son Etat.

La gauche réticente

Paradoxalement, c'est pourtant elle qui conduisit la dernière grande réforme : je veux parler de la décentralisation. Tiraillée entre son jacobinisme naturel et la pression de ses milliers d'élus locaux qui pestaient contre le pouvoir de Paris, la gauche de François Mitterrand et de Pierre Mauroy a transformé les structures de l'Etat plus que quiconque depuis Napoléon. Il était temps [1]. Mais depuis ? Depuis, plus grand-chose. Les ministères chargés de la réforme de l'Etat se sont succédé sans aboutir. Peut-être parce que la méthode qui veut imposer le changement d'en haut n'est pas la bonne. J'y reviendrai.

Toujours est-il que, depuis la décentralisation, aucune grande réforme de l'Etat n'a été entreprise, et je sens à gauche une double réticence à s'y lancer. La première est idéologique ; la seconde, électoraliste.

La réticence idéologique vient de ce que, pour la gauche, l'Etat est avant tout le principal garant des valeurs de la République. C'est pourquoi il lui faut se

---

1. Voir plus loin : « La décentralisation inachevée ».

distinguer du reste de la société : ses services ne sauraient être mus par des ambitions comparables à celles qui animent les agents privés. Etrangers à la logique du profit et protégés des intérêts particuliers, il leur est demandé d'organiser leurs activités de façon à assurer l'égalité républicaine, nullement à améliorer leur productivité. Si bien que toute réforme fondée sur l'idée, généralement implicite, d'une modification du fonctionnement de l'administration visant à rendre les mêmes services à un coût moindre (ou à rendre plus de services pour le même coût) est montrée du doigt par la gauche. La dénaturation du service public qu'elle y discerne renvoie à une définition singulière : puisqu'un service est public, il ne doit en rien se préoccuper de ses coûts. Les syndicats de fonctionnaires ont fréquemment tendance à cautionner ce raisonnement – ce qui nous amène à la seconde réticence.

Electoralement, la gauche dispose d'importants bataillons dans l'administration. Ces serviteurs de l'Etat, souvent bien formés mais pas toujours bien payés, adhèrent spontanément à une vision de la société qui considère leur rôle comme essentiel : loin de se limiter à la seule fourniture de services au public, ils sont porteurs de l'égalité républicaine. C'est ce qui fait la noblesse du métier et qui – avec la sécurité de l'emploi – vient compenser des émoluments plus maigres que ceux du secteur privé.

Il faut dès lors un grand courage à un gouvernement de gauche pour aller sciemment à l'encontre des désirs de ses électeurs, même lorsque l'intérêt manifeste du pays est en jeu. On me dira que si ce raisonnement, au demeurant peu glorieux, vaut pour la gauche, il vaut moins pour la droite, dont rien ne vient excuser la pusillanimité. Eh bien non, en effet, rien. Si ce n'est que le sujet semble moins intéresser les gouvernements de droite que ceux de gauche, occupés à réduire la place de l'Etat plutôt qu'à le réformer. Quand Alain Madelin, en charge du portefeuille de l'Industrie de

1986 à 1988, n'affiche d'autre objectif que de restreindre la taille et l'importance de ses services, voire de les faire disparaître, on sent bien que, pour lui, l'existence même d'un ministère de l'Industrie fleure bon le collectivisme. Voilà qui n'incite pas à le réformer pour le rendre plus efficace.

La « *tarte à la crème* » *des prélèvements obligatoires*

Peu de statistiques économiques ont connu un tel succès. Tous ceux qui se piquent d'intervenir dans le débat public – et ils sont nombreux en France – ont à un moment ou un autre fustigé le niveau atteint par nos prélèvements obligatoires. Il est vrai que le taux de 45 %, qui correspond au ratio de ces prélèvements rapportés au PIB, est impressionnant. Comparé à celui de nos voisins [1], il semble indiquer une dérive collectiviste facile à dénoncer – pour peu que l'on n'ait pas trop de réticence à jouer les démagogues.

L'expression la plus extrême – et la plus idiote – de cette attitude consiste à prétendre que l'Etat vous prive *en moyenne* de près de la moitié de ce que vous gagnez. Certaines associations de contribuables se sont d'ailleurs spécialisées dans ce genre de déclarations, qui confinent à l'absurde à plus d'un titre. D'abord, le calcul de ce taux est à l'origine de nombreux doubles comptes. Ainsi en va-t-il des pensions de retraite. Les actifs payent des cotisations de retraite, qui sont des prélèvements et qui sont obligatoires : elles sont donc légitimement enregistrées dans les prélèvements obligatoires. Mais les retraités payent des impôts sur les pensions qu'ils reçoivent. Et ces impôts, eux aussi obligatoirement prélevés, vont venir s'ajouter à la masse totale intitulée « prélèvements obligatoires ». Ces sommes sont donc comptées à deux reprises. Il est

---

1. Ce taux est de 37 % en Allemagne, 30 % aux Etats-Unis, 29 % au Japon.

techniquement difficile de faire autrement, en raison de la progressivité du barème de notre impôt sur le revenu. Mais imaginons que l'impôt sur le revenu soit calculé proportionnellement, par exemple au taux de 25 %. Il suffirait alors de verser aux retraités une pension non imposable égale à 75 % de leur pension habituelle pour constater une chute vertigineuse du montant total des prélèvements obligatoires, et donc de leur taux. Qu'est-ce qui aurait changé ? Rien, sauf la statistique.

Au-delà des doubles comptes, nous savons tous qu'une bonne part des prélèvements obligatoires est redistribuée à la population sous forme de prestations monétaires, c'est-à-dire en argent [1]. Ces sommes, qui représentent environ 74 % du total prélevé, ne peuvent décemment pas être regardées comme des montants dont la puissance publique priverait les Français. L'exemple qui suit montre ce qu'il y a d'absurde à considérer ces sommes comme étant confisquées aux citoyens. Imaginons un pays que la folie bureaucratique aurait frappé plus durement encore que le nôtre. L'intégralité des revenus de ses habitants est d'abord prélevée, pour leur être ensuite restituée franc pour franc ; la situation de chacun est donc identique avant et après l'opération. Rien n'a changé : chacun retrouve exactement ce qu'il a gagné. Pourtant, le taux de prélèvements obligatoires est de 100 % !

Allons plus loin encore. En matière de prélèvements obligatoires, les comparaisons internationales sont souvent brandies comme la preuve de l'incurie française. Mais la hiérarchie de taux ainsi établie n'est que rarement mise en rapport avec le niveau de service assuré par la puissance publique. A qui souhaite comparer le prix d'un repas à Paris et à New York, le bon sens commande de ne pas considérer Maxim's d'une part et MacDonald's de l'autre. Pourtant, s'agis-

---

1. Par opposition aux prestations en nature, comme par exemple l'essentiel des services hospitaliers.

sant des prélèvements obligatoires, c'est exactement ce que l'on fait. On dira que leur taux atteint 45 % en France contre 30 % aux Etats-Unis, en faisant mine d'ignorer que d'un côté de l'Atlantique, la Sécurité sociale couvre la quasi-totalité des dépenses liées à la maladie quand, de l'autre, ce sont des assurances privées qui s'en chargent – assurances volontaires, dont les primes ne viennent donc pas gonfler la statistique des prélèvements obligatoires. Il n'y a donc décidément rien à tirer de ce taux, si ce n'est son évolution dans le temps, et dans un même pays. Mais, même là, les apparences sont trompeuses : la législation et les services rendus varient d'une année à l'autre et, à nouveau, la comparaison devient fallacieuse.

Est-ce à dire qu'il est indifférent d'avoir tel ou tel taux de prélèvements obligatoires ? Certes non. Mais ce qui est mesuré, abstraction faite des doubles comptes, ce n'est pas ce qui est « pris » aux Français, mais ce qu'ils ont choisi de mettre en commun. Si l'indicateur avait quelque solidité statistique, il mesurerait la part relative des consommations collectives et des consommations particulières. Ce serait alors le reflet d'un choix de solidarité, non le signe d'une extorsion de fonds, même légale.

Une question mérite pourtant quelque attention : celle de la gestion du système, et notamment de sa qualité. Car les prélèvements obligatoires ne sont bien entendu pas intégralement redistribués : une partie des fonds collectés est utilisée pour couvrir les frais de gestion des administrations concernées. Il est donc normal d'essayer de dépenser le moins possible, et légitime de s'interroger sur ce qui se passerait dans un système ne donnant pas lieu à prélèvements obligatoires mais à primes d'assurance – autrement dit, dans un système privé. La comparaison est évidemment difficile à établir rigoureusement, mais il est bon que chacun ait à l'esprit quelques ordres de grandeur : les frais de gestion de la Sécurité sociale s'élèvent ainsi à environ

6,5 % des dépenses de santé, quand les « chargements » demandés par les compagnies d'assurances s'établissent volontiers plus près de 10 % [1].

Tout ceci relativise beaucoup la ritournelle sur les prélèvements obligatoires, mais ne saurait occulter les vraies questions : la productivité des services publics est-elle suffisante ? Sinon, comment l'améliorer ? En un mot, le contribuable-assuré social en a-t-il pour son argent ? C'est précisément parce que ces services sont publics et parce qu'ils occupent dans notre pays une place plus importante qu'ailleurs, qu'ils se doivent d'être plus efficaces. C'est à l'amélioration de cette efficacité que vise la réforme de l'Etat évoquée plus loin.

Le rôle de l'État : une mutation rapide

Nous, Français, avons toujours voulu – et voulons sans doute encore – un Etat qui soit plus présent qu'ailleurs. Pour autant, est-il présent là où nous en avons le plus besoin ?

Une souveraineté nouvelle

L'Etat n'est plus souverain, plus autant en tout cas qu'il a pu l'être. Nous avons déjà évoqué la contestation dont les Etats font l'objet de la part d'entreprises devenues géantes. Nous avons aussi évoqué celle qui

---

1. Ces chiffres ne sont pas rigoureusement comparables. Il s'agit dans le premier cas de la part des frais de la gestion générale dans la dépense de santé en 1998 (ce sont les frais de fonctionnement du ministère de la Santé, des mutuelles plus la totalité des frais de fonctionnement des principaux organismes de protection sociale gérant le risque maladie – notamment la CNAMTS, la CANAM et la MSA). Dans le deuxième cas, il s'agit de la part des frais de gestion des compagnies d'assurances dans les primes hors taxes. Ils n'ont d'autre objet que de montrer que les idées reçues méritent d'être nuancées.

procède de la montée en puissance des ONG, dont la prétention à représenter une « société civile » ne paraît pas toujours clairement fondée. Mais si l'Etat n'est plus véritablement ou totalement souverain, cela tient à une autre raison encore – et celle-là, nous l'avons choisie : je veux parler de l'Europe.

Nous avons opté avec raison pour une souveraineté partagée. Pour une nation de notre taille, c'était la seule façon de conserver une partie de la réalité du pouvoir. On l'a vu en matière monétaire, où l'euro nous a permis de retrouver une voix à la table des décisions.

C'est parce que je suis partisan de cette souveraineté, partagée mais réelle, que je me compte parmi les véritables souverainistes : ceux qui combattent pour que la voix de la France se fasse entendre en Europe, influence l'ensemble du continent, et, au bout du compte, nous autorise à choisir notre destin. Il y a, à droite comme à gauche, des hommes et des femmes qui se parent de ce beau titre de « souverainistes » et ne sont que de très ordinaires nationalistes. Certains ne tombent pas dans ce travers, beaucoup sont sincères ; mais, selon moi, tous se trompent.

La nation française s'est forgée au fil des ralliements à la couronne de ceux qui ont compris qu'en étant pairs de France plutôt que princes d'opérette, ils gagneraient en puissance, en influence et, finalement, en liberté. On me parlera des rares Bretons qui continuent de maudire Anne de Bretagne pour avoir permis l'union de son duché au royaume de France. Nous les connaissons. Ils poursuivent avec quelques siècles de retard un combat devenu ridicule, qui les conduit parfois à se complaire dans les remugles nauséeux de l'extrême droite. Mais dans leur immense majorité, les Bretons se sentent français et en sont fiers. Dès lors, pourquoi ce mouvement millénaire d'agrégation s'arrêterait-il maintenant ? Pourquoi ce qui était admirable hier – la capacité à s'unir à d'autres pour former une nation plus puissante et plus riche de sa diversité – deviendrait-il haïssable aujourd'hui ? Quelques Béarnais n'ont sans doute vu dans le génie visionnaire d'Henri IV qu'une forme de trahison à leur patrie. Et encore la cause était-elle plus lourde, puisqu'elle emportait des considérations religieuses. Personne n'était là pour relever ces oppositions – heureuse époque où l'absence de presse et de télévision limitait la possibilité de prendre des postures. Mais si quelque scribouillard avait alors existé, nul doute qu'il aurait rapporté les arguments de ceux qui ne voulaient pas voir la glorieuse nation béarnaise se fondre dans ce qui allait devenir la France. Cette France que nous chérissons n'est qu'un moment de l'Histoire : celui des hommes et de leur combat pour le libre arbitre. Elle a maintenant besoin de l'Europe. Et ceux qui refusent d'être vassalisés devraient ne jamais l'oublier.

Il reste que cette souveraineté partagée tend à réduire le rôle de l'Etat dans ses domaines d'action traditionnels, au moment même où se précisent de nouveaux champs d'intervention.

L'État est-il là où on l'attend ?

On l'aura deviné : ma réponse est non. Mais paradoxalement, l'Etat pèche davantage dans l'exercice de son rôle traditionnel que dans ses nouvelles missions.

S'agissant des missions nouvelles, la mise en place est lente, mais elle se fait. Prenons l'exemple de la protection des consommateurs. Au cours des dernières années, ont été consentis les efforts nécessaires au développement et à la rationalisation des administrations ou des agences en charge de la sécurité alimentaire et sanitaire. Elles fonctionnent correctement, et l'Etat joue ici convenablement son rôle.

Ces évolutions s'avèrent plus délicates dans les nouveaux domaines ouverts par les progrès de la science, particulièrement en matière d'ingénierie du vivant. Dans un ouvrage récent [1], Claude Allègre décrit excellemment la difficulté qu'il y a à faire fonctionner une structure publique dans un domaine où les experts s'affrontent. Aucun accord ne se dégageant, la décision est renvoyée au politique, qui n'y connaît rien et s'expose de la sorte à des erreurs aux conséquences parfois dramatiques. A tout bien considérer, je préfère encore un avis donné par des gens compétents (même s'il subsiste une zone de doute) à une déclaration purement politique et souvent infondée – travers fréquent au plus haut niveau de l'Etat, dont Claude Allègre donne quelques exemples croustillants.

Tournons-nous maintenant vers les missions les plus traditionnelles. Je ne prendrai qu'un exemple, qui fait l'objet d'un vif débat en cette fin d'année 2001 : la sécurité. Les « Unes » de nos journaux sont pleines de ces violences urbaines qui pourrissent la vie de nos concitoyens. Elu depuis quinze ans d'une fraction de territoire qui incarne la banlieue [2], j'ai été confronté au cours de la période à la montée de cette violence.

Ce n'est pas moi qui dirai que les moyens mis par l'Etat à la disposition des forces de police sont d'une importance secondaire. Notre police est à l'évidence sous-équipée, de même qu'elle demeure insuffisamment formée. Et le procès intenté sur ce point par la droite au gouvernement de Lionel Jospin, et particulièrement au ministre de l'Intérieur Daniel Vaillant, est assez scandaleux. Car s'il est une période qui a connu un net renforcement des moyens de la police, c'est bien celle qui court de 1997 à 2002. Certains ministres de l'Intérieur de précédents gouvernements conservateurs, que l'on entend parfois vociférer sur les bancs de l'Assemblée Nationale, feignent d'oublier (ou

---

1. Claude Allègre, *Les Audaces de la vérité*, Robert Laffont, 2001, pp. 45-98
2. Il s'agit des villes de Sarcelles, Garges, Villiers-le-Bel, Arnouville et Bonneuil dans l'est du Val-d'Oise.

peut-être ne l'ont-ils jamais su) que ce budget a augmenté beaucoup plus vite au cours de la dernière législature que par le passé; lorsque Jean-Louis Debré
détenait le portefeuille de l'Intérieur, il y eut même une
année où le budget de ce ministère diminua!

En dépit de cet effort récent, nous sommes loin du
compte, pour les effectifs comme pour le matériel.
Mais il serait vain de croire que le renforcement des
forces de police constitue une panacée. D'abord parce
qu'avant de les renforcer, il importe de mieux les
répartir sur le territoire. La répartition actuelle n'est
certes pas rigoureusement proportionnelle à la population, mais elle ne tient pas encore suffisamment
compte de la localisation de la délinquance. Et que
dire de Paris, qui mobilise un si grand nombre de policiers quand la banlieue en manque si cruellement!

Ensuite parce que plus que le nombre de policiers,
c'est la coordination entre les différentes structures en
charge du maintien de l'ordre qui pose un problème.
Même si la situation s'est récemment améliorée grâce
aux Contrats Locaux de Sécurité, il est encore difficile
de faire collaborer efficacement la police, la justice, les
administrations en charge de la jeunesse et les municipalités. Je précise que si le rôle de ces dernières est évidemment primordial dans la nécessaire coordination,
prétendre améliorer la lutte contre l'insécurité en
« dénationalisant » la police nationale pour donner
aux maires le pouvoir de la diriger me semble relever
d'une grande démagogie à l'égard des élus et d'une
véritable tromperie envers les citoyens.

Mais la police n'est pas tout. Au-delà du renforcement de la sécurité, c'est un meilleur encadrement de
la jeunesse en déshérence qu'il nous faut organiser.
Que délinquance rime trop souvent avec jeunesse est
en soi un drame – mais c'est bien ce que nous vivons,
et rien ne sert de l'occulter. Nous récoltons les fruits de
notre incapacité à fournir à nos jeunes un cadre qui
soit aussi un chemin, c'est-à-dire des références qui

soient aussi une offre d'avenir. Qu'une partie d'entre eux bascule dans la délinquance ne doit pas surprendre : lorsque le père est parti, que la mère quitte le domicile familial à sept heures du matin pour aller s'épuiser au travail jusqu'à vingt heures le soir, que le grand frère est au chômage, l'incitation à l'école ne peut être que faible et la tentation de l'argent facile, fût-il illégal, devient grande. La situation atteint une telle gravité que l'on surprend maintenant des enfants de dix à douze ans en train de préparer de mauvais coups, le plus souvent accompagnés de violences.

La police n'y peut pas grand-chose. La famille a capitulé à un point tel que c'est le système de valeurs lui-même qui est à reconstruire. Or seule la puissance publique peut prendre le relais des familles démissionnaires : non seulement pour protéger la société en réprimant, mais aussi pour sauver ces dizaines de milliers d'enfants oubliés de la République.

Il convient donc d'agir dans deux directions. La première consiste à orchestrer un effort national considérable en faveur de la jeunesse. Il n'est pas question de le détailler ici, mais chacun admettra qu'il faut de l'argent pour créer des postes d'éducateurs, édifier des lieux de socialisation, financer des projets. Puisqu'il y faut de l'argent, disons-le nettement : mieux vaut consacrer trente milliards de francs par an à redonner un espoir aux jeunes plutôt que de baisser d'un point le taux de TVA.

Neuf dixièmes des jeunes à l'origine des violences urbaines peuvent ainsi être réinsérés dans la vie sociale ; assez simplement, mais non sans efforts. L'affaire est plus délicate pour les meneurs, c'est-à-dire pour le dixième restant : à Sarcelles, ce sont ainsi trente ou quarante jeunes qui en entraînent trois cents autres. Je les connais, ils me connaissent. Pour les sauver, il faut les extraire du milieu dans lequel ils sévissent, et les sortir de cet absurde code de l'honneur qui les conduit à s'enfoncer toujours plus dans la délinquance – jusqu'à devenir, parfois, des criminels. Les extraire, cela signifie les mettre ailleurs. Il nous faut réinventer les internats d'antan, internats que la dureté des temps devra sans doute rendre un peu plus contraignants. Soyons clairs : pour restaurer la paix civile dans les quartiers où des embuscades attendent les policiers qui oseraient s'y aventurer, il faut en éloigner les meneurs convaincus de récidive d'actes délictueux – et, pour ce faire, nous doter de structures capables de les accueillir et de les retenir. Sans doute est-ce aussi là leur seule chance de retrouver le sens de la vie collective, en acquérant à cette occasion une formation.

La répression est nécessaire. Mais qui peut imaginer qu'elle pourrait suffire à résoudre le problème posé par une jeunesse sans repères ni espoirs ? Il faut lui réapprendre à vivre en société, à tisser patiemment le lien social défaillant. Il faut lui permettre de vivre en harmonie dans une société apaisée. Je n'imagine pas qu'un courant de pensée autre que le socialisme puisse y parvenir.

La réforme de l'État : une terminologie technocratique

Une réforme, une seule, a vraiment été engagée au cours des trente dernières années : la décentralisation.

La décentralisation inachevée

Sans doute y a-t-il eu dans ce mouvement une sorte de vaste marché de dupes. D'abord parce que la revendication d'émancipation face aux bureaux parisiens résultait autant d'un désir d'indépendance que de la situation politique qui prévalait depuis vingt-trois ans.

La gauche, longtemps éloignée du pouvoir national, avait trouvé facile et commode d'accuser Paris de tous les maux, stigmatisant ainsi tant l'adversaire politique que le bureaucrate incapable. La situation fut différente après 1981, et plus d'un n'en est pas revenu de voir le gouvernement de Pierre Mauroy renoncer si aisément à une fraction d'un pouvoir conquis de haute lutte. Mais il le fallait. La France ne pouvait continuer, seule en Europe, à n'exister que par sa tête. Il fallait redonner vie au reste du corps et autoriser, au niveau local, la prise d'initiatives que la centralisation interdisait et condamnait.

Le transfert de compétences organisé à partir de 1982, date à laquelle la grande loi de décentralisation de Gaston Defferre est entrée en vigueur, ne pouvait cependant constituer qu'une première phase. Pour ma part, je demeure persuadé que trois évolutions auraient dû être engagées depuis, quelle que soit la majorité au pouvoir. Elles devront l'être au plus vite.

La première consiste à achever les transferts de ressources correspondant aux transferts de compétences. L'exercice est difficile : même lorsque l'Etat a transféré cent francs de recettes pour couvrir cent francs de charges fraîchement dévolues aux collectivités territoriales, rien ne garantit la pérennité de cet équilibre. C'est ainsi qu'il n'est pas rare d'observer, quelques années plus tard, que les cent francs de dépenses passés à la charge de la collectivité locale sont devenus deux cents, quand les recettes stagnent à cent ou cent cinquante. Ce décalage pourrait certes aussi se présenter dans l'autre sens – mais curieusement, il s'avère le plus souvent favorable à l'Etat. Il est donc impératif d'indexer correctement les ressources des collectivités locales, ce qui pose le douloureux problème de leur fiscalité, que j'ai déjà abordé.

La deuxième réforme est peut-être la plus importante. Elle vise à approfondir la décentralisation en donnant aux collectivités territoriales une capacité d'intervention moins contrainte. Il y aujourd'hui de nombreux domaines dans lesquels ces collectivités sont prêtes à intervenir. Elles en ont, le plus souvent, les moyens techniques et financiers. Mais elles sont empêchées d'agir soit parce que la loi ne leur a pas donné les compétences idoines, soit parce qu'un co-financement par l'Etat est prévu qui se fait attendre pendant des mois alors que les autres partenaires sont à pied d'œuvre. Accroître les compétences des collectivités territoriales, contraindre l'Etat à respecter ses promesses financières comme les délais auxquels il s'est engagé, voilà ce qui est nécessaire pour que la décentralisation progresse et pour redonner leur efficacité à des instruments aussi puissants que les contrats Etat-Région ou la politique de la ville.

Le troisième point aveugle de la décentralisation concerne le nombre des niveaux d'administration. Un débat récurrent oppose les « régionalistes » aux « départementalistes ». Pour les premiers, la place donnée à la région depuis 1982[1] et l'importance prise par la réglementation européenne font que nous avons maintenant cinq niveaux d'administration : un niveau européen, un niveau national, un niveau régional, un niveau départemental et un niveau communal. Six même, si l'on prend en compte les regroupements de communes en communautés de diverses natures[2]. C'est trop, beaucoup trop. Comme on voit mal comment supprimer Bruxelles ou l'Etat, comme les Français sont attachés à leurs communes, comme de surcroît l'on cherche plutôt à encourager les regroupements de communes, il ne reste qu'une branche à l'alternative : supprimer les départements ou les régions. Or ces dernières ont une taille proche de celle des grandes régions que l'on trouve dans la plupart des

---

1. Elle n'était pas auparavant une collectivité territoriale au sens plein du terme.

2. Il en existe au moins trois grandes catégories qui vont, par ordre d'intégration décroissante, des communautés urbaines aux communautés de communes en passant par les communautés d'agglomération.

autres pays européens – à l'exception du Royaume-Uni, dont l'Etat est aussi centralisé que le nôtre. Aussi la taille de nos régions semble-t-elle bien adaptée au modèle dominant en Europe. A l'inverse, les départements n'existent que chez nous, et ils sont trop petits [1]. C'est donc eux qu'il faudra, à terme, sacrifier.

Les départementalistes font quant à eux valoir l'attachement des habitants à leur département (ce qui est vrai), la plus grande réalité du département en milieu rural qu'en milieu urbain (ce qui est vrai aussi) et la nécessité d'administrer un certain nombre de services publics au plus près des usagers (ce qui l'est moins). On l'aura compris, je me range plus volontiers aux côtés des premiers que des seconds. Ma conviction est que nous n'échapperons pas – quelles qu'en soient les difficultés techniques, psychologiques ou politiques – à la disparition des départements, compensée par la montée en puissance des regroupements intercommunaux.

L'État gestionnaire

Nous adorons débattre du rôle politique de l'Etat, mais nous ne nous intéressons guère à sa mission de gestionnaire. Pire : nous refusons de l'examiner, comme si le seul fait de mettre l'Etat gestionnaire sous les projecteurs attentait à sa réalité politique. Il n'est donc pas étonnant que nous ayons pris beaucoup de retard sur nos voisins, dont certains ont engagé ce mouvement il y a une vingtaine d'années.

Si vraiment l'on veut transformer l'Etat, il faut s'atteler à un certain nombre de réformes touchant au fonctionnement de l'administration, quand d'autres ont trait à nos institutions. C'est ce premier aspect qui

---

1. La taille des départements a été définie il y a deux siècles de façon à ce que chaque bourgade soit à moins d'une journée de cheval du chef-lieu. Il doit être possible de moderniser cette définition !

est abordé ici. Le second ne le sera qu'au chapitre suivant.

Chaque fois qu'un gouvernement a inscrit la réforme de l'Etat à son programme, il l'a fait à la française – c'est-à-dire en créant un ministère éponyme et en envisageant la réforme d'en haut. Je ne crois pas que cette méthode puisse fonctionner – et, d'ailleurs, elle n'a pas produit de résultats concluants.

L'expérience de la réforme avortée de Bercy conserve pour moi une saveur amère. Christian Sautter et moi-même avons tenté, et manqué, une réforme de l'administration du ministère des Finances dont l'importance ne découlait pas seulement de son effet sur les structures mêmes du ministère mais, plus encore, de l'effet d'entraînement qu'elle aurait eu sur le reste de la fonction publique. La réforme était – et reste – logique, la simplification qu'elle entraînait était manifestement dans l'intérêt du public, elle ne recevait pas un mauvais accueil de la part des agents lorsqu'elle leur était présentée à l'occasion de multiples réunions en province. Les lourdeurs et les ambitions contradictoires des différents syndicats, l'esprit de clocher qu'ils font souvent régner, un certain manque de volonté politique au moment décisif ont conduit à l'abandon de cette réforme. Sans doute n'avions-nous pas suffisamment consulté, sans doute n'avions-nous pas assez mesuré les réticences au changement. Pour ma part, je crois qu'il s'agit là d'une grande occasion manquée. Je ne doute pas qu'il faille la reprendre, après avoir tiré de cet échec tous les enseignements utiles.

Pour changer l'Etat, il faut absolument éviter de considérer l'administration comme un ensemble homogène, ce qui nous conduit à penser le changement « métier par métier, mission par mission [1] ». C'est précisément parce que l'appareil administratif a été conçu comme un bloc qu'il a besoin d'être modernisé.

---

1. Voir « Changer l'État » par Jean Peyrelevade et Lucile Schmid, *Les Notes de la Fondation Jean-Jaurès*, n° 24, septembre 2001.

La première démarche à entreprendre est donc de distinguer les différents métiers qui le composent. Il y a peu de chose en commun entre un contrôleur aérien et un conservateur des hypothèques, ou entre un professeur de médecine et un inspecteur du travail – hormis le sens de l'Etat, ce qui est à la fois beaucoup et peu, trop peu en tout cas pour améliorer le fonctionnement de l'Etat en prévoyant les mêmes évolutions pour tous.

Cela implique une démarche progressive, les rythmes de chaque métier étant eux-mêmes extrêmement divers. Ce qui était délicat, voire impossible, avec une vision globalisante, devient envisageable avec une approche métier par métier. L'approche progressive, à l'exact opposé du « big bang » prescrit par ceux qui rêvent d'affaiblir l'Etat, a été adoptée par la plupart des nombreux pays qui se sont lancés dans une telle réforme. Il n'est que temps pour nous de les imiter.

Dans la majorité des cas, c'est sous la pression de considérations budgétaires que nos voisins ont entrepris de réviser le fonctionnement de leurs administrations publiques. Rapidement pourtant, le champ s'est élargi à d'autres préoccupations, telles que l'utilisation des nouvelles technologies, la mise en place d'une culture de la responsabilité des dirigeants associée à une plus grande autonomie des structures, etc.

Je voudrais pour ma part émettre quelques propositions, issues de mon expérience et très largement en accord avec le contenu des *Notes de la Fondation Jean-Jaurès* déjà citée.

D'abord, le contrat. Il faut développer dans l'administration la notion de contrat d'objectifs. Pour chaque direction de chaque ministère, un contrat pluriannuel doit pouvoir être passé entre le ministre et tout nouveau directeur. Il définira les objectifs à atteindre, en termes de service rendu comme de productivité, et garantira sur l'ensemble de la période les moyens budgétaires nécessaires à leur réalisation. La durée du mandat confié à ce directeur serait calquée sur celle du contrat, et l'évaluation de ce fonctionnaire découlerait naturellement de la performance enregistrée. J'entends déjà la critique : « Tout cela ressemble bien trop au secteur privé ! » Eh bien non : cela ressemble à de la gestion. Je vois mal ce qui soustrairait les organisations à la contrainte de bonne gestion quand elles se nourrissent de l'argent du contribuable. Parce que le directeur n'est pas seul concerné, il importe que chacun des agents placés sous son autorité soit incité à concourir à la réalisation du contrat. Cela signifie qu'une partie des économies dégagées doit venir abonder les budgets suivants de cette direction, afin notamment d'améliorer les conditions de travail des membres de ses services. Mais cela n'exclut pas une amélioration de la rémunération des fonctionnaires concernés, dont je détaillerai plus loin les conditions et les modalités.

Dans sa version ultime, le contrat d'objectifs pourrait donner lieu à la création d'une agence autonome, sous forme par exemple d'un établissement public – ce qui suppose une redéfinition claire de sa mission, exercice souvent fort délicat. Mais chaque fois que cela s'avérera possible, la création d'une agence permettra d'identifier clairement les buts à atteindre et les moyens à mettre en œuvre, tout en évitant un nouveau démembrement de l'État. C'est ce qui a été réalisé dans plusieurs pays pour la collecte de l'impôt. Peut-être est-ce une des raisons pour lesquelles, dans les pays de développement comparable au nôtre, cette collecte absorbe en moyenne 1 % des sommes prélevées, voire 0,5 % dans certains cas, quand elle mobilise chez nous 1,5 % du produit de l'impôt.

L'activité de l'agence comme le respect du contrat d'objectifs et la performance des cadres dirigeants doivent être contrôlés directement par le Parlement ; voilà un contenu réel pour l'évaluation des politiques publiques. Mais cela suppose qu'un certain nombre

d'instruments soient mis à sa disposition. Le rattachement du Commissariat Général du Plan [1] à l'Assemblée Nationale doterait enfin celle-ci des outils
nécessaires à son information et au suivi des activités
des agences, et restituerait au CGP un rôle qui s'est
étiolé au cours des vingt dernières années [2].

Il faut conserver le statut de la fonction publique

Reste le point principal, qui concerne les agents eux-
mêmes. Qu'ils soient protégés par un statut ne me
semble pas critiquable : c'est ce qui assure leur indépendance et leur protection face à toute forme de pression. Mais l'existence d'un tel statut, et l'unité qu'il
induit, ne doivent pas empêcher la mise en œuvre de
différenciations positives. Ce que le statut définit, c'est
le minimum, le droit commun. Le reste doit découler
d'une négociation collective aussi décentralisée que
possible afin d'encourager la mobilité géographique et
professionnelle dans le cadre du contrat d'objectifs.
Dans les deux cas, comme lorsque les résultats du
contrat d'objectifs ont été atteints, je vois mal pourquoi des primes, si légitimement décriées quand elles
sont secrètes, ne pourraient pas être prévues et dis-
cutées au grand jour. De telles primes pourraient également servir de compensation aux inégalités de
conditions de travail rencontrées par les fonctionnaires
– inégalités que leur statut fait mine d'ignorer. Comment soutenir que le travail d'un instituteur est le
même selon qu'il œuvre dans une école d'un quartier
défavorisé de Sarcelles ou dans une classe de même

---

1. Probablement sous un autre nom.
2. Commissaire général adjoint au Plan de 1984 à 1986, j'ai pu mesurer avec tristesse combien l'institution avait déjà du mal à trouver son rôle
dans l'appareil d'État, après la période glorieuse des années 50 et 60, voire
70. Aujourd'hui, la marginalisation de l'institution est plus grande encore.

niveau d'un petit bourg rural [1] ? Cette remarque vaut tout autant à propos de la charge de travail et des risques encourus par les représentants de l'ordre.

L'Etat est finalement un patron comme un autre, et il n'y a aucune raison pour qu'il ne se plie pas à la négociation sociale – position d'ailleurs défendue par les premiers syndicats de fonctionnaires, qui réclamaient purement et simplement l'application du droit du travail à la fonction publique. Ce n'est qu'à la Libération que l'idée d'un statut général s'est imposée, Maurice Thorez, alors ministre d'Etat chargé de la Fonction publique, y trouvant une occasion de renforcer la main syndicale majoritairement cégétiste.

Cela eut deux conséquences. La première est qu'il n'y a jamais de véritable négociation dans l'administration, puisqu'il est très difficile, voire impossible, de passer un contrat, le cadre juridique interdisant à l'Etat d'accepter des compromis. La seconde en découle : pas de négociation, donc pas de spécialiste *ès négociations*. L'administration française ignore la fonction de direction des ressources humaines, laquelle ne se limite évidemment pas à la discussion avec les syndicats. Loin du terrain et responsables de dizaines, voire de centaines de milliers d'agents, les « directions du personnel » des ministères n'ont pas rigoureusement la même vocation. Elles sont certes peuplées de fonctionnaires de grande qualité qui, à tous les niveaux, font de leur mieux pour gouverner ce bateau parfois ivre ; mais même les plus gradés d'entre eux n'ont jamais reçu l'embryon d'une formation à la gestion des ressources humaines. C'est ainsi qu'il n'y a pratiquement aucune gestion prévisionnelle des effectifs dans les administrations publiques ; on conçoit facilement que les redéploiements, évidemment nécessaires, soient difficiles à préparer et, de ce fait, tou-

---

1. L'instauration des Zones d'Éducation Prioritaire a déjà entrepris de corriger quelque peu cette situation pour les enseignants.

jours vécus comme une brimade par l'administration qui voit ses effectifs diminuer.

Ainsi donc vont les trois fonctions publiques [1], composées d'agents possédant un sens aigu du service public, disposés à produire les efforts nécessaires à son amélioration, rarement hostiles à l'idée de se voir récompensés quand l'objectif défini en commun est atteint – mais à ce point engoncés dans un uniforme immuable qu'ils n'imaginent pas qu'une administration puisse être dirigée différemment.

Fort bien, diront certains, mais voilà qui conduit tout de même à revenir sur quelques avantages acquis. Qui est entré dans la fonction publique pour y mener une carrière moins compétitive que dans le secteur privé se trouvera lésé par la remise en cause d'un certain nombre d'avantages, quand bien même ceux-ci ne seraient plus justifiés. Tout ceci est vrai. Des remises en cause sont nécessaires, pour ne pas dire inéluctables. Doit-on renoncer à revenir sur des situations bloquées quand l'intérêt général est en jeu ? Certainement pas. Mais doit-on pour autant léser des individus, dont les choix peuvent engager la vie entière, en fonction d'éléments qu'il est certes loisible de trouver contestables mais dont ils ne sont en rien responsables ? Pas plus. Choisir le moment où le rapport de forces est le plus favorable pour remettre en cause, sans compensation, certaines prérogatives parfois arrachées de haute lutte n'est pas tolérable. Alors : que faire ?

Ce que je propose, c'est d'introduire dans notre façon de penser, et peut-être même dans notre droit, une indemnisation pour modification des droits acquis. De même que l'utilité publique autorise l'expropriation sous réserve d'une juste et préalable indemnisation, elle doit pouvoir permettre la suppression de droits acquis, à la condition expresse d'en

---

1. La fonction publique d'État, la fonction publique hospitalière et la fonction publique territoriale.

indemniser préalablement et correctement les actuels bénéficiaires. Nous aurons ainsi, et dans le même temps, pourchassé la rente et mutualisé les coûts de la mutation.

En vérité, une telle indemnisation existe d'ores et déjà : c'est de cette logique que relève la création en catimini de nouveaux avantages, destinée à rendre acceptable une petite réforme se traduisant par la disparition d'anciens privilèges. Mais il y a une différence, et de taille : il ne s'agit pas là d'un droit reconnu, donnant lieu à une évaluation fondée. Or, ici comme ailleurs, je crois plus aux vertus de la transparence qu'aux résultats des discussions de couloir.

Quoi qu'il en soit, la réforme coûte toujours cher, et celle dont notre administration a besoin n'échappe pas à cette règle. Vouloir réformer à coût nul, c'est vouer la réforme à l'échec. C'est pourquoi la réforme ne requiert pas une formation de comptable, mais une volonté de politique – d'autant qu'à long terme, son coût sera mille fois remboursé par l'efficacité recouvrée.

La haute fonction publique

La France s'enorgueillit d'avoir les meilleurs hauts fonctionnaires du monde. Sans vouloir me livrer au petit jeu d'un classement mal venu, je dois reconnaître qu'il n'y a guère que les fonctionnaires britanniques qui leur soient comparables, et parfois supérieurs. Comme le Royaume-Uni n'a jamais cru bon de créer une institution similaire à notre ENA hexagonale, nous ne saurions attribuer la qualité des hauts fonctionnaires français à la course d'obstacles organisée par cette école. Sans doute était-ce plutôt le prestige du service de l'Etat qui a, des décennies durant, attiré vers la haute administration les étudiants les plus brillants. Aussi doit-on craindre qu'il n'en soit plus de même à l'avenir.

Tant que les écarts de revenus entre dirigeants du secteur privé et hauts fonctionnaires étaient compensés par des différences de pouvoir, l'attractivité des carrières publiques demeurait assurée. Mais un double mouvement a changé la donne. D'abord, la multiplication par deux ou trois de l'écart entre les revenus : à mesure que les salaires et autres avantages des dirigeants d'entreprise croissaient, ceux de la haute fonction publique stagnaient ; ensuite, la perte de pouvoir de la haute administration, concomitante à celle de l'Etat, et sur laquelle je ne reviens pas. Comme la dilution du secteur public a entraîné la fonte du nombre des « postes de débouché », c'est-à-dire des postes du secteur public confiés à ceux ayant bien mérité de l'administration, vouloir faire carrière dans la haute fonction publique relève dorénavant de l'apostolat. Si bien que la hiérarchie des choix des étudiants n'est déjà plus exactement la même que par le passé, comme le montre avec éclat la baisse du nombre de candidats au concours de l'ENA.

Aussi, pour que la haute administration soit encore capable de s'associer les talents dont elle a besoin, faut-il faciliter le recrutement de contractuels sur une base temporaire. Nombre de spécialistes indispensables tant à la réflexion de l'administration qu'à son action ne peuvent en effet se trouver dans ses rangs. D'ores et déjà possible, le recrutement de contractuels se heurte en pratique à toutes sortes de difficultés, dont le niveau de rémunération n'est pas le moindre. Comment attirer les talents s'ils ne sont pas rétribués à des niveaux proches de ceux du marché ? D'un autre côté, pourquoi entrer dans la haute fonction publique si l'on peut exercer les mêmes fonctions en bénéficiant d'une rémunération supérieure ? Certainement par goût de la chose publique ; mais cette motivation peut ne pas suffire. Et si les responsabilités les plus importantes peuvent être assumées par des salariés sous contrat mieux payés que les fonctionnaires exerçant des fonctions identiques, ma proposition va à l'encontre du renforcement de l'« attractivité » de la haute fonction publique que j'appelai plus haut de mes vœux.

Aussi faut-il aller plus loin, en facilitant le passage entre secteur public et entreprises privées pour les fonctions de direction, et en rapprochant du prix du marché les rémunérations des grands serviteurs de l'Etat. Ainsi serait assurée une véritable mixité entre public et privé, laquelle fait aujourd'hui gravement défaut – et que l'évolution des technologies comme les effets de la mondialisation rendent pourtant toujours plus indispensable. Pour aller jusqu'au bout de cette logique, il faudra probablement envisager à terme de soustraire les fonctionnaires exerçant des responsabilités importantes au carcan de leur statut actuel.

Dans le même temps, il conviendra de rapprocher leur situation de celle des autres citoyens dans un domaine particulier : celui de l'accès aux fonctions électives. C'est un noble choix que de vouloir embrasser une carrière politique, mais le retour assuré dans son corps d'origine, en limitant les risques, a exagérément multiplié les vocations – ce qui fausse la structure de la représentation nationale et entretient une dangereuse endogamie entre l'administration et la politique. Il me semble donc souhaitable que tout fonctionnaire de responsabilité [1], élu au Parlement ou à une fonction exécutive locale importante, soit amené à choisir et, le cas échéant, à démissionner de la fonction publique. Je ne propose pas, à l'instar du système britannique, que la démission soit requise pour être candidat. Cette pratique, cohérente avec la neutralité politique absolue de l'administration qui prévaut outre-Manche, me paraît excessive au regard de notre culture. En revanche, une fois élu, il faut choisir.

On m'objectera que la possibilité de retour en cas d'échec après un ou deux mandats favorise une cer-

---

1. Y compris les professeurs d'université.

taine démocratisation de l'accès aux fonctions électives, lesquelles seraient autrement réservées à ceux que leur fortune autorise à échouer. C'est précisément parce que j'entends cet argument que ma proposition de démission obligatoire ne concerne que les hauts fonctionnaires [1].

Les cabinets ministériels

On attribue généralement à Napoléon l'aphorisme selon lequel « une troupe manœuvre comme elle est commandée ». Dans une administration publique, qui commande ? Le ministre. Sans doute, mais nombre de décisions ne sont pas prises par le ministre lui-même et relèvent en réalité des membres de son cabinet. Il ne s'agit pas ici d'exonérer le ministre d'une quelconque responsabilité : tout ce qui est fait par son cabinet l'est en son nom, et il doit l'assumer entièrement. Mais dans les ministères importants, le nombre de décisions à prendre chaque jour est si grand que seule une petite partie remonte jusqu'au détenteur du portefeuille. Aussi le cabinet qui l'entoure dispose-t-il d'un pouvoir considérable, qui justifie de s'y arrêter.

Le cabinet ministériel existe à peu près partout. Mais il n'a nulle part la taille et l'importance qu'on lui connaît en France.

Chaque ministre français dispose d'un ensemble de collaborateurs directs choisis par ses soins, et qui constituent son « cabinet ». Ayant à sa tête un directeur, véritable second du ministre, il compte de sept à huit membres pour les fonctions gouvernementales les moins lourdes à quelque trente ou quarante personnes dans les plus gros ministères. Dans ces cabinets plus fournis, on peut généralement distinguer deux groupes : les techniciens et les politiques. Le premier

---

1. Ceux qui appartiennent à ce que l'on appelle dans le jargon administratif la catégorie A.

est composé de collaborateurs spécialisés, en charge des dossiers techniques. Ainsi trouvera-t-on au ministère de l'Economie, des Finances et de l'Industrie des conseillers techniques en charge de la macro-économie, du secteur bancaire et du secteur industriel, des questions européennes, du budget, etc. Dans le second groupe, on trouvera le chef de cabinet, lequel gère cette PME au quotidien, quelques conseillers politiques directs du ministre, des collaborateurs responsables de sa circonscription électorale et, le plus souvent, son équipe de communication.

On l'a compris, le cabinet reproduit largement la structure du ministère. Une telle duplication n'existe dans aucun autre pays. Dans la plupart des démocraties, le ministre est entouré d'un très petit nombre d'assistants personnels, principalement des collaborateurs politiques qui travaillent avec lui depuis longtemps et ne font pas partie des fonctionnaires du ministère. Pour le reste, le ministre travaille directement avec les fonctionnaires de son administration : il n'a pas besoin de l'intermédiaire constitué par le membre de cabinet qui, sur chaque dossier, « pilote » en son nom les services concernés. L'un des nombreux effets pervers engendrés par le système français tient à l'éloignement ainsi créé entre le ministre et les directeurs d'administration centrale. Quant aux conseillers techniques, souvent suffisamment jeunes pour supporter un rythme de travail intense et généralement issus de la partie de l'administration dont ils ont la responsabilité au sein du cabinet – ce qui garantit leur compétence –, ils se trouvent dans une situation hiérarchique ambiguë : puissants et craints parce que proches du ministre, ils demeurent assez dépendants de l'administration dont ils proviennent – et qu'ils rejoindront vraisemblablement après leur départ du cabinet.

Pourquoi un tel système ? Parce qu'au sommet de l'Etat, la rencontre entre un ministre qui, par nature, a des convictions politiques, et des hauts fonctionnaires,

qui ne les partagent pas obligatoirement, peut créer
une zone de turbulence dont le cabinet s'efforce de
limiter l'ampleur. Il y a en fait deux bons systèmes et
un mauvais. Le premier a fait ses preuves outre-
Manche. Le ministre britannique a tout au plus deux
collaborateurs personnels et politiques; pour le reste,
il travaille avec son administration, laquelle met un
point d'honneur à servir avec la même efficacité les
ministres du « gouvernement de Sa Majesté », quelle
que soit leur couleur politique. Ici, c'est la neutralité
réelle et revendiquée des hauts fonctionnaires qui permet d'atténuer la turbulence, voire de l'éviter.

Le second système, en vigueur aux Etats-Unis, est
celui des dépouilles : à chaque renversement de majorité politique, les principaux responsables des grandes
administrations changent eux aussi, de façon à être en
phase avec la politique à venir. La turbulence cède le
pas à l'harmonie.

La solution française du cabinet, dont les membres
sont – à de rares exceptions près – politiquement
proches du ministre, est hypocrite. Si elle évite au
ministre d'avouer devant de hauts fonctionnaires qu'il
peut parfois avoir des préoccupations bassement poli-
ticiennes, elle ne crée pas vraiment un climat de
confiance avec son administration. Car enfin, de deux
choses l'une : ou bien le ministre a confiance en la pro-
bité intellectuelle de tel directeur d'administration centrale et en son sens de l'Etat, et alors il n'a pas besoin
de faux nez; ou bien il n'a pas confiance, et il doit
remplacer ce directeur. Il joue comme les Britanniques
dans le premier cas, comme les Américains dans le
second. La main française est une mauvaise main.

A tout seigneur tout honneur : le comble du mauvais
fonctionnement est atteint avec le cabinet du Premier
ministre. Celui-ci, reproduisant le même modèle, dispose d'un conseiller technique par grand sujet, soit au
bout du compte d'un conseiller technique par ministre.
Se forme ainsi à Matignon une sorte de gouvernement

fantôme dont l'activité n'est pas toujours bien ressentie par les ministres en exercice. Seuls ceux qui ont un poids politique majeur ou une relation personnelle et particulière avec le Premier ministre échappent à cette forme de tutelle. Le système engendre parfois des conflits – dont certains ont conduit à la démission du responsable politique. Il est en effet exaspérant pour un ministre de voir l'avis d'un conseiller du Premier ministre l'emporter trop souvent sur le sien, comme il doit être exaspérant pour un grand directeur expérimenté de voir le ministre suivre l'avis de son conseiller technique, dont l'engagement politique ne compense pas nécessairement la jeunesse et l'inexpérience.

Certains trouveront sans doute ma critique des cabinets ministériels mal venue, alors que je ne manque pas une occasion de rappeler l'exceptionnelle qualité de l'équipe qui m'a entouré à Bercy de 1997 à 1999 – équipe dirigée de main de maître par ce remarquable serviteur de l'Etat qu'est François Villeroy de Galhau, admirable d'intelligence dans la conception, de fermeté dans l'action et d'humanité dans les relations. Mais justement : ce cabinet était exceptionnel, et c'est à cette extraordinaire qualité que l'on doit la plupart des succès de la période – s'il en est.

Un dernier mot sur ce pouvoir excessif des cabinets. Il n'y a que deux solutions : ou les hauts fonctionnaires deviennent totalement apolitiques, ce que facilite sans le garantir ma proposition de démission automatique en cas d'élection; ou il faut accepter une forme de *spoil system*. Je ne pense pas que la première voie convienne à notre culture. Je me résous donc à la seconde. Et je préconise qu'à chaque changement de gouvernement, il soit considéré comme légitime que le ministre remplace les principaux responsables d'administration centrale, quitte à confirmer dans leurs fonctions ceux dont il ne souhaite pas se séparer.

CHAPITRE 16

Vers la VIe République

Il est des peuples sans Constitution. Il en est d'autres qui n'en changent jamais – se contentant de l'amender au moment opportun. La France aime changer de Constitution. Elle manque rarement une occasion de le faire. Comme si, incapable de trouver un cadre idoine à sa vie publique, elle se trouvait forcée de se remettre régulièrement à l'ouvrage.

Tout a été dit sur les faiblesses des IIIe et IVe Républiques – encore que, à y regarder de plus près, cette dernière n'avait pas que des inconvénients. Tout ceci a été balayé par une Ve République sûre de la supériorité que lui garantissait un pouvoir exécutif enfin dominant.

Trois éléments sont venus déstabiliser ce monument bâti sur mesure pour le général de Gaulle et que, non sans finesse, Georges Pompidou, Valéry Giscard d'Estaing et François Mitterrand auront su habiter. La place prise par le Conseil constitutionnel est celui qui pose le moins problème. Son pouvoir s'est peu à peu étendu, pour partie parce que la représentation nationale l'a voulu, pour partie parce que le Conseil lui-même a su rayonner au-delà de son champ d'intervention initial. Devenu une pièce maîtresse des institutions, son rôle ne devrait pas diminuer à l'avenir. La saisine du Conseil par soixante députés au sénateurs, votée en 1974, est devenue une voie de recours presque systématique pour une opposition combative. Quant à la décision des juges constitutionnels d'exercer leur contrôle sur l'ensemble du texte de loi qu'ils ont à connaître, et non uniquement sur les articles qui leur sont soumis, elle leur a donné un pouvoir considérable dont ils usent avec sagesse, mais qui crée une possibilité de censure de la loi votée à laquelle notre pays n'était pas préparé.

Le second élément de déstabilisation est venu de la décentralisation, mouvement positif et, comme je l'ai montré au chapitre précédent, mouvement encore inachevé. La période intermédiaire que nous vivons est caractérisée par la multiplication des lieux de pouvoir, de l'Europe à la commune, dont on sent bien qu'elle devra faire l'objet d'une forme ou d'une autre de simplification. Mais là encore, c'est une adaptation heureuse à une réalité changeante.

Dans le cas du contrôle constitutionnel comme dans celui de la décentralisation, l'éclatement du pouvoir ainsi décidé améliore le fonctionnement de notre démocratie. Il n'en est pas de même de la trop fameuse cohabitation. On a longtemps dit que les Français y étaient favorables, comme s'ils y voyaient une manière de compenser l'incapacité de notre histoire parlementaire à faire émerger un gouvernement de coalition entre gauche et droite. Sans doute l'enlisement actuel de la cohabitation traduit-il les limites d'une pratique qui met en cause le fonctionnement même de nos institutions.

A chacun son régime : parlementaire ou présidentiel

Notre paysage institutionnel ne laisse pas beaucoup de cheminements possibles. Face à une cohabitation devenue délétère, et dans l'impossibilité de revenir à un régime parlementaire véritable, il ne nous reste plus qu'une voie qui, sans être parfaite, a le mérite de la cohérence.

Horreur de la dyarchie

Les institutions de la Ve République devaient garantir la sacralisation du président – tout spécialement après la révision constitutionnelle de 1962 prévoyant son élection au suffrage universel direct. En temps normal, c'est-à-dire hors période de cohabitation, cette prééminence rejaillit sur l'ensemble de l'exécutif, le rôle du Parlement s'apparentant alors à celui d'une chambre d'enregistrement. Afin de s'assurer qu'aucune velléité de révolte ne viendra faire capoter ce bel ensemble, la Constitution a prévu un ensemble de dispositifs destinés à verrouiller l'activité parlementaire. Le célèbre article 49-3, qui donne les moyens de contraindre sa propre majorité, est d'une telle puissance que son utilisation est devenue inutile : comme souvent en matière de dissuasion, la menace est plus forte que l'exécution. Le vote bloqué autorisé par l'article 44-3 renforce encore la main de l'exécutif. Quand on y ajoute la maîtrise absolue de l'ordre du jour, apanage du gouvernement, l'arsenal est complet : le président, maître du jeu, dirige le pays.

En période de cohabitation, la situation est évidemment un peu différente. Nous avons alors, au cœur des institutions, un président empêché. Encore lui restait-il, jusqu'au printemps 1997, l'arme de la dissolution : la réussite toute particulière de l'opération menée par Jacques Chirac conduira probablement les prochains présidents à y regarder à deux fois avant de déclencher à nouveau le feu nucléaire constitutionnel. Si bien que, dépourvu de marge de manœuvre dans le choix du Premier ministre et incapable de dissoudre l'Assemblée, le président de la cohabitation devient une sorte d'irresponsable politique sur la quasi-totalité des sujets intérieurs. Nous nous retrouvons dans ce domaine avec un exécutif bicéphale naturellement porté au conflit, l'une de ses têtes étant le chef de la majorité, l'autre ne pouvant s'empêcher d'être le chef de l'opposition.

Le paysage change un peu en matière de politique étrangère. Quoique essentiellement logées entre les mains du Président, les compétences y sont en effet partagées. Dès lors, sauf à courir le risque d'affaiblir la voix de la France en laissant paraître au grand jour des dissensions trop importantes, le Premier ministre en vient à se comporter en héros moderne, faisant passer l'intérêt du pays avant la défense de ses convictions. Il n'en est pas moins gêné par les conséquences nationales de l'action internationale de la France. L'Europe a souvent été le théâtre d'une telle impuissance. Le président s'avance, engage sa personne et, avec elle, la parole de la France : au gouvernement de trouver le moyen de suivre, même si sa politique ne le conduisait pas nécessairement dans cette direction.

Cette contradiction n'est heureusement pas systématique, et dans de nombreux cas au cours des années récentes, la position de la France a pu faire l'objet d'un consensus. Mais ces divergences sont néanmoins suffisamment fréquentes pour expliquer, voire justifier, l'agacement de nos partenaires européens. Au cours de la dernière législature, l'absence d'initiative majeure émanant du président de la République a évité tout conflit ouvert. Pour la première fois en effet depuis les débuts de la Ve République, aucune proposition importante n'est venue de l'Élysée en matière européenne – ceci ayant sans doute favorisé l'apaisement des relations entre les deux têtes de l'exécutif, même si cela n'a probablement pas contribué à la grandeur de la France.

L'impossible et merveilleux régime parlementaire

Nombreux sont ceux qui, comme moi, rêvent d'un véritable régime parlementaire – celui que l'on rencontre dans toute l'Union Européenne, et dont le Royaume-Uni incarne l'archétype. Toute l'Union... sauf nous, bien entendu ! Dans un tel système, le Premier ministre est le chef de la majorité, c'est-à-dire le chef de la coalition qui gagne les élections. C'est simple et efficace.

Sans doute trop simple pour nous. Aussi nous offrons-nous le luxe de multiplier le nombre des responsables, en distinguant le Premier ministre du chef du parti majoritaire. On me dira que tout ceci est bien factice et que le Premier ministre est, de fait, le chef de son camp. Voire ! En 1986, le conflit qui opposa Lionel Jospin, alors premier secrétaire du Parti socialiste, à Laurent Fabius, Premier ministre, pour savoir qui conduirait la campagne pour les élections législatives, fut extrêmement aigu. François Mitterrand trancha en faveur du premier. La rancœur qui s'ensuivit demeure aujourd'hui encore l'une des données structurantes de la gauche française.

Un président, un Premier ministre, un chef de parti : c'est beaucoup pour conduire une majorité. Sans doute trop. Gerhard Schröder est à la fois chef de l'exécutif et chef de parti.

Les vertus du régime parlementaire ne se réduisent pas à ces questions de direction et d'organisation du pouvoir. Je ne les reprendrai pas ici. Les errements de la IIIe, puis surtout de la IVe République, ont voué aux gémonies un système considéré comme incapable de garantir la stabilité gouvernementale indispensable à la conduite des affaires du pays. La Constitution voulue par le général de Gaulle en 1958 s'est fondée sur ce rejet pour proposer le régime *made in France* que nous connaissons aujourd'hui.

La duperie est pourtant manifeste. Ce qui a créé l'instabilité de la IVe République, ce n'est pas tant le régime parlementaire que le mode de scrutin choisi pour les élections législatives, impuissant à dégager une majorité soudée. J'en veux pour preuve le fonctionnement sans à-coups du régime parlementaire dans beaucoup d'autres pays.

Quoi qu'il en soit, cet heureux régime qui fait vivre la démocratie au sein même du Parlement nous est interdit. Pourquoi ? Parce que, depuis le référendum de 1962, la France élit son président au suffrage universel direct. Nous ne reviendrons pas sur cette élection, considérée comme la clef de voûte de nos institutions, et à laquelle les Français sont attachés. La politique-spectacle à laquelle nous avons accoutumé les citoyens s'accommode mieux de la désignation directe d'un chef à l'occasion d'un scrutin présidentiel, que du choix des candidats d'un parti lors d'élections législatives – même si l'on sait pertinemment qui sera le titulaire de l'exécutif au terme de cette procédure. Il faudrait un véritable cataclysme pour remettre en cause ce qui apparaît aujourd'hui – peut-être à tort – comme un progrès de la démocratie.

Pour sortir du système bâtard que nous connaissons, et si le retour à un parlementarisme rendu efficace par un mode de scrutin éprouvé n'est décidément pas possible, il faut accepter, même à contrecœur, d'aller vers le régime présidentiel.

Changer de République

Supprimer le Premier ministre et le droit de dissolution, faire coïncider les dates des élections présidentielle et législatives, retirer au Sénat la possibilité de bloquer les réformes constitutionnelles : voilà le programme.

L'existence d'un Premier ministre et la responsabilité du gouvernement devant le Parlement constituent les principaux emprunts de notre système actuel au régime parlementaire – et, de ce fait, les principaux obstacles à l'établissement d'un régime présidentiel. C'est par la suppression de la fonction de Premier ministre et par le rattachement du gouvernement au président que la partie la plus visible de la transformation doit s'opérer. Le droit de dissolution doit en contrepartie disparaître, ce droit n'étant justifié que lorsque l'autorité qui décide de dissoudre se remet elle-même en jeu par ce moyen – comme c'est le cas dans un régime parlementaire. Là résident la ruse autant que la faiblesse de notre système actuel, dans lequel la moitié de l'exécutif qui dissout (le président de la République) n'entraîne dans la chute du Parlement que l'autre moitié de l'exécutif (le gouvernement).

En examinant le fonctionnement du système américain, certains feront sans doute remarquer que le blocage né de la cohabitation, que je soulignais au paragraphe précédent pour le déplorer, se retrouve aussi aux États-Unis lorsque le président et la majorité sénatoriale sont de couleurs politiques distinctes. Nous n'aurions alors rien à gagner à l'adoption d'un régime présidentiel. C'est inexact : la situation nouvelle, certes comparable à celle qui prévaut outre-Atlantique, ne partagerait aucun trait avec celle que nous connaissons actuellement.

Le blocage éventuel entre une Assemblée Nationale et un président de la République d'opinions opposées serait un blocage entre l'exécutif et le législatif. Il donnerait lieu à des discussions, à des compromis, mais ne ressemblerait en rien à la paralysie de la cohabitation – beaucoup plus invalidante puisqu'elle se produit au cœur de l'exécutif. Au demeurant, la politisation accrue de l'électorat devrait éviter d'obtenir des résultats antinomiques à des scrutins présidentiel et législatifs organisés le même jour.

C'est donc bien la direction qu'il faut prendre. Tous les cinq ans, les Français seraient doublement appelés aux urnes. Mais tous les cinq ans seulement, durée nécessaire et suffisante pour mener à bien une politique – ce que le système actuel ne garantit pas toujours.

La suppression du pouvoir excessif détenu par le Sénat en matière constitutionnelle permettrait enfin de rétablir un équilibre satisfaisant. Aujourd'hui en effet, le Sénat n'a pas le dernier mot pour les lois ordinaires, l'Assemblée tranchant en dernier ressort ; il retrouve néanmoins une égalité de droit avec la Chambre basse pour tous les textes constitutionnels. Compte tenu du mode d'élection des sénateurs et de la piètre représentativité qu'il entraîne, le Sénat est toujours majoritairement conservateur. Ceci crée une distorsion démocratique sans trop de gravité dès lors que l'Assemblée Nationale – qui, elle, est représentative – dispose du pouvoir ultime de décision. C'est pourquoi il faut rétablir ce pouvoir pour les textes de nature constitutionnelle, dont le nombre pourrait bien augmenter à mesure que croît le besoin de la société de s'adapter à un monde en perpétuel mouvement.

Mais pour que ce régime présidentiel ne soit pas une dictature élective, il faut simultanément réformer le fonctionnement de l'Assemblée Nationale.

Une Assemblée Nationale digne de ce nom

Quand on compare notre Assemblée à ce qui existe à l'étranger, on a du mal à en trouver une autre à ce point empêchée de remplir sa mission – qu'il s'agisse de l'élaboration de la loi ou de la fonction de contrôle.

Trois points ont déjà été évoqués, sur lesquels je ne reviendrai pas. Le premier concerne les articles 44-3 et 49-3 de la Constitution, qui servent au Premier ministre à maîtriser sa majorité. Ils n'ont plus lieu d'être dès lors que l'irresponsabilité du gouvernement devant le Parlement fait disparaître la menace de sa chute.

Le deuxième a trait à la composition de l'Assemblée Nationale et du Sénat. Pour légiférer et pour contrôler, il importe de réunir des compétences multiples et de traduire le plus fidèlement possible la diversité de la population. Dans ces conditions, la sur-représentation des hauts fonctionnaires doit être combattue, ainsi que je l'ai proposé au chapitre précédent.

La troisième remarque touche à la fonction de contrôle. Le rattachement à l'Assemblée Nationale du Commissariat général au Plan rebaptisé, dont il a déjà été question, peut permettre de donner à celle-ci les moyens d'analyse qui lui font cruellement défaut aujourd'hui.

Au-delà de ces trois remarques, je veux – à partir de mon expérience de parlementaire et tout particulièrement celle de président de la commission des Finances de l'Assemblée de 1988 à 1991 – aborder la question de la fabrication de la loi, ainsi que celle de la situation des élus.

La fabrication de la loi

Nous votons trop de lois. Nous avons trop de lois.

L'ordre du jour de l'Assemblée est encombré. Aussi les députés disposent-ils de trop peu de temps pour mener des débats sereins. Pour remédier à cette surcharge, deux réformes sont nécessaires. La première consiste à revenir sur l'asservissement de l'Assemblée que constitue la maîtrise de l'ordre du jour par le gouvernement – asservissement peut-être unique dans le monde démocratique. En redonnant cette maîtrise aux députés, on contraint le gouvernement et le bureau de l'Assemblée à négocier pour déterminer en commun le programme de travail. Ceci constitue un moyen très sûr de limiter la frénésie législative de certains ministres, même si l'inscription de quelques textes doit rester obligatoire – la loi de Finances, par exemple, ou la loi de financement de la Sécurité sociale. Des garde-fous peuvent être mis en place afin que l'Assemblée ne puisse bloquer systématiquement l'activité gouvernementale, mais le principe doit être celui d'un ordre du jour établi par l'Assemblée elle-même. Sera ainsi mis fin au ridicule des « niches » sporadiquement aménagées pour permettre aux députés de faire discuter leurs propositions de loi.

Dans un tel système pourtant, l'Assemblée serait toute-puissante si l'exécutif en mal de majorité ne pouvait s'opposer à un texte voté contre son gré. Ceci n'est pas acceptable. Pour préserver un équilibre, la possibilité de refuser la publication d'une loi au *Journal Officiel* donne au président un droit de veto dont les modalités d'exercice doivent naturellement être définies – notamment la majorité qualifiée permettant de passer outre le veto présidentiel.

L'adoption en commission de textes mineurs, qualifiés parfois de « petites lois », libérerait du temps pour la discussion des textes essentiels. Ainsi que le soulignent Vincent Peillon et Philippe Guibert, « les textes les plus techniques, les exercices de codification, les ratifications de conventions internationales ou les projets de transposition de directives pourraient faire l'objet d'une adoption en commission [1]. » S'agissant des transpositions de directives européennes en droit interne, c'est même une nécessité – sauf à rester la lanterne rouge de l'Europe avec 92 directives non encore transposées en avril 2001. Cette situation, très anormale, nous expose à un contentieux délicat avec l'Union et crée une incertitude juridique préjudiciable aux entreprises comme aux particuliers.

Afin de permettre le vote des petites lois en commission, il est nécessaire d'augmenter le nombre de ces dernières. Le nombre des commissions permanentes est actuellement limité à six par les textes constitution-

---

1. Vincent Peillon et Philippe Guibert, « Une démocratie moderne », *Les Notes de la Fondation Jean-Jaurès*, n° 26, novembre 2001.

nels, qui ont instauré en 1958 une manière détournée
de réduire l'efficacité du travail parlementaire et, par
suite, les pouvoirs de l'Assemblée. Certaines commissions sont en effet riches de plus de cent membres, ce
qui ne contribue pas à rendre le travail technique aisé.
Or le travail en commission est de loin le plus intéressant pour les députés et le plus utile à l'élaboration de
la loi. Les citoyens, au vu d'images mal venues diffu-
sées par les chaînes de télévision, concluent volontiers
que seuls de rares députés travaillent, puisqu'il ne sont
souvent que quelques dizaines en séance publique
– et parfois moins. La réalité est très différente. Des
dizaines de députés sont au même moment réunis en
commission, étudiant et amendant les textes qui seront
discutés dans l'hémicycle au cours des semaines suivantes. Cette discussion ne sera d'ailleurs, pour une
bonne part, qu'une redite de ce qui aura été évoqué en
commission – autre raison expliquant la désaffection
dont la séance publique est l'objet.

Je crois d'autant plus nécessaire de multiplier le
nombre de commissions qu'une autre réforme, à mes
yeux essentielle, viendra plutôt augmenter le travail
parlementaire que le réduire.

Si nous avons trop de textes, dont certains d'ailleurs
sont à ce point anciens qu'ils ont été largement
oubliés, c'est bien entendu parce que nous en votons
trop, mais aussi parce que nous n'en abrogeons aucun.
Dans le même esprit que ce qui a été évoqué à propos
de la réforme fiscale au chapitre 13, je crois qu'il faut
disposer d'une procédure systématique d'abrogation
des textes.

Pour ce faire, deux voies non exclusives l'une de
l'autre peuvent être empruntées. La première repose
sur la révision périodique. Au bout d'une durée fixée
par le texte même de la loi, et qui peut varier d'un sujet
à l'autre, rendez-vous est pris pour procéder à une évaluation. L'Assemblée s'efforce alors de distinguer ce
qui a correctement fonctionné de ce qu'il faut changer.

Ceci existe déjà dans certains cas. C'est le caractère automatique de la révision qui est novateur. Aujourd'hui, il est toujours loisible de reprendre une loi pour la modifier. Mais c'est un exercice lourd, et il y a souvent plus urgent à faire que de rouvrir un vieux dossier pour mettre en œuvre des modifications trop peu nombreuses pour justifier un débat complet. En revanche, prévoir la reconsidération automatique d'une loi au terme d'une période donnée facilite la prise en compte de quelques amendements, tout en évitant qu'un ministre veuille laisser son nom dans l'histoire par la refonte intégrale de ce que son prédécesseur avait fait voter.

L'autre voie est plus radicale. Je crois qu'il faut créer une catégorie nouvelle de textes qui est celle des lois temporaires [1]. Pour qu'un tel texte continue à s'appliquer au-delà de la période prévue, un vote explicite de reconduction serait nécessaire, faute de quoi la législation antérieure s'appliquerait à nouveau. Ces lois temporaires présenteraient trois avantages. Le premier est d'obliger à un nettoyage périodique de notre législation, ce qui nous amènerait à nous défaire de cadres juridiques anciens par trop éloignés des réalités contemporaines. Ici encore, il suffirait de se saisir de ces textes pour les modifier ou les abroger. Mais en l'absence de contrainte, cette démarche n'est pas systématique, et de nombreux codes restent encombrés de contraintes et d'obligations obsolètes.

Le deuxième avantage est de faciliter l'expérimentation. Il est certes loisible de penser que la loi est une chose trop sérieuse pour qu'on puisse seulement imaginer faire des expériences. Mais la réalité est plus prosaïque. Dans de nombreux domaines, et notamment dans tous ceux qui concernent des phénomènes

---

1. On peut penser que de telles lois nuiraient à la sécurité juridique. Il n'en est rien. Mieux vaut un texte que l'on sait temporaire qu'une loi prétendument votée « pour l'éternité » mais susceptible d'être amendée chaque année.

de société à évolution rapide, un doute sur la bonne solution à adopter est toujours présent. S'interdire de voter des lois à durée temporaire, pour les évaluer ensuite au vu des résultats qu'elles ont engendrés, ne fait pas disparaître ce doute – qu'il vaut mieux reconnaître en adoptant une loi valable quelques années, et qu'un vote de confirmation pourra proroger.

Mais il y a encore un troisième avantage. Il arrive qu'en dehors de toute hésitation, le législateur souhaite prendre une mesure temporaire : c'est notamment le cas en matière fiscale. Il en alla ainsi de la surtaxe de 15 % instaurée en 1997 sur l'impôt sur les sociétés, et destinée à garantir les équilibres budgétaires indispensables à la qualification de la France pour l'Union économique et monétaire. Le gouvernement avait annoncé que cette surtaxe temporaire serait ramenée en trois ans à 5 % puis à 0 %. Mais échaudé par une mesure analogue du gouvernement Juppé, jamais rapportée malgré la promesse qui avait été faite, il a été bien difficile de convaincre le CNPF. Cette surtaxe a bel et bien été réduite puis supprimée à la date dite, ce qui a sans doute été très positif pour le crédit de l'État. Mais l'important n'est pas là. Ce qui compte, c'est que les chefs d'entreprise, qui ne croyaient pas que cette mesure serait temporaire, ont établi leurs plans d'investissement sur une base erronée. En l'occurrence, ils ont surestimé l'impôt sur les sociétés à partir de la quatrième année, ce qui a conduit à écarter un certain nombre d'investissements. Tout le monde y a perdu. Si la parole des ministres était crue, nous n'aurions sans doute pas besoin de lois temporaires. Mais ce monde idéal n'existe pas. Il me semble donc utile de créer des procédures qui garantissent la vertu : la loi temporaire en est une.

Qu'il s'agisse de la révision périodique ou de la loi temporaire, la révision comme la reconduction éventuelle peuvent être examinées en commission. Ceci en augmentera les prérogatives et contribuera à justifier l'extension de leur nombre.

Le fonctionnement de l'Assemblée

Rares sont les citoyens qui ont assisté à une séance de l'Assemblée Nationale ou du Sénat. La seule connaissance qu'ils en ont vient de la retransmission télévisée des séances de questions au gouvernement qui, à mes yeux, sont la honte de notre démocratie. On y voit des parlementaires se comporter de façon si grossière et parfois si imbécile à l'égard des membres du gouvernement, que le citoyen-téléspectateur ne peut qu'en retirer une impression déplorable. Les présidents successifs de l'Assemblée ont toujours été sensibles à cette situation, et j'ai encore dans l'oreille la voix de chacun d'entre eux usant de la même formule pour ramener le calme : « Mes chers collègues, calmez-vous, vous ne donnez pas une bonne image de l'Assemblée. » Mais rien n'y fait. Des hommes et des femmes, au demeurant normalement policés, qui, loin des caméras, se saluent courtoisement dans les couloirs et se parlent avec respect sinon toujours avec affection, se croient obligés de vociférer lors de la séance de questions. Je m'empresse de préciser que je n'ai noté aucune différence à l'occasion des diverses alternances politiques que j'ai pu vivre : dans tous les cas, l'opposition vagit. Jamais, à aucun moment, aucun d'entre eux n'oserait s'exprimer de la sorte dans tout autre cénacle que la séance de questions au gouvernement de l'Assemblée Nationale [1].

En commission, la télévision n'est pas là, et les parlementaires retrouvent figure humaine. Ceci ne signifie pas qu'il n'y ait ni algarades ni échauffourées (le débat

---

1. Je dois à la vérité de dire qu'au Sénat, les choses ne se passent pas de la même manière. A l'occasion du même exercice, les sénateurs se montrent conscients de la dignité de leur mandat.

politique est souvent assez vif), mais rien qui ressemble à cette attitude indigne de la séance de questions. C'est la raison pour laquelle, contrairement à l'opinion démagogiquement répandue, il faut absolument bannir des séances de commission les journalistes en général et la télévision en particulier.

Il est vrai que l'opposition a quelque raison d'être de mauvaise humeur. Les parlementaires sont mal lotis d'une façon générale, mais au moins ceux de la majorité ont-ils la satisfaction de voir aboutir les réformes auxquelles ils croient. Les autres s'ennuient. Pour que vive une démocratie sereine, il faudrait que ces parlementaires disposent des moyens d'exercer leur mandat. Je ne parle évidemment pas ici de leur indemnité, laquelle n'a aucune raison d'être augmentée. En revanche, les moyens dont dispose en France un député ou un sénateur pour travailler les textes dont il a la responsabilité sont beaucoup trop faibles. Pour être compétent sur un domaine, fût-il limité, il faut plus que les deux ou trois assistants que la dotation de l'Assemblée permet de rémunérer et dont un est généralement affecté au travail en circonscription. Encore faut-il qu'il s'agisse de jeunes collaborateurs dont l'expérience reste à accumuler ; car si l'on cherche de véritables experts, on ne pourra plus en rétribuer qu'un seul. Comment espérer dans ces conditions que les parlementaires jouent correctement leur rôle de législateur et de contrôleur de l'activité gouvernementale ?

Il paraît que l'opinion, prompte à dénoncer la gabegie des fonds publics lorsqu'il s'agit des élus, n'est pas prête à entendre ce discours. Eh bien, il faut le lui tenir quand même. La démocratie a un coût. Il ne sert à rien de vouloir l'ignorer. Le peuple n'a rien à espérer de députés sous-informés. Certains pays ont résolu ce problème en accordant d'importants moyens aux groupes parlementaires plutôt qu'aux élus eux-mêmes : c'est une voie possible. J'apprécie tout particulièrement la pratique suédoise consistant à doter l'opposition plus largement que la majorité, au motif que cette dernière peut s'appuyer sur l'expertise de l'appareil gouvernemental. Nous sommes loin de cette maturité démocratique.

Il reste que pour être un parlementaire actif, il faut commencer par être un parlementaire présent. Le cumul des mandats est de ce point de vue catastrophique, et je suis résolument favorable au système qui prévaut au Royaume-Uni comme en Allemagne ou aux États-Unis : le mandat unique. Nos voisins sont toujours surpris et amusés de voir les principaux responsables politiques du pays exercer, en sus de leur mandat national, des fonctions d'élu local : maire, conseiller général ou conseiller régional. Ici encore, nous ne ressemblons à aucune autre grande démocratie, ce qui relativise les arguments généralement avancés pour combattre la thèse du mandat unique. Le principal de ces arguments est que pour véritablement savoir ce que pense l'opinion, pour sentir la société, il faut être sur le terrain – et donc détenir un mandat local. J'adhère assez volontiers à la première partie de la proposition : il faut, en effet, être sur le terrain. Mais ceci n'implique en rien de satisfaire aux contraintes très lourdes de l'exercice d'une responsabilité locale. Ira-t-on jusqu'à dire que tous nos voisins sont mal gouvernés au motif qu'aucun de leurs responsables politiques nationaux n'est un élu local ?

La réalité est tout autre. Le cumul des mandats, c'est l'organisation légale de la féodalité politique – le même individu contrôle tout et choisit ses affidés –, mais aussi celle de la consanguinité – en raison de la forte homogénéité socio-professionnelle des élus.

Je me résignerais au goitre politique que cette endogamie entraîne si le cumul des mandats n'empêchait pas un exercice serein de la responsabilité parlementaire. Mais le cumul conduit l'élu à consacrer la plus grande partie de son temps à son ou ses mandats locaux, auxquels il est convaincu de devoir tant son élection que sa réélection. Vouloir être réélu n'est en rien critiquable. Mais l'adage qui énoncerait que la meilleure manière d'être présent à l'Assemblée Nationale au cours de la prochaine législature est d'en être absent tout au long de celle-ci serait tout simplement faux. Cette croyance relève d'un individualisme exacerbé qui voudrait que l'on puisse s'en sortir seul. En réalité, à part quelques cas très particuliers, il n'y a en matière électorale de salut que collectif. Et ce salut collectif se construit dans le soutien ou la critique de l'action gouvernementale, non dans un patriotisme de clocher. Contrairement à ce qui se passe dans la plupart des grandes démocraties, le parlementaire français est au moins autant un élu local qu'un élu national. Pour ma part, j'ai toujours conçu mon rôle comme étant celui du représentant de ma circonscription au Palais Bourbon, et non du représentant du Palais Bourbon dans ma circonscription.

Pour faire évoluer tout cela, il y a une clef. Une seule. Chaque élu la connaît. Tous les partis politiques en conviennent. Personne ne bouge. C'est le statut de l'élu. Conception messianique, héritage aristocratique, élitisme républicain, tout concourt à faire de l'élu un être à part. Pourquoi, en effet, voterait-on pour quelqu'un qui vous ressemble ? L'élu doit être différent ; n'est-ce pas Groucho Marx qui demandait : « Pourquoi voudriez-vous que j'adhère à un club qui accepte les gens comme moi ? »

Mais même s'il se croit unique, l'élu a besoin d'un statut. Ce statut que je ne veux même pas tenter de décrire ici devrait traiter d'un ensemble de questions aujourd'hui non (ou mal) résolues, qui empoisonnent la vie des élus et les conduisent à se protéger par la multiplication des onctions populaires. Il en est ainsi des problèmes de retraite, de réinsertion dans sa profession d'origine si l'on souhaite quitter la vie politique ou si l'on y est contraint, de responsabilité pénale des

élus et des maires en particulier. Le statut fixerait également les incompatibilités électives à un moment
donné – j'ai dit que j'étais favorable au mandat
unique –, mais aussi au cours de la vie : il me semble
souhaitable de limiter le nombre de mandats successifs
pour que nos parlementaires retournent périodiquement au contact de l'entreprise ou de l'administration.
Le statut reviendrait enfin sur la question jusqu'à
maintenant mal réglée des dépenses de campagne électorale, laquelle conduit à des situations complètement
ridicules. Ici encore, la pente la plus douce est de ne
rien changer. Ce n'est pas la voie que je préconise.

Qui vote ?

Constitution de 1958, article 3, alinéa 4 : « Sont
électeurs, dans les conditions déterminées par la loi,
tous les nationaux français majeurs des deux sexes,
jouissant de leurs droits civils et politiques. »
Cette disposition de la Constitution de la Ve République semble clore le débat en excluant toute participation des étrangers vivant sur notre sol à quelque
élection politique que ce soit. Nombreux pourtant
sont ceux qui vivent en France depuis de longues
années, qui y élèvent leurs enfants, qui y travaillent et
y payent leurs impôts, qui sont membres de divers
conseils d'administration d'associations ou d'organismes de Sécurité sociale. Ils vivent en France, sont
intégrés au quotidien de nos cités, mais ne participent
pas à l'élection des édiles.
Cette situation découle de la confusion volontairement entretenue entre nationalité et citoyenneté. Il
n'en a pas toujours été ainsi. Au lendemain de la Révolution, l'universalisme triomphant s'adressait à tous les
hommes, sans distinction de nationalité. Les premières
assemblées compteront ainsi plusieurs élus étrangers,

tel Anacharsis Cloots qui, né en Prusse, sera député de la Convention. Entamée en 1795, la régression s'affirme en 1799 [1]. Elle sera consommée avec le Code Napoléon, lequel confond citoyenneté et nationalité. On a nationalisé la citoyenneté. Cela durera deux siècles

Au cours des vingt dernières années du XXᵉ siècle, deux éléments ont contribué à changer la donne. Le premier touche au renouvellement de la vie locale. A mesure que la décentralisation entrait en vigueur, s'est fait sentir le besoin d'améliorer la représentativité des conseils municipaux. Ceci a amené certaines municipalités à créer des structures de concertation rassemblant les forces vives de la commune. Dépourvus d'existence légale et de réels pouvoirs, ces conseils municipaux au rabais ont vite périclité.

C'est de l'Union Européenne qu'est venu un second élément de changement. Le traité de Maastricht a en effet prévu dans son article 8B que tout citoyen européen – c'est-à-dire les hommes et les femmes ayant la nationalité d'un État membre – serait électeur dans son pays de résidence pour les élections municipales et européennes. Cette disposition entrait en contradiction avec notre Constitution : parce que les conseils municipaux désignent ceux de leurs membres qui rejoindront le collège électoral des sénateurs, les étrangers présents en leur sein exerceraient une influence sur une assemblée participant à l'exercice de la souveraineté nationale. La logique négative de cet enchaînement avait d'ailleurs pendant longtemps été opposée à ceux qui réclamaient l'octroi du droit de vote aux élections municipales aux étrangers de toute origine. A l'inverse, pour les élections dites « non politiques », comme les élections universitaires ou les élections aux organismes de Sécurité sociale, le Conseil Constitutionnel a confirmé en 1981 et 1982 qu'il n'y avait pas d'obstacle

---

1. Constitution du 5 fructidor an III, puis Constitution du 22 frimaire an VIII.

à ce que les étrangers soient électeurs et éligibles. Mais chaque fois qu'il s'est agi de sujets plus sérieux, telles les élections municipales, l'argument du Sénat a été brandi. A la suite du traité de Maastricht, et malgré son adoption par référendum, le Conseil Constitutionnel a maintenu l'interdiction de la participation des ressortissants communautaires aux scrutins municipaux, ce par une décision du 9 avril 1992. Une révision de la Constitution, opérée le 25 juin de la même année, permit à France de se conformer à ses engagements internationaux. L'inertie fut toutefois si grande pendant la législature conservatrice entamée en 1993 qu'il a fallu attendre le retour de la gauche au pouvoir pour qu'une loi organique, votée le 25 mai 1998, fît entrer dans les textes la participation des ressortissants de tous les États membres de l'Union aux scrutins municipaux; les élections de 2001 la feront entrer dans les faits.

La solution trouvée pour contourner le problème, naguère insurmontable, posé par la présence d'étrangers dans une assemblée participant à l'exercice de la souveraineté nationale a consisté en leur exclusion des procédures de désignation des électeurs sénatoriaux comme de l'élection des sénateurs! Tout ça pour ça [1].

En Irlande en 1963, en Suède en 1975, au Danemark en 1981, aux Pays-Bas en 1985, la loi a assorti le vote des étrangers aux élections municipales de conditions de durée minimale de présence sur le territoire (de trois à cinq ans généralement). La plupart des autres pays ont réalisé des avancées significatives, même s'ils ne sont pas au bout du processus. La France, pourtant si fière de la démocratie offerte à l'Europe par les armées de Valmy, se trouvait et se trouve encore sur ce point précis dans le peloton de

---

1. La loi a prévu au demeurant que ces conseillers municipaux d'origine communautaire ne pourraient être ni maire ni adjoint, ce qui constitue une limitation inutile et vexatoire ne reposant sur aucune contrainte liée aux questions de souveraineté.

queue des démocraties européennes – avec l'Allemagne, l'Autriche, la Grèce et le Luxembourg.

Cette situation doit changer. Dans les villes de banlieue où la population étrangère est souvent importante, la faible représentativité démocratique des assemblées élues devient intolérable. En les assortissant d'une durée de résidence minimale exigible fixée à un niveau raisonnable (cinq ans par exemple), il faut rapidement faire voter les textes qui donneront à ces hommes et à ces femmes le droit de participer à la désignation de ceux qui régissent leur cité, en même temps que la dignité de citoyens qui favorisera leur intégration.

En juin 1985, François Mitterrand déclarait au congrès de la Ligue des Droits de l'Homme : « La participation des immigrés qui se trouvent en France depuis un certain temps [...] à la gestion locale, pour disposer de droits correspondants à ceux des citoyens dès lors que leur vie en est affectée, me paraît être une revendication fondamentale qu'il faudra réaliser. » Il y a de cela seize ans. Et rien n'a changé.

A suivre...

La France, dont le passé glorieux nous est enseigné depuis l'école primaire, est-elle vraiment différente des autres nations ? Et si c'est le cas, doit-elle s'efforcer de préserver cette distinction ? Que devons-nous garder de ce qui fit l'originalité de nos aïeux, et quelle part de cet héritage devons-nous laisser s'éteindre ? Où est la flamme, et où est la cendre ?

Et l'Europe que nous nous épuisons à construire, a-t-elle vraiment vocation à survivre ? Ou n'est-elle qu'une petite péninsule à l'extrémité occidentale du continent asiatique qui, certes, eut son heure de gloire – mais qui ne peut plus aujourd'hui que régresser tant sont grandes ses divisions et ses inhibitions ?

Quant à la mondialisation, trame de tous nos débats, marque-t-elle vraiment ce pas décisif, ce changement ultime, cette fin de l'Histoire si souvent annoncée ? Le Coca-Cola réussira-t-il là où ont échoué Alexandre, César et Napoléon ?

Voilà quelques-unes des questions que j'ai tenté de poser dans ce livre. J'ai conscience d'en avoir laissé beaucoup de côté. Aussi mes ébauches de réponse ne sauraient-elles constituer un programme politique pour une prochaine élection – même si la date de parution de ce livre, laquelle tient davantage à mon calendrier personnel qu'aux rythmes de la vie publique française, risque pourtant d'induire une conclusion contraire. Si l'une ou l'autre de mes propositions trouve un écho dans le vaste débat démocratique qui s'ouvre, je m'en réjouirai évidemment. Mais ce n'est pas l'objectif premier de cette réflexion. Et j'espère que Lionel Jospin se reconnaîtra dans certains passages de ce livre, même si j'imagine qu'il n'en partagera pas toutes les conclusions. Mais je sais aussi que notre conception commune de la vie et de l'amitié n'exclut jamais la liberté de pensée ; c'est ma fidélité totale à sa personne qui me permet aujourd'hui de parler en mon nom.

Toutes mes tentatives de réponse s'enracinent dans le propos qui forme la première partie de ce livre : si la fin de l'Histoire se dessinait, le socialisme n'aurait plus de raison d'être, et nous le rangerions ensemble sur l'étagère où tant d'aspirations, un jour puissantes, attendent de devenir poussière. Mais, je ne me résous pas à cette sénescence. S'il retrouve sa flamme, le socialisme sera bien vivant. Mieux : vivant, il saura repousser la fin de l'Histoire.

La fin de l'Histoire ?

Ce thème récurrent me met mal à l'aise. Loin de considérer l'Etat « homogène universel » de Fukuyama [1] comme un progrès, j'y vois une sorte de régression vers un paradis perdu. Paradis laïque, à l'écart tant de Dieu que du Diable, loin du Bien comme du Mal, vision messianique de l'empire mondial, il nous ramène à l'état de tribu totémisée.

Cette société homogène qu'annonce la fin de l'Histoire n'est pas, pour moi, différente de celle des tribus décrites par Claude Lévi-Strauss dans *Tristes Tropiques*. Chez les Bororos, le partage du produit social ne dépend pas de l'apport de chacun. Qui fait partie de la tribu a droit à une part du produit, qu'il soit bon ou

---

1. Francis Fukuyama : *The End of History and The Last Man*, Free Press, 1992.

mauvais chasseur. La règle de partage n'est certes pas égalitaire, elle est définie par le sorcier. Mais elle est très éloignée du principe instauré par le salariat de rémunération des individus selon leur apport à la société. L'appartenance suffit – l'appartenance et l'identification. Dans cette société homogène où tout conflit est exclu, chacun s'identifie au totem : « Les Bororos sont des Araras. »

C'est la virtualité de cette société sans conflits que réfute Bernard-Henri Lévy quand, dans ses *Réflexions sur la Guerre, le Mal et la Fin de l'Histoire*, il écrit : « [...] Hegel, Kojève et Fukuyama se sont peut-être trompés en voyant les premiers signes de la Fin de l'Histoire, l'un à Iéna, en 1806, le jour où Napoléon passa sous sa fenêtre ; l'autre à Moscou, cent trente ans plus tard, quand Joseph Staline réalisa le socialisme ; le troisième un demi-siècle après, au moment de la chute du Mur de Berlin et du triomphe apparemment sans partage du capitalisme libéral [1]. »

Deux raisons m'empêchent de me ranger derrière la bannière d'une Histoire finissante. La première est qu'elle me semble furieusement traduire une sorte de névrose de la centralité historique, comme si chacun avait, tour à tour, besoin d'être un témoin privilégié du tournant de l'Histoire. Comme si chacun pouvait avoir la chance de vivre à l'instant précis où l'Histoire bascule. Cette « arrogance historiale » est-elle bien différente de celle de Maurice Barrès dans *La Colline inspirée* ? Cette façon de faire vivre l'Histoire autour de soi m'est étrangère. Des milliers d'hommes sont morts en croyant donner leur vie pour concourir à l'accomplissement de la destinée humaine : mais qui se souvient vraiment des causes pour lesquelles ils se sont battus ? Des dizaines de siècles ont vu ces cadavres se succéder, et d'autres dizaines suivront. Comment admettre la paranoïa qui conduit à vivre comme une

---

1. Bernard-Henri Lévy : *Réflexions sur la Guerre, le Mal et la Fin de l'Histoire*, Grasset, 2001, p. 269.

balise posée là, juste au moment où, enfin, il se passerait quelque chose – en 1806, dans les années 30 ou en 1989 ?

La seconde raison de mon refus d'une société « universelle et homogène » tient à un quadruple échec : le double échec du communisme et le double échec du marché.

Le premier échec du communisme se lit, bien entendu, dans la faillite du système lui-même. La fin de l'Histoire ne viendra pas du communisme réalisé : l'écroulement de la patrie du « socialisme réel » en a définitivement révélé les limites. Mais le second échec est plus révélateur encore. L'uniformisation tentée en URSS et présentée comme la voie royale vers l'égalité n'était qu'une pauvre façade. On ne se rapprochait pas plus de la société sans classes à l'Est qu'à l'Ouest : les couches superposées de la société soviétique avaient peu à envier aux inégalités capitalistes. L'objectif s'est évanoui, la pratique s'est fourvoyée : *exit* la société homogène.

Quant au marché, il a tenté de longue date une uniformisation qui, sous certains aspects, ressemblait fort à la normalisation soviétique. La spécialisation des tâches annoncée par Adam Smith comme ses avatars modernes – taylorisation et « organisation scientifique du travail » – nous promettaient une société dans laquelle l'individu se fondrait dans le nombre. Rien ne devait le différencier du voisin : mêmes gestes professionnels répétés à l'infini, mêmes consommations homogènes répondant à l'uniformité d'une offre massifiée. Mais ici encore, l'Histoire a joué un mauvais tour à cette vision entropique de la société. Dans l'économie moderne, l'atténuation des différences n'est plus de mise. L'initiative, la singularité de chacun, a retrouvé le droit de paraître. Mieux : elle est requise et le travail à la chaîne, s'il ne vit peut-être pas encore ses derniers jours, n'est plus le modèle dominant. Mieux encore : le travail à la chaîne s'enrichit de commentaires et d'améliorations issues d'initiatives individuelles.

L'autre échec du marché dans sa tentative d'uniformisation, nous le vivons tous les jours. La mondialisation nous est présentée comme une version renouvelée de la fin de l'Histoire. Comme si elle était inévitablement grosse d'une société cohérente. J'ai décrit les inquiétudes qu'à juste raison elle fait naître : atteintes à l'égalité, à la démocratie, à l'identité même. Peu importe ici que ces craintes soient fondées ou non. Ce qui compte, c'est qu'elles existent, et avec une force telle qu'elles soulèvent des millions d'hommes contre le projet d'un monde harmonisé.

J'en tire deux conclusions. Je présenterai volontiers la première sous le nom de théorie de la baudruche : tel un ballon de baudruche qui se gonfle à un bout dès qu'on l'écrase à un autre, la société des hommes se défend contre l'uniformité. Ainsi la réduction des inégalités dans nos pays développés s'est-elle accompagnée [1] d'une disparité plus grande sur l'ensemble de la planète. Le combat est-il dès lors perdu d'avance ? Non, si l'on veut bien distinguer entre recherche de l'uniformité et lutte contre les inégalités. C'est pourquoi cette dernière ne peut se limiter à organiser la redistribution. Elle doit toucher au fond même de nos sociétés, c'est-à-dire au mode de production ; aucun de ceux qui ont vraiment voulu changer les choses ne s'y est trompé : Marx a écrit *Le Capital*, pas *La Sécurité sociale* ! La voie que j'indique n'est pas celle de la révolution prolétarienne, c'est celle de la recherche de l'égalité dans la diversité. La diversité seule, telle que la prônent tous les libéraux français, n'est pas acceptable ; l'égalité brute est trop réductrice quand elle confine à l'uniformité. Je recherche la voie qui permet de réduire les inégalités en préservant les différences. On retrouve ici la citation de Jean Jaurès qui ouvre la première partie de ce livre : « L'individualisme et le

---

1. Cf. chap. 5.

socialisme ne s'opposent pas comme étant d'essence contradictoire, mais s'unissent et se concilient. »

Ma seconde conclusion revient vers Joseph Schumpeter et le déséquilibre nécessaire. Ce qui évite la reproduction à l'identique de nos sociétés d'une période à l'autre, la reproduction simple comme disait Marx, c'est le ferment introduit par ceux qui innovent, ceux qui font différemment des autres, ceux qui prennent le risque de sortir du chemin, ceux qui créent le neuf à partir du vieux, ceux enfin qui refusent la société homogène. C'est celui qui entreprend, quel que soit le domaine de son entreprise, qui fait que notre société ne meurt pas de catatonie sociale : la fin de l'Histoire, c'est la fin des hommes.

Eloge des politiques

« Pourquoi faites-vous de la politique ? » Combien de fois ai-je entendu cette question ? Question simple, légitime. Pourquoi, en effet, accepter d'être systématiquement classé, sondage après sondage, dans cette catégorie – les responsables politiques – qui figure immanquablement tout en bas de la liste des professions auxquelles les Français font confiance ? « Pour le pouvoir », répondront en chœur les bons esprits. Piètre réplique. Le pouvoir n'est plus là. Ou du moins n'est-il plus seulement là. Les chefs d'entreprise, les responsables syndicaux, les dirigeants des organismes internationaux ont aujourd'hui bien plus de pouvoir que la majorité des élus. La réponse, mille fois ressassée, est plus simple, plus banale, plus profonde aussi : pour faire vivre ses idées, pour transformer le monde, pour changer la vie. Bataille après bataille, l'homme qui fait de la politique cherche à sortir de l'équilibre qui l'environne et qu'il conteste. Il crée l'Histoire. A moins qu'il n'y ait pas d'Histoire, mais seulement des combats.

Il veut être à la fois penseur et moteur de l'Histoire. Il veut penser l'avenir du monde et changer le cours des choses – certains y ont laissé leur vie.

Pour être vraiment ce penseur et ce moteur, il doit s'abstraire régulièrement de la politique, reprendre sa place dans le monde ordinaire et redevenir, comme tout homme, un modeste acteur de l'Histoire. La politique est une incursion volontaire dans l'Histoire, elle ne peut être l'affaire d'une corporation. Si Bacon a raison de penser qu'il faut connaître les lois de la nature pour la dominer, alors il faut vivre au sein de la société pour la transformer : comment mieux y parvenir qu'en limitant le nombre de mandats successifs qu'un élu peut solliciter ? Contrairement à la vulgate qui – dans notre pays – voudrait faire des élus cette caste d'intouchables dont on ne peut sortir, il nous faut admettre que c'est en replongeant périodiquement dans la société que ces hommes retrouveront les raisons et les compétences qui, à nouveau, leur permettront d'être des faiseurs d'Histoire.

C'est une ambition folle de vouloir agir sur le monde. Analyser, tenter de comprendre, disputer des causes et des enchaînements, soit ! Mais vouloir bousculer le réel, non pas au hasard en déplaçant une pierre dans le désert d'Égypte, mais volontairement en choisissant sa direction ; se croire capable de distinguer les données, auxquelles il faut se plier, des contraintes que l'on veut repousser, voilà bien Prométhée, et Hegel encore. Le débat sur les 35 heures n'est pas d'une autre nature. Donnée indépassable pour les uns, contrainte maîtrisable pour les autres, le temps y a tour à tour pris la double apparence familière du chronomètre et du calendrier : le chronomètre pour mesurer la baisse du temps de travail, le calendrier pour choisir le rythme du changement. Il fallait seulement choisir le comment et le quand – ici encore, les grands hommes n'ont pas fait l'Histoire, mais ils l'ont accélérée.

Beaucoup d'hommes ont payé le prix du sang pour
que nous ayons la chance de faire de la politique dans
un cadre démocratique. C'est une conquête inesti-
mable, dont l'exercice quotidien nous fait oublier la
valeur et négliger l'approfondissement. Et reprendre
cet itinéraire est, pour moi, l'une des plus grandes responsabilités du politique. Contrairement à Fukuyama,
je ne considère pas la démocratie telle que nous
la connaissons comme « la forme finale de tout gouvernement humain ». Non seulement à cause de
l'accomplissement induit par le mot « finale », que je
récuse *a priori*, mais aussi parce que la démocratie elle-
même ne me semble pas achevée. Sa forme actuelle,
que nous chérissons, demeure à bien des égards pré-
démocratique. Je ne méconnais pas le progrès qu'elle
traduit sur les autres formes de gouvernement : en
posant que la voix de tout homme avait la même puissance, la démocratie nous a fait faire un pas décisif.
Mais ce faisant, elle a conservé – en la stylisant –
l'essence des combats d'antan : une fois posé que
chaque homme était équipotent, l'armée la plus nom-
breuse gagne avant même que le combat n'ait lieu. La
démocratie est aujourd'hui une guerre abstraite, virtuelle, dont la seule revue des forces en présence suffit
à déterminer l'issue. Démocratie réelle, mais démocratie simpliste ; progrès considérable, mais progrès insuf-
fisant.

La démocratie que je souhaite est celle qui, loin de
marquer le succès des uns sur les autres, prend en
compte le discours de la minorité. Une démocratie où
le plus fort ne se contente pas d'imposer ses vues au
nom de sa majorité, mais s'oblige à convaincre le plus
faible pour tendre à un consensus supérieur.

Peut-être cette pratique commence-t-elle à prendre
forme dans ces laboratoires démocratiques que sont
les coalitions politiques – de ce point de vue, la majorité plurielle constitue, en France, un bon exemple.
Mais elle est loin d'exister dans le champ ouvert de la

démocratie politique : ici encore, qui peut parler de fin de l'Histoire ?

***

Le monde nouveau reste à bâtir. Certainement pas en repartant de rien. Je refuse cette alternative simpliste qui voudrait que la politique soit condamnée à tout reprendre de zéro, au risque de s'obliger à refaire toujours la même chose. Bâtir en s'ancrant dans une tradition – la flamme et la cendre, encore. Bâtir en se remémorant chaque jour la longue liste des succès et des échecs de ceux qui, depuis des siècles, s'attellent à la même tâche – comme on écoute, le jour de Kippour, le nom des disparus pour ne jamais les oublier ou, le matin du 11 novembre, celui des « morts au champ d'honneur ». Bâtir la société des hommes, mais la bâtir différemment en aidant à définir le socialisme du nouvel âge.

TABLE

www.ingramcontent.com/pod-product-compliance
Lightning Source LLC
Chambersburg PA
CBHW070540270326
41926CB00013B/2157